大夏书系·教师专业发展

做一个聪明的教师

教师思维方式案例点评

王晓春 著

华东师范大学出版社
EAST CHINA NORMAL UNIVERSITY PRESS

图书在版编目（CIP）数据

做一个聪明的教师：教师思维方式案例点评/王晓春著. —上海：华东师范大学出版社，2007.7
 ISBN 978-7-5617-5531-0

Ⅰ. 做… Ⅱ. 王… Ⅲ. 中小学—教师—思维方法—案例—分析 Ⅳ. G635.1

中国版本图书馆 CIP 数据核字（2007）第 113670 号

大夏书系·教师专业发展

做一个聪明的教师
——教师思维方式案例点评

著　　者	王晓春
策划编辑	吴法源
文字编辑	李永梅
封面设计	喜马工作室
责任印制	殷艳红
出版发行	华东师范大学出版社
社　　址	上海市中山北路3663号　邮编 200062
电　　话	021-62450163 转各部　行政传真 021-62572105
网　　址	www.ecnupress.com.cn　www.hdsdbook.com.cn
市 场 部	传真 021-62860410　021-62602316
邮购零售	电话 021-62869887　021-54340188
印 刷 者	北京密兴印刷有限公司
开　　本	890×1240　32开
印　　张	11.25
字　　数	230千字
版　　次	2007年10月第一版
印　　次	2024年3月第二十三次
印　　数	79 001-80 000
书　　号	ISBN 978-7-5617-5531-0/G·3236
定　　价	45.00元
出 版 人	朱杰人

（如发现本版图书有印订质量问题，请寄回本社市场部调换或电话021-62865537联系）

前　言

聪明人其实就是善于思考的人，他们往往有良好的思维方式。

思维方式，是指思维倾向、思维脉络、思维策略、思维习惯等。

思维方式对于教师太重要了。

比如，"一粒老鼠屎坏了一锅粥"是教师中很流行的说法，它说出了一个常见的事实——问题学生可能破坏班风。

可是，我看到这句俗语的时候，脑子里几乎同时（注意，几乎同时）就跳出了另一句意思与其相反的俗语——"火大无湿柴"。这句俗语也说出了班级建设中一个常见的事实——好的班风能转变问题生。

那么到底哪一句是真理呢？都是，也都不是，要看具体情况。

而我所发现的一个有趣的现象是，教师们在谈问题生的破坏作用的时候，就引用"一粒老鼠屎坏了一锅粥"，而在赞扬集体舆论的巨大作用的时候，却很少提到"火大无湿柴"这句话。也就是说，问题生与班风本是相互影响的，这是一个双向的复杂过程，而教师们思考和叙述问题的时候，只喜欢朝一个方向走，这叫单向思维。

同样的例子还可以举"近朱者赤，近墨者黑"。这也是教师使用频率很高的一句话。比如说一个好学生忽然和某问题生交往增加，教师就提醒这个好学生："你小心学坏（近墨者黑）。"教师为什么不反过来想想，这位好学生可能使那位问题生"近朱者赤"呢？很奇怪，他绝不往这个方向想。又比如说某老师忽然想帮助某个问题生进步，他就安排一位"立场坚定"的好学生和他同桌，然后告诉他，"你一定要向同桌学习（近朱者赤）"。教师也不想想，万一这位"朱者"被"墨者""黑"化了，可如何是好？

再比如，有些老师听说"赏识教育"很神奇，就一厢情愿地想能把学生个个"夸"成人才，结果难免大失所望；另一些老师听说"挫折教育"很重要，于是就盲目给学生设置障碍，或者盲目批评，一厢情愿地想把学生个个"压"成人才，结果常常是发现学生被"压"成了"炸弹"。还有的老师先后迷信这两种教育思路，结果发现都不灵，终于绝望了。奇怪的是他们从来就没有把这两种各有一定道理的思路同时放在自己的头脑中，进行整合，融会贯通。

现实生活中，事情往往包含多种可能性，可是教师思考问题的时候，常常只是主观地幻想单一的可能性。

多数教师很不习惯在矛盾中思考，很不习惯在事物的互相联系中思考，很不习惯刨根问底的思考，很不习惯假设多种可能性，很不习惯在思考中反驳自己。他们的思维方式是表面的，孤立的，静止的，片面的，单向的，线性的，独断的，非讨论性的。

我说过，我看到"一粒老鼠屎坏了一锅粥"这句俗语的时候，脑子里几乎同时就跳出了另一句意思与其相反的俗语——"火大无湿柴"。我这是在反驳自己。这样同时面对两种对立的看法，就很自然逼出一个新的问题：在何种情况下"一粒老鼠屎"会"坏了一锅粥"，在何种情况下，"火大无湿柴"呢？于是我的思考才真正深入了一步。没有这种矛盾的思考，我的思想将永远停留在两种对立说法"平行而不相交"的状态。实际上这两种观点只不过是两个"说辞"，用哪个对我的眼前目的有利就拿起来用，用完就扔掉，其实哪句话我也没细琢磨，我在班风与问题生的关系问题上，认识水平没有丝毫提高。

恕我直言，这可能就是当前多数中小学教师的思维状态。

教育科学研究的内容不外乎两个方面：客观世界的研究（教育规律的认识、教育对象的认识等）和主观世界的研究（教师的自我认识）。应该说我们这两个方面的研究都很薄弱，而第二个方面尤其薄弱。教师普遍缺乏反思意识，很少有"解剖自己"的认知冲动，结果就是严重缺乏自知之明，不是盲目自信，就是盲目自卑。有一个著名的口号："认识你自己。"愚以为这个口号深入人心之日，才是教育走向科学之时。

本书的宗旨就是从思维方式角度切入，和老师们一起学会"认识自我"。从一定意义上可以说，这比了解学生还重要。

我喜欢通过案例讨论问题。本书就是通过 90 个案例讨论教师思维方式的。

　　本书分两部分。上篇主要剖析了教师的各种常见的不良思维方式，重在"破"；下篇则主要是研讨和推荐我认为比较科学的思维方式，重在"立"。

　　案例都是网上选来的，几乎都来自"教育在线"和"k12教育教学论坛"两个网站中我的专栏，文中案例后的点评均为我的一点浅见，与老师们讨论。到我的专栏来咨询或讨论问题的老师很多，光是"k12教育教学论坛"上"王晓春交流平台"一栏的点击率，一年来就已经突破了10万。这样我就能见到很多最新的典型案例。我要因此感谢所有这些网友。

　　为了节约读者时间，我所引用的案例，收入本书时，多数做了精简，就不一一说明了。

　　教师思维方式问题，我见到的研究不多。这是一种尝试，难免有很多缺点，欢迎读者批评指正。

王晓春
2007.2.22

目　录

上　篇

迷信管理	【案例1】王老师轻视了管理在教育当中的作用／3
	【案例2】班主任的职责究竟是什么？／11
	【案例3】图书角里的"阅读花"／13
	【案例4】说被欺负，不愿上学／15
	【案例5】早恋走火入魔／18

迷信"师严"	【案例6】班长在班上大喊大叫／20
	【案例7】我怕踏进教室／24
	【案例8】由学生违纪罚跑想开去／28

迷信说教	【案例9】失败的教育／32
	【案例10】卫生检查成绩不佳，郁闷啊！／35

迷信师爱	【案例11】神化师爱的案例害人／38
	【案例12】爱心与科学的关系／41
	【案例13】那双忧郁的眼睛／42
	【案例14】家长用爱生来对付老师／49

迷信"信任"	【案例15】	让偷钱的孩子说出真话 / 51
	【案例16】	无人监考 / 55
迷信"集体力量"	【案例17】	集体批评 / 57
应激反应	【案例18】	一件让我很没面子的事 / 61
偏颇	【案例19】	女生打男生 / 67
	【案例20】	不会认错的学生如何批评教育 / 70
越位	【案例21】	我的好心学生不能读懂 / 73
认错主义	【案例22】	谁扔的纸团 / 77
不妥协主义	【案例23】	老师,作业交哪儿? / 83
	【案例24】	除了爱和包容,我们还能做些什么? / 86
完美主义	【案例25】	那一条红红的丝带 / 93
溺爱主义	【案例26】	两张纸条 / 102
	【案例27】	漂亮的孩子人人喜爱,爱难看的孩子才是真正的爱! / 107
细节主义	【案例28】	细节决定成败 / 110
下游教育	【案例29】	"好我"战胜"坏我" / 116
	【案例30】	他为什么总打架? / 121

自我中心	【案例31】	一定要民主／124
	【案例32】	我这样处理对吗？／127
泛道德化	【案例33】	谁之错？／129
	【案例34】	学生竟然笑袁隆平／133
态度挂帅	【案例35】	学生上课径直离开教室走了！／137
	【案例36】	学生告老师／140
与现象搏斗	【案例37】	我和学生的两次交锋／147
全线出击	【案例38】	一年级的孩子就让我没办法了／152
草木皆兵	【案例39】	他悄悄挪用了压岁钱／157
急于求成	【案例40】	"进门槛效应"的妙用／161
	【案例41】	今天，我摔了手机／165
因小失大	【案例42】	他退学了／167
过分自责	【案例43】	我不愿做一个树人的罪人／171
复制思维	【案例44】	"皮格马利翁效应"与后进生的转化／179
	【案例45】	生命的重中之重／183

固化思维	【案例46】	教出了最好和最差的两个班 / 187
	【案例47】	一个学生莫名其妙地笑了很久 / 188
	【案例48】	怎样与不说话的孩子交流 / 190
简化思维	【案例49】	对这样的学生你是怎样教育的? / 193
	【案例50】	扫屋与扫天下 / 197
	【案例51】	成绩差问题的实质和解决的思路 / 199
整体思维	【案例52】	摘花 / 204
	【案例53】	20多个人没交作业 / 205
封闭思维	【案例54】	学生考试作弊被批评后报警 / 207
	【案例55】	"插嘴"同学的心理分析 / 211
	【案例56】	那一年我去教历史 / 212
短线思维	【案例57】	学生不让检查录音机 / 219
	【案例58】	赶学生出教室,学生不走 / 221
叙事思维	【案例59】	教育深度叙事写作的误区 / 225
外因思维	【案例60】	读王老师《今天怎样做老师》有感 / 229
漂浮思维	【案例61】	学生要求换座位 / 234
非逻辑思维	【案例62】	几个孩子总爱聊天 / 241
	【案例63】	不要用提问来惩罚学生 / 244

伪思维训练　　【案例64】关于脑筋急转弯／248

下　篇

涵养科学精神　　【案例65】再说科学精神／253

　　　　　　　　【案例66】"怎么管"的第一步／256

　　　　　　　　【案例67】个案研究三要素／260

全面了解情况　　【案例68】班有"怪"女／266

　　　　　　　　【案例69】他为什么会这样？／273

追问"为什么"　　【案例70】一个攻击性的学生／275

　　　　　　　　【案例71】男生骚扰女生，女生不依不饶／282

提出假设　　　　【案例72】捐钱要不要奖励／285

　　　　　　　　【案例73】／288

　　　　　　　　【案例74】学生不断犯错，事后马上诚恳
　　　　　　　　　　　　　认错，下次继续犯／289

反驳　　　　　　【案例75】当科代表不敢领读时／293

　　　　　　　　【案例76】怎样让他改掉说脏话的习惯？／297

　　　　　　　　【案例77】"我捡到一元钱该怎么办？"／298

知己知彼　　　　【案例78】学生的怪异举动／303

	【案例79】如何控制纪律 / 308
	【案例80】有一梦请大家解 / 311
应对疑难问题	【案例81】学生说我虚伪，学生说我偏向 / 319
	【案例82】学生不让老师进教室 / 320
	【案例83】学生投诉老师 / 323
	【案例84】我当着学生的面撕毁自己的画作 / 326
	【案例85】学生请老师买车票 / 328
	【案例86】我和"忠义帮"周旋 / 330
	【案例87】怎样回答一名早恋学生的指责？/ 334
提高专业水平	【案例88】新教师，怎样迅速提高专业能力 / 338
	【案例89】教师不读书——教育的致命伤痛 / 340
	【案例90】我是这样尽力避免学科骄傲和职业霸气的 / 343

上篇

迷信管理

迷信管理、以管理压倒教育甚至代替教育，是教育界司空见惯的工作思路，危害很大。

我给校长或教师讲课，谈到管理与教育的关系，常常引起争论。我说对方的思路是迷信管理，对方则说我的思路是轻视管理。要分辨其中是非，关键是如何评估教育现状。就我所见到的情况，目前中小学领导极少有轻视管理的，大家都在比赛"向管理要效益"，校长日益官员化。官者，管也。"官"字与"管"字读音如此接近，说明我们的祖先可能早就看穿此事了。

愚以为，"轻视管理"在相当长的时间内，不大可能成为教育的主要危险，现在的主要危险显然是迷信管理。故此，为了提升教育，对"迷信管理"的反思，就成了当务之急。

【案例1】王老师轻视了管理在教育当中的作用

刚买了王晓春老师的《今天怎样做教师》，看了一些后模糊地感觉，王老师也没能避免许多脱离一线的专家的通病——轻视了管理在教育当中的作用。

虽然说教师的最终目的是要教育，但是一个相对稳定的教育秩序是教育的前提。我们无法想象，在一个40多人乱糟糟的环境下，身为教师还有这样的机会去对个案进行"研究"。

然而，似乎王老师对教师的管理措施多少有些偏见，实在让鄙人不能赞同。

比如说那个上课看课外书该不该收缴的事。王老师认为有的该收有的不该收。这种想法实在让我感到不可思议，因为如果一个教师这么做了，就违背了最起码的公正原则。

先"管住"整体，再"研究"个性，最终实现"转化"个别。这，对我们一线教师来说才是比较现实的。

——k12教育教学论坛　袁步华

教育与管理

教育的本质不是管理，而是帮助和交流。

越是纯粹的教育，管理色彩越淡。不信你去看《论语》，那里有多少管理？不就是师生交流吗？做孔子的学生很爽，不会天天被"管"的，因为他是教育家，不是教书的"官"和"警察"。你再去看看鲁迅先生《从百草园到三味书屋》里描写的私塾先生。他有多少管理？他也没有多少管理，老先生只是在指导学生读书。

管理色彩陡然增加，是工业革命之后的事情，是为了批量生产劳动力而兴办学校之后才出现的事情。学校的管理模式，有不少是从工厂迁移过来的。人多了，不管会乱；标准化生产，用管理办法确实有效。

可见，教育增加管理色彩，既是社会发展的需要，也是教育的一种异化和退步。社会再向前发展，教育就会逐渐回归真正的教育，管理色彩会逐渐淡化。将来班级人数肯定要逐渐减少，分层次的个性化的教学肯定会逐渐增加，教师动不动就像官员一样"领导"学生的现象会逐渐淡化，而师生之间的平等交流将逐渐增加。总而言之，未来我们一定会在某种程度上回归孔子与其弟子那样的交流式教育（注意，绝不是完全复古）。

可惜，我们有很多校长、教师却不晓得这样的大趋势，他们还在那里用不恰当的方式继续强化管理，这是违反教育发展方向的。君不见中小学、教育界满眼都是管理者吗？有几个教育家？这种比例的严重失衡，早就已经够刺眼的了，难道我们还要让它继续倾斜？已经倾斜成陡坡了。许多人的教育观念正在顺着陡坡下滑。

一定会有人用"面对现实"为盲目强化管理辩护。我的回答是，教育不能只面对现实，它更要面向未来。再说，现实情况也在不断提醒我们，强化管理的路已经走到尽头了。不是连"军事化管理"的办法都抬出来了吗？还要往哪儿严？真正面对现实的人，首先应该面对自己的失误，面对自己思路的僵硬与不合时宜。

在现在的学校制度下，没有管理是不行的。问题在于，我们需要什么类型的管理，管多少，管在什么地方，哪里应该严，哪里应该宽，哪里必须管，哪里不必多管。千万不要迷信"管"字。迷信管理的人，永远不会懂得什么是教育。

这样说太抽象了，我们举个例子。

看袁老师的话：

"比如说那个上课看课外书该不该收缴的事。王老师认为有的该收有的不该收。这种想法实在让我感到不可思议，因为如果一个教师这么做了，就违背了最起码的公正原则。"

我做教师的时候，学生上课看课外书，只要能不没收，我就尽量不没收。我一般是提醒他一下，让他自己收起来。如果他管不住自己，又在看，我再提醒。到第三次，我会把书收来，放到讲台上，但是下课我就会还给他。

我说说我这样做的理由。

教育的根本目的不是为了管住学生，而是帮助他学会自己管住自己（培养主体性、自觉性）。如果我上来就没收了他的书，这当然很爽快，管理效果明显，但是他就失去了一次锻炼自控能力的机会。我采取提醒的办法，就是让他逐渐学会自己控制自己。我能永远跟着他吗？不能。所以最可靠的办法不是使他立刻让我满意，而是让他自己确实有所成长。

上级并没有明文规定学生上课看课外书教师必须没收，这是可以由老师临机处理的事情，再说书的所有权是人家学生的，教师也不可随便放在自己这里不还。一刀切的没收并不公平。

教育如果不能引发学生真实的自我教育，就是单纯的管理主义，就是形式主义。这种管理是在破坏学生的自觉性，因为管得越严，自觉性就越没有用武之地，渐渐地，人就会变成两面派。既然你管理的目的只是为了使你自己满意，那我立刻让你满意不就行了吗？至于你不在的时候，那就完全是另一回事了。

所以迷信管理的人，几乎都是自我中心者，他们其实并没有真正替学生的成长着想。他们考虑得更多的，大概是自己的"业绩"。

感谢袁老师，启发我想到上述问题。

海韵诗兰：

前不久我区另一所学校一位教师到我校办事，面对我校课间孩子们可以随意跑跳的事，不解地问我："这种事你为什么不管一管？在我们学校对学生的管理那可是非常严格的，学生在任何时候都要整齐有序地慢走，像你们这样对学生的安全也不利啊！"我笑了："让他们玩吧，我们小时候比他们还淘呢！这是他们的天性，让他们感到校园生活的多彩，这是我们的追求。安全教育虽要时时刻刻，但不等于剥夺孩子们玩的自由。"但我看到他仍是一脸的无奈……

——第一线·管理论坛

管理中毒

海韵老师说的这位外校老师的表现属于"管理中毒"之症状。

管理者和被管理者都可能患"管理中毒"症。

管理者染上此病，其主要症状是"管人有瘾"、"见错就管"，不分大错小错，甚至不管错不错，只要看着不顺眼，上去就管。课间学生跑跳有什么错误？不跑不跳还是孩子吗？干脆给兵马俑上课得了，绝对保证纪律。据说不跑不跳才安全，那把学生装在大试管里岂不更安全？安全固然重要，但安全如果压倒了教育，学校就不再是学校，变成保险公司了。学校的一切管理措施，都应该是为了学生的发展，而不是只为了管理者管理的方便。

管理中毒的老师生存状态是相当可叹的。他像一个"事儿妈",一个挑错专家。大事生非,小事生非,无事他也能生非,总之,学生若不犯错,他会有"失业"感的。任何人以"管人者"自居,都会越活越累。

被管理者(学生)染上此病,其主要症状是两面派和倦怠。老被人管着一定受压抑,没人管时当然要释放一下,在老师看来,就是两面派了。总是处于被管理状态的人自身不需要有多大动力。我们常见的管理,都是推着人走,拉着人走,逼着人走,这种状态不可能不造成被管理者的反感和倦怠,管理一放松,我肯定放慢速度。为什么管理者总是怀疑被管理者偷懒?就是这个道理。其实这种偷懒,正是严格管理的必然结果。你能要求一个没有自身动力来源的车子在你不推的时候加速前进吗?不可能。它能按惯性向前滑行一段,就不错了。

管理中毒,是现在师生中普遍存在的现象,在这种形势下若还不分青红皂白地强调外部管理,不努力学会引发师生真正自主的积极性(这是很多校长、老师最生疏的业务),可真是"吾未见其明也"。

无伞:

……王老师的观点我个人并不完全赞同。其实王老师丝毫没有否定管理作用。他告诉我们,单纯地追求管理而忽视教育本身的功能,我们在短时间可能得到一些"成功",获得成就感,但如果我们完全或简单地"迷信"管理,走技术主义之路,充其量只能算是技术主义者,而不是真正的教育者。我们提出教师要由教书匠变为专家型教师，不能简单地停留在口头上。读王老师的文字前，我完全没有意识到这种"大趋势"，这可能就是由我们思维方式的差异造成的。在现阶段，我宁愿将王老师的文字当作一针"清醒剂"，着眼于未来，以人为本，寻找一条真正理想的教育之路。

——第一线·管理论坛

当心管理压倒教育

管理压倒教育，甚至冒充教育，我们对此已司空见惯。

然而教育与管理并不是一回事。

用适当的管理来保证教育和促进教育是一回事，把教育看成管理或者基本上是管理，则完全是另一回事。在真正的教育中，管理只是辅助手段。一个真正的教育家绝不会把主要精力放在管理上，不然教育家与官员或经理还有什么区别？

一个名副其实的教育者，最关注的应该是学生本身的发展，而管理者则不然，管理者最关心的是完成上级布置的任务。教育者以人为本，管理者以任务为本，管理者只把人看成完成任务的工具。

请看《现代汉语词典》对"管理"一词解释的第一条："负责某项工作使顺利进行。"这正是"管理"二字的本意，以任务为本（"管理"一词《辞源》不收，可见这个词是近代才出现的新词）。于是你就可以理解，为什么管理者都很难做到以人为本了，因为"管理"二字本没有此种内涵。我是个经理，我招募员工时，只顾挑选我需要的人就是了，上班以后发现他不合格，我把他辞退就是了。我需要关心他以前如何今后如何吗？不需要。我有全面提高他素质的任务吗？没有。我也可能搞点培训，但是我的培训肯定是从我公司的产品出发，而不会是从员工们个人的需要出发。

这种东西显然太没有人情味了，于是管理科学也就向前发展，出现了以人为本的管理、柔性管理等等，但是这都不是根本的变化。只要是管理，它就必然把任务放在至高无上的位置。你能为了照顾员工的发展而放弃任务吗？不能。那就不是管理，变成慈善活动了。

同样道理，只要校长或教师满脑子都是管理，则他嘴里说的"一切为了学生，为了一切学生，为了学生的一切"就必然是空话。管理有管理的逻辑，谁都无法抗拒。

教育离不开管理，但教育科学不是管理科学。教育科学主要是一门指导和启发的科学，是引发学生进行自我教育的科学，是研究如何帮助学生的科学，是研究师生如何交流的科学。教育姓"教"，不姓"管"。

教育本是科技含量很高、很需要创造性的一种职业。可是有些教育者创造性实在不高，具体问题具体分析的能力实在不强，又想干教育，怎么办呢？他们只好求助于简单化管理。无论从哪里见到一点规章制度，觉得不错，拿来一公布，然后就检查评比，这多省事！有点麻烦也不过是检查评比的麻烦而已，省脑筋。所以，简单化管理其实是头脑简单的教育者的救星。这叫做教育者向管理者投降。这是对教育的扭曲。即使单从管理角度视之，也无法给他们评高分，更不用说从教育角度了。孔老夫子若突然醒来看到我们如此"修理"孩子，老先生不晕过去才怪。

我们要把"教育"的大旗高高举起来，让"管理"最多只作为一面配旗，飘在后面。这不是因为我看不起管理者，只因我是一名教师，我得守住自己的阵地。

【案例2】班主任的职责究竟是什么？

2005年10月10日　星期一

最近有一种想法，就是班主任的职责究竟是什么。

多年的班主任工作，使我有一种感觉，在我们现在的班主任工作中，其出发点和终极目标其实是管理。不管是事情发生之后的处理式管理还是事情发生以前的预防式管理，甚至包括爱心式管理或者民主式管理，其核心词都只有一个——管理。表面上看来，这并没有什么错误，但是，我却以为，这是我们班主任工作的一个巨大的误区。

班主任日常的工作，似乎都是与管理分不开的：班委的选举，座位的安排，卫生值日的安排，如此等等。但是，管理是否就是班主任的终极目标呢？

如果从管理学的角度看，管理这个词的涵义其实是十分丰富的，但是，在中学阶段，管理这个词其实已经被简单化了。在很多学校，班主任管理已经被简化为一个问题：不要出事。一个团队，只要安安稳稳带完，没病没灾，那就善莫大焉，于是，很多班主任的工作就到管理为止。

但是，班主任并不是管理者，而是教育者。

换言之，将班主任当成管理者，实际上是误导了班主任，使很多班主任的工作发生了异化，而这种异化实际上也是中国社会惯性思维的一个体现。

那天和朋友聊天，我说，我觉得，说中国是一个官本位的国家实际上并不完全正确，照我看，中国实际上是一个管理本位的国家。在中国，权力崇拜是古已有之的。因为首先制定规则者就拥有无可置疑的豁免权，至少在很长的一段时间里面，中国的管理并没有真正的服务意识，也就是说，其方针政策的出发点并不是被管理者的福利，而是自己的权力的展示以及管理的方便。从这个角度说，我们身边的很多管理实际上只是打着管理的旗号在展示管理者的权力，或者，很多管理措施的制定和执行只是为了减少管理者的管理难度而已。而这种管理思路和管理模式可以说是整个社会默认甚至支持的，而一旦将班主任工作纳入管理的范畴，那么班主任工作也就发生了异化。

管理的核心是秩序，教育的核心是发展；

管理以约束为手段，教育以提升为手段；

管理的目的是效率，教育的目的是塑造。

固然，教育的过程是离不开管理的，但是，将管理等同于教育，甚至代替教育，无疑是对教育本质的抹杀，同时，也是对班主任工作的阉割。

——k12 教育教学论坛　摩西

摩西文章发人深省

如果我们要说一位老师辛辛苦苦工作多年，却并不知道自己干了些什么，更不清楚自己本该干什么，这大概骇人听闻吧？而且也太残酷了。

可惜，对许多校长和教师来说，这很可能是事实。

咱们干的可能只是管理，而非教育。

可见，人活一辈子，先甭说活出多大光彩，即使要活个明白，也不是那么容易的。糊里糊涂地教一辈子书的人，可能大有人在。

难怪古人说："朝闻道，夕死可也。"

摩西属于那种非要把事情弄明白的老师，他的思考很可能引起您的思考。大家都思考，就可能引起事情的变化。

我们干工作不怕累，不怕苦，怕的就是累得不值，苦得冤枉，怕的就是把宝贵的精力用错了方向。

【案例3】图书角里的"阅读花"

我们班图书角里有一栏学生特别关注的内容——"阅读花"的评比。每位学生只要按要求摘录好5张阅读卡，就能被奖励一朵阅读花。孩子们常常在那里驻足，数数自己的花儿是几朵，我也常常看着他们的笑容得意，孩子们只要有时间就摘录读书卡片，那劲头别提多高了！仅仅几个星期，那花枝上就缀满了"鲜花"。于是我说："从这星期开始，咱们就不往这上面贴花了，花已经贴得太满了，但大家摘录好阅读卡还是像以前一样给老师看看，评评，好吗？"只听见几个平时比较懒的学生大声说："好！"我在心里嘀咕，看样子没有"花"，他们是没有压力了！

下面发生的事情是我始料未及的。整个星期，几乎没有学生给我看他们的"阅读摘抄本"。我硬着头皮向一位我以为比较自觉的学生讨摘抄本，一看——从那天起没有写一个字！再叫学生都拿出自己的摘抄本，打开放在桌子上，结果，只有五六个同学摘抄了一两张，和以前几乎每个同学一天摘抄一两张形成了鲜明的对比！

——教育在线·班主任论坛　神清气爽

熏陶比管理和训练更接近教育的本质

很多老师都以为只要经过短期训练就可以形成习惯（神清老师看来也是如此），愚以为事情远没有这样简单。

培养好习惯并不是在空地上盖楼。他原来如果已经有了一些不好的习惯，你还得先做或同时做"清扫地基"的工作。难度是很大的。

这还不算。我觉得应该特别指出的是：不可迷信训练。习惯并不是单纯训练出来的。以为只要坚持训练就可以形成任何习惯，这是行为主义的观点，有合理之处，但是很片面。

照我看来，习惯既是外部训练的结果，也是自我主动建构的结果，主体的能动性不可忽视。谁也无法把我训练成一个钓鱼爱好者，因为我拒斥它。

我感觉习惯可以分成两类：初级习惯和高级习惯。一般的生活习惯（比如使用礼貌语言、每天刷牙）和行为习惯属于初级习惯，这种东西，通过管理式的训练，比较容易养成。高级的习惯，比如阅读的习惯，独立思考的习惯，这种东西需要的内驱力特别大，它的活动主要在脑子里，用行为训练的方式就很难奏效了。你能强迫学生做注意听讲状，却无法强迫他真正专心听你的课；你能强制学生摘抄，却无法保证他抄的时候真的在"阅读"，你更无法强迫他喜欢阅读。于是当你不强制（奖励"阅读花"虽然不属于赤裸裸的强制，但还是外部控制）的时候，他的本相就露出来了。

真正爱读书的人毫不在意别人的评价，他自己能从读书中得到收获和快乐。"阅读花"实际是在引导学生为了别人的表扬而读书，这并不是真正的读书。

我不反对适当采用"阅读花"这种办法，但是我主张教师不要把重点放在这里。教师的真正工作重点应该是想办法让学生体验读书的乐趣，培养他们"非读不可"的冲动。可是要做到这一点，前提是教师本人得是真正爱读书的人。自己不喜欢的事情，是没法诱导别人喜欢的。现在学生之所以普遍厌学，重要原因之一是他们的老师即是厌学者——请问教师有多少真正爱读书的？他们的精力都用在"督促别人读书"上了。榜样就这样发挥了反面作用。

好习惯不光是管出来的，它更是有好习惯的人带出来的。这就叫"熏陶"。熏陶比管理和训练更接近教育的本质。

【案例4】说被欺负，不愿上学

今天中午放学时，一位小男孩的妈妈等了我很久，跟我谈了一件事。

孩子跟母亲说："我不愿意上学了，宁可在家里干活。"母亲问他："为什么不愿去上学了呢？"他说："旁边的同学常要踢我、掐我。"母亲于是就说："那她为什么这样呢？你们吵架了吗？你肯定也不够好吧？"孩子说："我们同桌两人互相读课文，她总是嫌我读得不好。有时明明是我做对的题，她还说我做错。"母亲怎么跟孩子说都没用，孩子就是不肯上学，所以找我（孩子的班主任）来谈这件事。

这位小男孩，在校属于沉默寡言的学生，自尊心很强。上课几乎从不举手发言，注意力也很不集中，但所有作业都按时完成，从不惹是生非。成绩一般，属于不受人注目的中等生。在我印象中，他的朋友也很少，连要好一些的男生朋友也没有。活动能力也很弱。她妈妈反映他在家脾气很倔，他认为不很正确或不够有道理，就会跟你顶，就算他暂时被压住了，也是口服心不服。

坐在她旁边的是一位女生，话也不多，但是是大家公认的好学生，不但成绩优秀，各方面表现都是首屈一指的（至少在老师面前），老师们几乎从没批评过她。我记得我只说过她一次，而且也是很委婉的。但她交际能力也不强，活动范围也很小。她家非常有钱。

再说这位小男孩以前的同桌，也是个女生，应该说是个学习较困难的学生，家境也不好。这位小男孩的母亲说起，他跟原来的同桌坐的时候没发生过这种情况，而且现在他常提到原来同桌的名字。

给小男孩换个座位行不行？

下星期一，我要找他现在的同桌谈一次话，但对于这种自尊心很强，成绩又好的学生该怎么谈？谈些什么呢？能否请王老师指点一二？

——jxhszxh

答 jxhszxh 老师

我建议 jxhszxh 老师首先查清这个女生是否真的掐、踢了这个男生。

若无此事，这个男孩可能是以此为借口逃避学校。那就应该问他讨厌学校什么，搞清楚原因再帮他解决。

若确有此事，则应该要求女孩给男孩道歉。否则不公平，男孩永远不会服气。

座位最好调开。

成绩好的学生和成绩差的学生发生冲突，教师往往会下意识地偏袒好学生，请 jxhszxh 老师当心，不要出这种偏差。

jxhszxh：

今天我已把他们的座位调开了，那位男孩调到了另一小组，坐在第一排。他似乎很高兴。但具体怎样，过几天还要问他家长。

那个女孩子是这样的情况。比如，男孩子的脚放到她那边了，她就要踢回去，男孩子读书读得慢了，她就要用手打他，或掐他。我已经很严肃地跟她说了，并请她向男孩子道歉。这位女孩子总有一种高人一等的感觉。练习中问：你曾经帮助过乞丐吗？为什么？以后呢？她的答案是：我没有，因为他很脏，以后也不会。我想这跟她父母的观念也有一定关系，所以一下子改变起来并不易。王老师说的对好学生的偏袒，我一定时刻警戒自己！尽量避免这种偏差。

显性问题与隐性问题

jxhszxh 老师提供的新材料，让我们对问题有了进一步的认识。

男孩要辍学，涉及到管理了，属于显性问题，会立刻引起教师的干预；女孩"是大家公认的好学生，不但成绩优秀，各方面表现都是首屈一指的（至少在老师面前），老师们几乎从没批评过她"，她没有给教师的管理造成任何困难，还给教师挣了面子，她的问题（对同学施暴，有高人一等的思想，缺乏同情心）属于隐性问题，教师就可能会忽视。

但教师如果是真正的教育者而不是一个单纯的管理者，他就会明白，女孩的问题一点也不比男孩小，若从可持续发展的角度看，女孩的危险性甚至可能更大。这样，教师在实施教育的时候，就绝不会眼睛只盯着男孩，更不会只怪罪男孩。其实教育这个女孩可能比教育男孩更困难，因为女孩的价值观有问题，而且来源于家长，根子比较深。

jxhszxh 老师提供的案例告诉我们：教育，千万不要浮在"管理"的表层，不要只抓显性问题。教育必须深入孩子的灵魂。

【案例5】早恋走火入魔

有一个高一女生，父母都做生意，她在初中时拉帮结伙，还谈恋爱。上了高中后，与一男生关系发展得很快。作为班主任，我和她谈过多次，每次她都答应得很好，可不久两人又到一块了。前两天被校领导抓住，叫了家长。她爸爸很生气，回家跟她谈，谈崩了，她说宁愿被开除，也要和那个男生好下去。她现在在学校也不学习，整天睡觉。这个女生个子不高，相貌一般，与班中女生关系不好，与几个调皮男生打打闹闹，处得挺好。

——教育在线·班主任论坛　yzmqp

答 yzmqp 老师

我主张这么办：

先看这位女同学的外部言行（不管她心里想什么）是否突破了学

校的纪律底线。如果已经突破而她又坚决拒绝改正，那就请她回家。

如果她的外部言行学校还可以忍受，那就留下她，但千万不要急于改变她的想法。

也就是说，这种孩子，这种情况，暂时需要的只是外部管理，而不是细致的教育。

等到她大致稳定下来，再慢慢诊疗不迟。

我常常发现许多老师想用管理手段解决教育问题，结果是碰钉子；我也常常发现许多老师想用教育手段迅速解决棘手的管理问题，这可能更行不通。

当一个学生走火入魔的时候，教育往往无用，这时简单的管理反而好用。

教育是慢功，管理是急活，教育和管理可以互相帮衬，但是不能互相替代。教师必须同时具备这两套本领，而且善于相机选用。

打个比方：该当医生的时候，你别当警察；该当警察的时候，你别当医生。

迷信"师严"

语曰:"教不严,师之惰。"愚以为这句话有可能害人。这种传统思维方式的最大问题是把"不严"和"懒惰"死死挂上了钩,反过来理解,教师的"勤"就必然要表现为"严"了。很多校长和老师真的就是这么理解的,于是他们的干劲就都用在"严"字上了。殊不知前任的"严"可能给后任埋下炸弹,而且很多老师的"严"是以教育方法贫乏为前提的,一旦"严"法不灵,就束手无策了,剩下就是两个极端:一个,"我和你们拼了";另一个,撒手不管了。

教育是一种非常复杂的、科技含量很高的工作,怎一个"严"字了得!

【案例6】班长在班上大喊大叫

今天我气愤了。

晚自习班级无老师,我因到班级有事,结果发现班长刘××同学正在班里大喊大叫。我阴沉着脸进了教室,对刘××提出了严肃批评,并责令他明天早上在全班同学面前检讨!

处理结束后，我当着全班同学的面问他上次英语测试的成绩，他一直不吭声。我生气了，并叫他站起来。他只是勉强站起来，并没有回答我。我更加生气了，叫他到门口站着。他站到门口后，我宣布叫李老师联系他的家长，准备把他送回家反省一周！李老师在打电话时，他在吐痰。我简直气愤到了极点。

后来，刘××的事情，主要由李老师来处理，表面上是联系车子，准备送他回家，实际并未行动。

我这时倒很想听听班级其他同学的意见。张××代表全班同学首先找到了我，说"给他一次机会吧。"尔后班级的吴××、朱×、陈××、金××、曹××等都分别找到我，为他求情。主要表达几个意思：一、处理不该这么重；二、是否给他一个机会，因为下周要月考；三、他家庭情况特殊。我说："你们所讲的我都考虑到了，不可能改变处理决定的。你们有什么意见，可以在日记中表达出来，就是骂我几句，我也不怪你们！"

半小时后，我开始读同学们的日记，有的同学说我暴政，有的说我是大坏蛋，有的说想揍我一顿，等等。

晚上下班之前，我特地找到李老师，叫他安排两个同学密切注视刘××的去向，有什么情况立即汇报！并和李老师交流了如何处理的意见。他说，以前班级之所以比较难管，主要是刘××管不了。

昨晚刘××写了一封信给我，除了检讨外，他主要表述了他是怎样的一个人。他是一个封闭的人，他是一个压力比较大的人，他是一个不善于和人进行语言交流的人，他是一个家庭比较特殊的人等等。

今早开了十分钟的班会，主题是刘××的问题。一、为什么要处理刘××？二、为什么处理得这么重？三、为什么同学们说情，我不改变主意？会后，由刘××书面检讨，以完成昨天的第一个处理决定。

会议刚刚结束，他的养母就已到我跟前。我和她到办公室交流了一会，主要谈了刘××由于年龄大（已念过初三，回头念初一），心没有静下来，学习不专心，成绩有下滑的趋势。我建议她带他回去，开一个家庭会议，主要和刘××彻底地交流一下，以摸清他的思想状况，提出一些明确要求。明天早上再把刘××送来。回来以后，我再抽时间和他交流。

思考：

在处理刘××的时候，其实我心里很不是滋味，但要想把这个班的纪律整顿好，肯定要牺牲个别人的。哪想到被刘××碰到了。等这件事过去以后，我会把他的损失好好地补回来！

关于对"刘××事件"的再思考：

一、对学生，班主任有没有让其回家反省一周的权力？

二、执行力的体现必须建立在班级有一定的执行文化上，而在这个班，执行文化形成了吗？没有。

三、用牺牲一个人来增加班级纪律的执行力，方法是否有问题？

四、如何进一步拉近与同学之间的关系？（在此之前，我和同学的关系是较近的，已走进一些同学的心里）或许这件事后，他们的心扉又有可能对我封闭。

五、在以后的工作中,如何做好刘××的工作?

结果:刘××的母亲帮他转到职中去了。

——娇阳

答娇阳老师

愚以为您的主要失误并不是"过急",而是在处理整个事情的过程中,几乎完全没有科学研究,而且缺乏人文关怀。

"发现班长刘××同学止在班级大喊大叫",起码应该问一问,他为什么这样,他是在什么情境下这样做的。这是最起码的科学态度和人文精神。

可是您问都没问,就批评,就让他检讨。

这样当老师,不是太简单、太容易了吗?这是典型的非研究型管理。

激动起来,谁都有大喊大叫的时候,包括我们老师在内,因为我们都是人。学生在课堂上大喊大叫,当然是错误的,但是情境不同,处理的方式是不应该一样的。不了解其情境,怎能处理得入情入理?怎能让大家服气?

接下来,您当着全班同学的面问他上次英语测试的成绩,我不明白这是为什么。这跟他大喊大叫有直接关系吗?教师让学生当众报出自己的学习成绩,合适吗?

我看不出这两件事之间的逻辑关系,我只能这样猜想:您并不想具体分析这个孩子的问题,而只想用权力压服他,用他的成绩来寒碜他……

可见，学生说您是"暴政"，事出有因。

看来您对这个班的班风并不了解，对学生情绪并不了解，对这个班长的个性和心理状态也不了解。语曰："知己知彼，百战不殆。"而您却敢于在如此"不知彼"的情况下贸然"执行纪律"，那就只有靠赤裸裸的权力了。我真替您捏一把汗，幸亏您遇到了比较老实的学生。同时我敢保证，你为此已经付出了沉重的代价——您在学生中的威信肯定会大大降低。这也就意味着，将来学生对您的反抗会更加剧烈。等您遇到一个完全豁出去的孩子，您这出戏可就没法唱了。我绝对不是吓唬您，很多像您这样工作的老师后来都碰了大钉子，弄得非常狼狈。我希望您不要重蹈他们的覆辙。

班长在班里大喊大叫，把他叫到办公室，平心静气地问问他为什么这样做，搞清原因再处理，有何不可？如果情有可原，让他在班里跟同学解释一下也就行了，何苦闹成这样？老师们只知道杀一可以儆百，却不知道，弄不好杀一可能激怒一百。我这不是怕得罪人，我是希望少出点"冤案"，我是希望营造自觉的纪律，而不是靠恐惧维持的表面服从。

愿各位老师慎用手中权力，以免变成"教书的警察"。

【案例7】 我怕踏进教室

我是一个刚毕业两年的教师，在一所扩招得厉害的学校上班，教高二，当文科班的班主任。而我班的成员，则以从前我任科任老师时教的两个班学生为主（占了全班人数的五分之三）。当时我很有信心，也想把从前教的两个班中一个很乱的班的学生管理好（那时我觉得是那班的班主任不负责任造成他们的放肆的）。可是，我接手没多久就发现，这些孩子越来越乱，以至于到后来，我都怕踏进教室，跟学生的关系也越来越恶化。这个学期状况好了一点，不过我稍有松懈，他们又表现得让人头疼。就说说近期的情况吧：班上60个同学，女生40，男生20，包括45个住宿生。而每天做早操时，总会有5个左右的男生不来；上早自习呢，就会有10多个同学迟到；课间操会有三分之一的同学缺席；下午第一节课他们迟到更严重，迟到的同学占了全班人数的一半；缺作业的问题也很突出；在课堂上呢，坐在后面两排的同学经常睡觉，回答问题的同学差不多都是女生，男生要么讲话要么睡觉；自习课会有男生冲出去打球；晚自习的时候，看小说的居多；更让人生气的是，学生开始学会跟老师顶撞、闹事。现在我厌倦了老是盯着他们，所以他们更松了。

为什么他们的变化如此之大？我思考了一下，有几方面的原因：

一是因为我太年轻，太缺乏经验和技巧，急于求成，方法不当；二是因为他们过去太压抑，所以一旦回到这个交通方便的本部就显得更难抵制玩的诱惑，而且从分校过来的同学因为成绩不好，所以他们普遍自暴自弃；三是学校管理的问题。学校没安排人考核各班学生的出勤情况，对于纪律很差的班级以及学生没有任何惩罚。

面对这样的现状，我该如何去改变呢？真心期望得到您的指点！

——教育在线·班主任论坛　梦想发芽

从严格走向放纵

常有老师问我：为什么现在的学生自觉性这么差？我总是告诉他们说：因为他们大都是在"不需要自觉性"的环境中长大的，自觉性无从产生。

自觉，自觉，自觉是自己对自己的控制。如果家长和老师从小就把什么事情都管到了，孩子还需要自觉性吗？当然不需要了，等着受控制就是了。所以，宽松的环境下才能培养自觉性。过分严格的管理，是无法培养出自觉性的。

很多家长和老师都这样想：我从一开始就严格又严格，管得他习惯了，自动化了，就自觉了。可惜那并不是自觉，那是麻木和呆滞，而且那只有在非常封闭的情况下才有效，只有在孩子没有反抗能力的时候才有效，一旦孩子打开眼界，一旦孩子翅膀硬了，这种临时的秩序就崩溃了。他没有自我控制能力，家长、老师的威力又已经不足以控制他，剩下的自然只有放纵了。

您目前遇到的，可能就是这种状况。

也就是说，您的前任，再前任，初中老师，小学老师，他们埋的定时炸弹，在您脚下爆炸了。

所以在我们这里，越是下游老师越倒霉。上游已经把管卡压的办法用到尽头了。为什么您的学校如此放纵学生？我估计不是不想管，实在是不敢管，怕出事情。

这就是我们的教育，给人一种欺小怕大的感觉。

其实对小孩子本来应该管得宽一点，要求低一点，等他们越来越懂事了，再提高要求。我们这里正相反，小学要求人人 90 分以上，等到上了中学，及格就行了，甚至能来上课就烧高香了。呜呼！自顾自的教育，只管眼前业绩的教育，违反孩子成长规律的教育。

越不自觉越要严防死守，越严防死守学生越不自觉，成了恶性循环。

有办法跳出这个恶性循环吗？

我看只有逐渐放松。另一方面，对那些严重违反纪律的学生，该执行纪律的，做好工作之后，一定要执行纪律，不可以不了了之，否则就走向另一个极端，没有王法了。

高中学生的毛病积重难返，但是他们毕竟长大一点了，如果真能走进他们的心，和他们好好协商，他们多数还是通情达理的，而且一旦做通工作，他们的自制力总会比小孩子强一点。这就看老师的本事了。我建议梦想发芽老师眼睛不要只盯着差生，先稳住大部分同学。大局不乱，再慢慢做差生的工作，也是先拣容易的做，不要首先强攻最难的学生。别希望出现奇迹，能有一点进步就好。他们中的有些人，要真正成人，非要将来到社会上去碰钉子不可。请注意不要同时解决好几个问题。一段时间重点抓某个问题，初步解决好之后再抓下一个，这样效果较好。在重点解决某个问题的时候，出现其他问题，只要影响不是太大，可以先置之不论。四处出击容易造成四面楚歌，又累又烦，没有成就感。

因为梦想发芽老师的问题比较概括，所以我也只能讲点概括的意见，不大好出具体的主意。

【案例8】 由学生违纪罚跑想开去

今天早操时,八年级(2)班有六个学生无故没有出操。班主任老师很生气,把他们叫到操场罚跑。我看到时,六个学生又说又笑,稀稀拉拉,一副无所谓的样子。班主任虽在旁边监督,队列仍然如故。我看在眼里,心里很不是滋味。

今年6月12日,我有幸去兰州聆听了教育改革家魏书生先生的讲课,在学生违纪时如何采取更恰当的教育方式上,他的观点令我耳目一新。

这不,在值周时间,我每天都要检查同学们行为习惯的养成情况。比如:少先队员是不是佩戴红领巾啦,下课后学生是不是乱扔垃圾啦,课外活动时间是否进草坪啦……这些情况,由于孩子的年龄特点,在校园里是屡禁不止的。以前,对于这样的学生,我采取的办法是:要么对班级进行考核,要么对违纪的学生当场进行批评教育,要么是责令违纪生打扫卫生。但效果并不明显。听了魏书生的报告后,当我再碰见违纪学生时,让他们做几件好事,使他们自己接受教育。小明今天没戴红领巾,我领上他到校园内拣拾50片废纸、塑料袋,拣完后,再让他去洗手。这样做的效果非常好,原先1000多名学生的校园,总是有五六十名学生不戴红领巾,后来,每天只有一两名。原先校园内的一些卫生死角总是无人问津,现在,通过做好事的办法,校园内干净整洁多了。

学生违纪是难免的,采取一定方式的教育也是很有必要的。但魏书生老师对犯错误的学生通过唱一支歌、做一件好事、写一份说明书的做法显然学生从心理上愿意接受得多。罚跑同样也是一种教育方式，但对学生来说，他们感觉是被处罚，心里并不服气。采用做好事的办法，学生感觉到是在助人，是在为集体做贡献，是有利于他人和集体的。这里面不自觉地减少了处罚的成分，学生也乐于接受。

老师们，学生犯错误是难免的。面对他们的错误，我们能不能换个方式解决呢？

——k12 教育教学论坛 读书人

提倡甜药，不放弃苦药

我赞成读书人老师的意见：惩罚形式应该多样，惩罚应该尽可能使学生乐于接受。

我想补充的一点是：惩罚，就其本质来说，恐怕不是打算让受罚者高兴和乐于接受的。惩罚的主要色彩是严峻。魏书生老师的做法颇有创意，而且估计能解决一些问题，但是它只是惩罚的一个变种；惩罚可以这样做，但是不能都这样做。比如纪律处分，就很难使受处分者"乐于接受"，但我看也不能取消。惩罚不光是为了教育本人，还是为了教育那些潜在的违规者，有时，它是需要寒光闪闪的。虽然我们应该尽量避免寒光闪闪，但是我们不能宣布放弃这个武器。法治社会并不全是玫瑰色的。

像读书人老师说的这几个无故不出操的学生，让他们唱歌能解决问题吗？恐怕未必。所以，教师手里要有多种办法，软的、硬的、甜的、苦的、静的、动的都有，才能应对日新月异的学生们。

我之所以说上面的话,是因为目前有一种倾向:有些人在那里片面地鼓吹"甜药"(我说的不是读书人老师),甚至在那里一味地主张给学生拍马屁(棒棒棒,你真棒),愚以为这是很不恰当的。语曰:"良药苦口"。药能弄得甜一点还治病,那当然更好,求之不得;但若治不了病,其"甜"就成了"糖衣炮弹",反而有害了。所以我们在提倡"甜药"的同时,要保持清醒的头脑,不放弃"苦药"。

迷信说教

迷信说教，迷信嘴皮子功夫，迷信"动之以情，晓之以理"，也是教育界的流行思路。

我总觉得多数教师的嘴利用率是过高了，而头脑则严重"开工不足"。不信老师可以用录音机录下自己某日的教育语言，过几年听听看，我估计他会发现，几年后，他说的还是那些话，顶多夹杂几个流行新名词。很多说教语言都已经形成了套路，自动化了，教师只要一张口，那些东西就会沿着固定的河道奔腾而下，学生都快把这些说辞背下来了。恕我直言，这种东西科技含量往往很低，多是一些"正确的废话"。

那为什么老师们仍乐此不疲呢？一是因为他们不善于用其他方法（比如策划活动，那是很需要动脑筋的）；二是因为他们脑子里没有多少新东西；三是因为这种说教对教师自己有某种安慰作用（我已经苦口婆心说多次了）和宣泄作用。

其实真正优秀的教师话并不多。他一开口，就能说出点新东西；他一开口，就能打中要害。

【案例9】 失败的教育

昨天晚上,在朋友那里看到一个小故事,很有意思,便偷偷记在心里,准备找机会如法炮制一番。

这是一位父亲给儿子讲的故事。故事的主人公是一只蚂蚁和一只蟋蟀。蚂蚁每天辛苦忙碌为自己准备食物,而蟋蟀什么都不干,每天在洞口快乐地唱歌。冬天到了,勤劳的蚂蚁躲在家里,享受储备好的食物,快乐的蟋蟀却在饥寒交迫中悲惨地死去了。故事讲完后父亲问儿子:"如果让你选择的话,你愿意做蚂蚁还是蟋蟀?"儿子说:"勤劳的蚂蚁。"父亲说:"我却希望你是一只快乐的蟋蟀。"儿子听后心中充满感动,他感受到父亲的爱和智慧,他明白了父亲的良苦用心。

我爱我的儿子,我决定把这个故事和他讲一讲,让他也和文章的作者一样,对父爱的深沉和细腻,有一些理解,有一些感动。

去妻子的学校接他们。回来的路上,我对他讲了这个故事。儿子听得很认真,他特别喜欢听故事,也会讲很多故事。最后我也像作者的父亲一样,煞有介事地问道:

"如果让你选择的话,你愿意做蚂蚁还是蟋蟀?"

我故意放慢车速,等待儿子的回答,等待我精心设计的感天动地的一幕出现。

儿子几乎不假思索地回答:"蟋蟀,当然是蟋蟀!"

我有些尴尬,不甘心,启发他:"蟋蟀最后可是死掉了,很悲惨的。"

儿子不屑一顾地说道:"我才不像它那么傻呢,冬天来了,干嘛不躲到洞里?"

"洞里也没有食物呀？"

"它可以借，可以找，实在没办法到小蚂蚁那里去抢呀。它比蚂蚁大多了。"儿子想了想回答。

我不知如何是好了。最后，有气无力地问道："你为什么要选择蟋蟀呢？"

"因为它快乐，每天都快快乐乐。"

我哑口无言了。这不也正是我的希望吗？

——k12 教育教学论坛　平谷小李　引用

语言教育的无力

这个故事，从表面上看是快乐和不快乐之争，其实是"现在快乐"和"将来快乐"之争。

蚂蚁选择的是暂时牺牲眼前的某些快乐，以换取日后的长远快乐；蟋蟀则相反，他选择的是只顾眼前的快乐，不管以后如何。

我相信现在许多孩子都会声称赞成蟋蟀的生活方式。他们的这种宣言会很让家长和老师震惊而且失望，但是仔细想想，他们的选择又不是偶然的，不能简单地看成是糊涂或者堕落。

为什么他们会赞成蟋蟀的选择呢？

因为他们心里有底，他们知道自己不是未来的蟋蟀，不会有蟋蟀的命运。

他们从家长老师的过度保护和过分关怀中早就看透了：无论我什么样，你们都不会不管我。你们虽然每天用下岗失业的话来吓唬我，其实我将来要是真的考不上学校，没有工作，你们肯定比我还着急。

既然你们急得像火上房一样,我还着什么急呢?我何不先学学蟋蟀,快乐快乐?我的负担够重了,我的日子够苦了。

鲁迅小时候也读过一个类似的故事,给鲁迅很大的震撼,鲁迅终生勤奋,与这个故事有关。但是我们不要忘了,鲁迅的家庭当时正在衰落,鲁迅作为老大,承受着极大的生活压力。鲁迅的危机感来源于亲身体会,他知道自己的处境和故事中的蚂蚁差不多,未来不保,所以他能够与故事产生共鸣。我们现在的孩子,他们亲身体验的是过度保护和过分安全,而危机感只是挂在他们家长嘴上的东西。请问他们如何与故事里的蚂蚁共鸣?

从这里我们就可以看出语言教育的无力了。很多老师都迷信"说服",迷信"讲道理",其实它的作用是有限的。当你的亲身感受与别人给你讲的道理大相径庭的时候,讲道理的人不管多么起劲,都是在做无用功。

现在社会上和学校里充斥着目光如豆的短期行为。周围都是蟋蟀,竞相比赛谁唱得欢,没有几个人像蚂蚁那样深谋远虑的。在这种氛围里,想要孩子崇拜蚂蚁,无乃太难乎!

教育的关键是体验,亲身的体验。

取消过度保护,把学习和生活真正承包给孩子本人,家长、教师只做有限度的帮助(今日中国的家长、教师对孩子都过分热心了,此之谓溺爱),如此,用不着讲什么故事,孩子就会逐渐形成蚂蚁的思维方式。

人无近忧,不大可能远虑。不当家不知柴米贵。不当家者饭来张口,他是不会考虑一个月的支出的。想让孩子有远虑,就得让他当自己的家。这才是主要的教育方式,至于讲故事,只起辅助作用。

所以一个真正优秀的教师,他会把主要精力放在设计教育情境上面,而不把主要希望寄托在自己的三寸不烂之舌上。我们的学校教育和家庭教育最突出的缺点是活动太少而说教太多,殊不知孩子主要是在行动中,而不是在言论中成长的。

我于是想起了陶行知先生。他把自己的名字从"知行"改为"行知",真是伟大!

教育是一种行动的艺术,绝不是单纯的嘴皮子功夫。

【案例10】卫生检查成绩不佳,郁闷啊!

今天一早来到学校,看到昨天下午卫生检查的结果已经放在我的桌子上。我班在全校十个班中位列第七名。

我到班中看了学生的日记,好多学生提到昨天下午的大扫除,同学们个个"生龙活虎",干得"热火朝天",经过同学们的一致努力,我们的教室很快就"窗明几净",真正成了"清洁天使"的家园。

但是结果却是这样子的,我能不郁闷吗?

我把昨天下午参加检查的卫生委员侯×叫到教室外面,问了问她昨天下午卫生检查的一些情况,特意询问了她给我们班打分的情况。她说,给我们班打了94分,给(6)班、(2)班打了98分(最高分)。我问为什么,她说,(6)班、(2)班的卫生的确最好!我心中不禁一震。有这样的胸怀,有这样的品质,还在乎那点分数吗?我知道我应该怎么总结这次活动了。

课间操后,我又来到教室,我说昨天卫生检查的成绩出来了,你们猜猜我们班的名次会是多少?他们知道我这样问就不会有好成绩的,个个端端正正地坐在那里,谁也不再吱声。当我宣布是第七名的时候,他们都大吃一惊!都纷纷发表自己的"高见",有的说"我们打扫得这么好,成绩怎么会这么低呢?"有的说"都怨四组的同学教室没有打扫干净!"(听侯×说昨天检查是以教室卫生为主),甚至有人说检查的同学打分不公平(这也不是一次两次的事情了,在我们学校这已经是稀松平常的事情)……我看着他们"义愤填膺"的样子,我说:"其实这也没什么可大惊小怪的,你们觉得我们已经打扫得很好了,但是其他班级比我们的还要好,而且人家保持得好,你们想想昨天打扫完后我们教室的情况,要不是四组的同学重新扫一遍教室的话,我想倒数第一非我们莫属!"这时他们可能也觉得是这么回事,脸上都露出了惭愧的神色。

"其实,成绩也没什么了不起的,关键是我们努力去做了,而且昨天大多数同学积极肯干(说这话的时候我看了一下窦××,他有点不好意思地冲我笑了笑,有个同学在日记中提到他什么也不干,到处乱跑、凑热闹)。老师特别感动的是侯×同学,她能够做到不徇私情、公平公正地为每个班级打出合理的分数,这点就让老师感到特别欣慰,(说真的我们学校有这样胸怀的老师能有几个呢?包括我自己在内)这说明我们班同学的品质让老师放心,让老师骄傲!老师希望同学们牢牢记住以前和你们讲过的一句话:成绩很重要,做人最重要!"

停顿了一下,我接着说:"取得了这样的成绩说明我们还有许多不足,应该引起我们的重视。特别是在今后的检查中,我们更应该注意。卫生检查是提前通知的，其他的检查，像放学站队、两操、早读等检查都是不打招呼的，那样的检查才是真正考验我们的时候呢！"

——教育在线·班主任论坛　wfykw

节约语言和精力

我若是 wfykw 老师，我会让侯×同学在全班讲一讲她亲眼看到的（6）、（2）班的卫生情况，本班与这两个班的差距在什么地方（不必说她是怎样评分的）。然后我来询问有问题的部位是谁负责的，请他站起来说说下次怎样保证有所提高（要具体措施）。我不说或尽量少说那些抒情性的、鼓动性的、"教育"的话语。我不是反对这些话语，我怀疑这类话学生已经听过无数遍了，愚以为不到特别需要的时候，就不必重复了。

这件事本来可以几分钟搞定的，像 wfykw 老师这样，估计需要半小时。

我们很多老师都有做"政治思想工作"的癖好，愚以为这不一定总是优点。

迷信师爱

迷信师爱更是教育界覆盖面极广的常见思路了，反思师爱也是很容易犯众怒的。

迷信（注意，不是"相信"，而是"迷信"）师爱的教师通常有两种。一种是好心的糊涂人，他真的以为爱能点石成金，爱是万应灵药，一旦他不能把孩子爱成好学生，他会怀疑自己爱得不够，或者陷入绝望。另一种人则不然，他们其实是把"爱"当棍子用的，他们的本事是把自己对学生施加的一切压力都解释成"爱"。他们嘴里说的是"爱"，心里想的是"权"，他们真正相信的只是"管卡压"。

批评师爱神话，这两种人令人反感。第一种人会觉得你把他心中神圣的东西亵渎了，第二种人则怨恨你把他的伪装扯掉了。

我对师爱的解剖大煞风景，扫了不少人的兴，我很抱歉！但是为了教育的发展，我只能说实话。

【案例11】神化师爱的案例害人

以下是引用梁中汉在 2004 年 12 月 26 日的发言："神话师爱"的

案例害人！

的确，用老师的"爱"去感动学生，只有在特殊的背景下，特殊的环境中，特殊的心境中，特殊的感觉中，才起作用。

有一个学生，从一年级起，每天都不按时完成作业。五年级我接手该班，发现了他这一大毛病，表扬、鼓励、闪光点挖掘得不少，最多只是会完成当天的作业，而且作业量要极少。别人五分钟可以完成的，他最少也要半个小时，或一个小时。他的磨蹭，全校闻名。每天上午放学，我都要留下他完成作业。有时完成作业较晚，回去估计又会被他爸爸骂，我会拿钱给他买快速面之类的食物吃。

教了他一年，他几乎天天不完成作业，但我只狠狠地批评了他一次，其他时间都没有批评他，只是告诉他，放学后留下来做作业。他也高兴地答应了。

但他有一个很突出的优点：就是任何时候叫他补做作业，他都是一笔一画地写，不会乱写，只是动作特慢。

我觉得我对他比较关心了，对他也比较爱护了，但他的毛病就是改正不了。

——教育在线·班主任论坛　长江一浪

没有爱是不行的，光有爱是不够的

当一位教师缺乏教育专业知识，而又不得不面对眼前的教育问题的时候，他用什么武器来应战？除了手中的权力之外，就只有爱了。

权力是硬兵器，爱是软兵器。他手中没有别的武器了。

在这个意义上可以说，那些神化师爱、高唱师爱颂歌的老师是可以原谅的。他们没想害人。你不能要求他们向你介绍他们没有使过的武器的用法。

所以你会发现，你声称把师爱请下神坛，很多老师会非常失落、非常愤怒的。你想，他一共就两种武器，现在你声称其中一种没有那么大作用，这不是要他的命吗？

我的办法是，每当我反对神化师爱的时候，我都用具体的例子说明，这种问题，还有爱之外的办法解决。这样做，我发现教师比较容易接受。

也就是说，当你指出他手中的一件武器没有那么大作用的时候，你同时交给他另一件更锐利的武器，他心理就平衡了。他看到了希望，他有指望了。

所以我们绝不能只做批判者。

说话不能只求痛快，说话的最终目的是为了解决问题。

师爱是绝对不可否定的，没有爱，教育就失去了根基。现在的问题是许多人把爱说得太神了，师爱承受不了如此重担，该减负了。你不能要求师爱完成本不属于它的任务，就好像我们不能要求医生光用爱就能把病人治好一样。

像上面的例子，这个孩子看来属于"蜗牛族"。如果这位老师具备关于蜗牛族的教育专业知识（蜗牛族的多种成因及治疗方法），他就不会迷信关心和爱了。医生治不好病人，一般不会检讨自己对病人爱得不够，他一定会反思和提高自己的专业水平，这正是教师应该着重学习的科学态度。

没有爱是不行的，光有爱是不够的。

【案例 12】爱心与科学的关系

引用王晓春老师：

因为从来很少有人教给我们科学的思维方式。

我们的幼儿园、小学、中学，甚至大学，主要都是让我们学会按照老师事先规定的路子"回答问题"，而没有教我们学会"研究问题"。这样，我们从小就既没有研究问题的习惯，也不会研究问题的方法，甚至连研究的意识都没有。听说"爱"很神奇，我们就去"爱"；又听说"赏识"管事，我们就做作地"赏识"学生；我们的同事又常常说"不能给学生好脸"，我们就每天绷着脸给学生看……总而言之，我们所用的教育方法，基本上属于"听风就是雨"，很少与我们自己的研究有关。再说得直率点：我们的"第一思维"其实就是"不思维"，就是不动脑筋地拣一个最耳熟的、最流行的办法实行之。

思考：

选择"爱心教育"的思维算不算科学的思维方式呢？如果不科学，不科学在哪里？可否这么认为，爱心教育本身是科学的，只不过由于众多实施者不加分析地，只从字面上去理解、去实施，导致了东施效颦的结果呢？

——教育在线·班主任论坛　hwg

答 hwg 老师

您的问题提得非常好。

其实"爱"与科学并非水火不容。爱是一种情感，情感完全可以从科学角度加以研究和处理，心理学就是这样做的。

但是我们通常见到的所谓"爱心教育"却常常是庸俗化的，不理智的，其中也没有什么科学思维方式。对这种"爱心教育"，我是比较警惕的。

好像这里的关键是施爱者的自身素质。施爱者如果自身并没有科学的思维方式，或者他把科学的思维方式仅仅局限于教学及业务工作，则他对学生无论怎样爱，你在其中也很难找到科学的影子。爱与科学，统一在高素质的人身上。

然而无论如何，爱的教育方式与科学的教育方式总不是一回事，它们有不同的切入点。

这个问题很有研究价值，我还没想清楚。希望您不吝赐教。

【案例13】那双忧郁的眼睛

眼睛是心灵的窗户。我有一个习惯，认识一个人喜欢看对方的一双手和一双眼睛。

我们每天面对的孩子，他们的眼神总是那么清澈，那么净亮，那么朴实……

可——

周一我早早地来到学校，只见外婆（后得知）带着云（后得知）站在学校的门厅中央，满眼泪水的云拉着外婆的手："外婆，你别走，你别走，我要爸爸，我要爸爸。"

声音在大厅飘荡，我不由得停住脚步——我见过无数双眼睛，唯有他的眼睛让我惊讶！这眼睛多么忧郁，忧郁中含有一种凄凉的美丽。

云是今年我班新转来的小朋友——

我拉着他的小手，暖暖的手很白皙很结实——可爱！我轻轻拍打着云的手心说："云，爸爸呢？"

云："老师，我要爸爸，爸爸不要我了。"

我愕然，立刻缓神："不会的，云儿，每个孩子都是爸爸妈妈的宝贝，爸爸有事情没有回来，是吗？"

云忧郁的眼睛望着外婆："不是的，不是的，我听到的，妈妈说爸爸不要我了，我要爸爸，我要爸爸。"

我拿出纸巾："来，乖，不哭，云一定是听错了，老师帮云擦一擦，那么漂亮的眼睛哭红了那可不好。"我再次看着这双眼睛——细长清澈幽深，然后充满了忧郁——印记着孩子很多的辛酸。

一个念头闪现在脑中：父母不和给孩子带来了心理的阴影，而且是很深的。

我一手拉着云的左手，一手提着云的书包："等会儿老师给云的爸爸打个电话，告诉云的爸爸，云很想爸爸，爸爸怎么那么粗心把云给忘记了呢？一定是工作很忙。快跟外婆说再见，和老师到班级里，对了，告诉老师，你昨天认识几个小朋友了？"

云那忧郁的眼神略浮过一丝喜悦："老师，我认识了三个小朋友了，昨天还一起读课文呢。"

我顺手拍拍云的小脸蛋："真的啊，我们的云很可爱，刚来半天就有小朋友和你一起读课文、做游戏啊，你看，大家都喜欢你，都要你，爸爸怎么会不要我们的云儿呢？"

一个手势示意云的外婆回家，外婆绷紧的表情终于舒展了……

云，你这双忧郁的眼睛，让老师感受到了与其他孩子不同的内心，如同稀疏飘散的雨里，一把碎花的雨伞被主人不小心跌落而随着风儿翻滚着，翻滚着……

云，你这双忧郁的眼睛，让老师感受到了那奔涌出的泪水是你内心呼唤"我要爸爸，我要爸爸，爸爸不要我了"的诠释……

云，你这双忧郁的眼睛，让老师心中有说不出的惆怅，远方的天空依然宁静而淡远，身边的云儿还是漂浮悠悠……

云，你这双忧郁的眼睛，让老师心中流动着复杂的"光"，拉起你小手的同时知道了责任的重大，轻拍你小脸的同时深知肩膀沉重……

云，你这双忧郁的眼睛，让老师坚信信赖的眼神不远——等待着你会对老师说"老师，你是我的朋友。"

众多的"云"，丝丝缕缕，飘飘洒洒，可总要回到"云房子"中的……"爸爸不要我了，妈妈不要我了……"依然还是在"云房子"上空环绕着……何时能了？

——六月风莎

教师的情感和理智

从事教育工作，情感和理智当然都需要，于是我们就很有必要搞清这二者的关系。

愚以为，情感和理智，既有互相支撑的一面，又有互相妨碍的一面。

教师必须爱学生。爱是教育的基础，爱是理智的发动机，有了爱，教师才会千方百计调动自己的智慧去教育学生。

教师必须理智。理智才能准确判断学生的情况，才能拿出切实可行的教育方法。

可见，教师的情感和理智是互相支撑的。

但是爱有可能迷住人的眼睛，教师对学生的爱如果不加节制，就有可能失去必要的理智，像一些糊涂的家长一样溺爱孩子，而且当人们激情燃烧的时候，他很难静下心来研究问题。

理智过火也不行，如果教师分析学生问题真的冷静到了解剖青蛙的程度，恐怕也有问题，因为人不是青蛙，人是有感情的，学生（尤其是中小学生）绝不会喜欢过于冷静的教师。

这又可见，教师的情感和理智是互相妨碍的。

教育的艺术就在于找到情感和理智的平衡点。

六月老师这篇文章，在我看来，是情感压倒了理智。这里充满了宝贵的爱心和同情，但是十分缺乏冷静的分析和对策。这是一篇抒情散文，不是一个教育工作者研究教育的专业文章。换句话说，这种文章，没学过教育专业的人也能写得出来，只要他有同情心，有一定的文字功底就行了。我们在教师随笔里可以看到大量这类文章。作为教师个人的业余爱好，这无可厚非，但要想通过读、写这类文章提高教育专业水平，可就不行了。

不要以为专家说的都是对的，要相信自己的思维（兼与王晓春老师商榷）

txb473169

论见识和阅历，王晓春老师可以说是前辈，说学识和地位，王晓春老师可以说是思考者和引领人。但论第一线的真实经历，王老师却谈不上丰富。王晓春老师的理论很是鞭辟入里，但我想知道，我也想问王晓春老师三句：

"您教过小学吗？您在中学呆过吗？如果让您去实践您的那些理论会得到您预期的结果吗？"

理论的高深与否，爱心的给予与否，旁观者很清楚，但轮到冷静的旁观者去做却也会是另一个样子，这是个规律，不管你承认它与否。

作为专家的您，大多时候高高在上，论指导工作，您是内行，论发表文章我等远没有您来得快，更没有您有更高或是更透彻的理解，但我要说的是，论第一线的经验，您或许有好多东西也是纸上谈兵罢了，因为，实际和理论有着看不见的距离。您的理论可以指导实践，但您的看起来很冷静的理论或许会招来很多的非议，这个，或许用不着我说，王晓春老师理解得更深些。我想我这些话也给王晓春老师提个醒，您太冷静了，冷静得让我等敬而远之。

教育如果没有爱，小学教育如果没有那让人感到有种依靠的感觉，我想会有许多小孩子是不愿或许是不敢到学校里去的，小孩子在刚上学时，老师的话好像是圣旨，都是对的；老师如果是温暖的，那他的世界也是光亮的，如果老师是古板的，那学生也是教条的和受到惊吓的。这时候，王晓春老师，您还要给他们讲教学理论吗？您的理论是那样冷冰冰的，虽然是千真万确的，但不要忘了，您所面对的是才不到十岁的小娃娃，有时候，您要为他们故意撒些谎，您的安慰或许不能解决他们的全部问题，您也解决不了他们的所有问题。

但，我想您是大人，您所面对的是孩子，那是一双无助的或是想在您的目光里找到些依靠的眼睛，您的话要抚慰他的无助和天真，你可以让他感到些许光明和温暖，让他的心暂且安静下来。您还能为他做些什么？您还会为他做些什么？

所以做事不迷信权威，不要让所谓的权威左右了我的视线，毕竟，我的事还得要我摸索着去做，我还会在我的工作中试着探索更适合我所面临的环境的方法。因为我知道权威可以影响我的头脑，但却不可影响我的心胸。

我爱真理，但我更爱自己。

我努力工作，因为我喜欢，因为我喜欢，我才感觉到我的价值。

您的话可以让我体味让我思考，但我还毕竟是我，您也不可能替我工作，我也不会让您这样做，虽然，您说的看起来比我更有道理。

王老师，一点想法，说出来好受点。

答 txb473169 老师

1. 我不是权威，我原来是一个中学老师（教书 20 年），后来是一个普通的教育科研人员。

2. 我的意见是否正确与我本人是否权威毫无关系。不管是谁说的话，我们尽管讨论它对不对就是了，别在人身上做文章，那没意思。

3. 我并不是不喜欢六月老师的文章，我只是说，这种文章对提高教师的专业水平没有多大用处。如果有网友只是把它当作一篇散文来欣赏或借以抒情，或者只从中吸收"爱生"的营养，则我毫无意见。我的点评，是写给那些希望在这个网站上切实提高业务水平的人看的。我理解，这里不是聊天室。

4. 我从来没有否定过爱的作用，我只是说，光有爱是绝对不够的。教师的爱能超过家长的吗？家长的爱不是把很多孩子都毁掉了吗？把教育主要归结为"爱"，是相当不准确的。爱孩子母鸡都会（高尔基语），教育则是一门科学，不是每个人都会的。现在教育界流行的做法是用廉价的爱的颂歌来掩盖自己教育专业水平的不足，在实践中大碰钉子仍不醒悟。我的文章，主要是针对这种倾向而发的。

5. 还有一些网友把教师的所有教育行为都解释成"爱"，这是混淆概念。按这种逻辑，医生给病人动手术也可以说成"爱"了，那还有什么属于专业技术？打是疼，骂是爱，喜欢极了拿脚踹。"爱"字是个筐，什么都能往里装。"爱"是世界上最容易被曲解的词汇了，所以教育要走向科学，必须梳理这个"爱"字，把它请下神坛，放到恰当的位置。

6. txb473169 老师认为我脱离实际，这是完全可能的，而且我说句怪话，身在第一线的人也完全可能"脱离实际"（只缘身在此山中）。盲目迷信"爱"正是典型的脱离实际的表现。我个人正是为了尽可能解决实际问题，才越来越发现有些人所谓的"爱"的空洞无力。

7. 搞理论的人没什么可骄傲的，身处第一线，也没什么可骄傲的。任何地位（无论高低）都不能给人带来智慧。

【案例14】家长用爱生来对付老师

开学第一天，学生杨×没有来，这已经不是第一次了，打电话是不会有人接的，我唯一能做的就是等待。

第二天，他来了。我在组织"走进新学期"主题班会。他在教室门口怯生生地对我说："老师，我假期忙着练习小号，爸爸前两天带我去了一趟海南，所以作业没写完。"这是意料中的事情，我并不觉得吃惊，令人吃惊的是他接下来说的话，他说："老师，听说没完成作业的同学不发新书，如果你不发书给我，我就休学。"那一刻，我被将住了。这算什么？自己没完成作业居然还有脸来要挟我，一个"滚"字差点就脱口而出。就在那一瞬间，我突然意识到：不对呀！一个不到10岁的孩子应该不会有这种想法，一定事出有因，先稳住他再说。于是，我伸手摸摸他的头，温和地对他说："你很诚实也很勇敢，所以呢，我可以先把书给你，不过你要在一个星期之内把没写完的寒假作业补完。"他犹豫着点头答应了。为了一视同仁，我把因寒假作业没完成而没发的书一一发给了学生，并按所欠作业的多少规定了补交作业的期限。

晚上，我决心到杨×家弄个明白。杨×的父亲热情地接待了我，谈到孩子说寒假作业没有完成得不到书就要休学的事，他承认是他教孩子这么说的。他说："之所以这么做，原因很简单，因为您是个好老师，绝对不会看着孩子休学的。"我无奈，只好苦笑。当着家长的面，我对杨×说："其实，老师不怕你休学，你休学，你就违法了，你违反了《九年义务教育法》，我不希望我的学生犯法，你是个好孩子，我希望你言而有信，把作业补完。"

临行前，我对家长说："千万别拿老师对孩子的爱来对付老师！"家长脸红了，我推门而去……

——教育在线·班主任·王晓春平台　5°

家长也学会用爱剥削老师了

社会变化真是快，我一直以为"家长用爱压迫孩子，孩子用爱剥削家长"只是家庭教育的常见弊端，没想到家长已经以孩子为榜样，学会用爱来剥削老师了。"您是个好老师，绝对不会看着孩子休学的"，这样利用教师的爱和同情心，我觉得不光彩。

各位教师不要上当。爱不是迁就，爱需要理智，学生确实需要休学的时候，劝其休学正是对他最大的爱。

5°老师当面拆穿家长的把戏，我觉得应该，是得教训教训这种人，不要让他们耍老师。

但我觉得"不完成假期作业开学不发新书"的办法值得商榷，是不是太硬了？可能逼得家长没有路，于是走邪门歪道了。

迷信"信任"

迷信"信任"的思路与迷信"赏识"的思路有些亲缘关系。

我们许多教育者总是认为,只要把人们往好处想,往优点上说,他心里一高兴,就会进步。愚以为这种想法太天真了。果真如此,马屁精岂不都成了教育家了?

我们说过,教育有科学性。科学是老老实实的学问,不是演节目。教育不是简单的哄孩子高兴,它本质上是一件严肃的事情。教育者的温和、和蔼可亲、宽容、循循善诱,都是绝对必要的,对孩子确实要比对成人更需要耐心,但是,不能弄到是非不分的程度,不能让犯错的学生感觉自己像立了功一样,那样对绝大部分"奉公守法"的学生是一种打击,对犯错的学生则是一种腐蚀。

【案例15】让偷钱的孩子说出真话

昨天,小涵偷了后勤王老师手提袋里的钱,被王老师当场抓到,告诉了班主任。班主任很是生气,准备当作一个典型。首先,他打算把家长叫来,让家长好好教训教训这孩子。

我希望老师在跟家长说明情况之前，能让我先跟孩子聊聊。聊什么呢？都已经"人证"、"物证"俱全了，难道能翻案不成？

让老师带来教室的小涵，应是知道自己"做错事"而头低低的，没什么表情。小涵跑到我桌边的窗边，用窗帘把全身卷起来，小声地说："老师，我要跟你说对不起。"我说："为什么要跟我对不起啊？"

"我昨天偷了王老师的钱。"孩子的这句话虽然小声，也应该是费尽所有力气才"挤"出来的。

"真的喔！那你昨天晚上有没有很害怕啊？"小涵不是第一次偷东西了，所以先前绝对有很多大人用尽心机，以"嘴巴"跟"双手"（还包括手可以拿到的"物品"）让孩子知道偷东西不是件好事，以及必定会有的"下场"。多次下来，孩子总是会害怕的。害怕的也许不只是皮肉之苦，还有内心更深层的东西。

"有啊！我还做梦梦到鬼呢！我梦到王老师变成鬼要来抓我。"七岁的孩子也许想象力丰富，但看他说得余悸犹存，孩子的确是害怕，怕的是不被喜欢，不被爱。

"真的啊，王老师听到一定会很难过的。他那么喜欢你，一定不希望让你害怕、做噩梦。你为什么要偷拿王老师的钱呢？"虽然我不想扮包青天办案，但总觉得这可能是关键。

"因为我那时候肚子饿，想吃东西，早上爸爸没有给我钱。"孩子无辜地说。以孩子家庭的状况，这是很有可能发生的事情。小涵跟家里的哥哥，经常因为早上没有吃早餐，而上课时觉得头晕不舒服。

"这样喔，肚子饿一定很难过吧？那小涵如果以后下午的时候肚子很饿，可是身上没有钱，又不能偷拿别人的钱，该怎么办？我们一起来想想好不好?"我相信我当时的表情比我说的话还要更"认真"。

"我可以来找你啊!"孩子笑着说,我也笑了,让人信任的感觉很好。

"好啊,你来找我的话,我可以帮忙想想办法。可是我有时候不在学校,那怎么办?"我在想,最好有千百种方法。

"我可以找林老师(孩子的班主任)跟王老师啊!"孩子继续说。

"对喔,你看,小涵可以找好多人来帮忙想办法,因为我们都好爱你!好了,现在你可以回教室上课去了。"孩子笑了,放下重担似的笑了。

我找到了林老师(小涵的班主任),告诉了他我们的这段对话。他说:"以后,我会尽力帮助他,只是,他讲的是不是真话呢?"

有一种可能,孩子说了一个谎,蒙混过关。但即使是这样,大人其实损失不了什么,只是要不放弃地让孩子说出真话。但反过来就糟糕了,我们会用不相信孩子的方法,想让孩子学会"信任"与"诚实"。

希望下次,孩子在内心挣扎时,感受到了这些大人可能因为他这么做而会有的感受,就像我们总是认真感受他的感受一样!

——教育在线　小小一片云

光信任孩子是不够的

即使这孩子说的完全是实话,一个小学低年级学生,居然有胆量把手伸到老师的口袋里去拿钱,恐怕也不是"肚子饿"这一个因素所能解释得了的。按逻辑说,他的性格中一定有某些道德意识、意志品质、认知方面的缺失,因为很多孩子即使遇到比他更严重的困难也不会去拿人家钱的。这孩子好像没有道德底线。

所以照我看来，一片云老师的宽容精神固然很好，但是有轻信的嫌疑。一片云老师说："有一种可能，孩子说了一个谎，蒙混过关。但即使是这样，大人其实损失不了什么，只是要不放弃地让孩子说出真话。但反过来就糟糕了，我们会用不相信孩子的方法，想让孩子学会信任与诚实。"这话逻辑上有问题。如果这个孩子说的是谎话，老师又相信了，那么孩子学会的就显然不是"信任"和"诚实"，而是"骗术"。不能认为，只要老师什么都相信学生，他就会说实话。不相信学生说的某些话，并不等于不信任不尊重他这个人。

孩子说拿钱之后很害怕，做噩梦，这说明他知道不对。明知不对还要去做，那至少有三种可能：第一种，有更强大的欲望压倒了恐惧（是肚子饿？）；第二种，事后知道恐惧，当时控制不住自己；第三种，做噩梦是谎话，其实他并不如此害怕，他知道拿了钱老师也不会把他怎么样。

我并不是说对这孩子要像审问犯人那样穷追猛打。我要是班主任，我一定会仔细询问他拿钱之前的心理过程，知不知道这是错误的，有没有思想斗争，想没想过别的解决办法。因为如果我们不能搞清这个孩子拿钱的心理机制，我们就没有办法在适当的环节截断它，则这种事下次完全可能再次发生，就像流水线生产出下一个零件一样。一片云老师出的主意，没有钱"可以找好多人来帮忙想办法"，恐怕是治标不治本。

光信任孩子是不够的，盲目信任更是危险的。我怀疑这孩子的家庭教育有严重失误，他家的道德氛围有问题。不指导家庭教育，可能这孩子的毛病是无法根除的。

愚以为，一片云老师的工作，虽然前进了一步，但总起来说，展开不够，深入也不够，尚缺乏探究性质。

【案例16】无人监考

××教育集团××实验中学

对全校近3000名学生，全部实行"无人监考"：学生在誓言中为尊严涂上亮丽的光彩，学生在分发、收取全部试卷的过程中感受到自身人格的存在，学生在没有老师的教室内静静书写心灵的答卷……

教育的至高境界！

——教育在线·班主任论坛　zhangxiaoz

存　疑

我不相信这个学校每次考试都能用这种"无人监考"的方法，我更不相信中考高考能用这种方法。也就是说，它只是一个特例，不能常态化。

还盛赞这是"教育的至高境界"。也许我保守，我的理想没有这么高远，我想，如果能做到有人监考的情况下无人作弊，就已经阿弥陀佛了。

如果在某个城市做一个诚信实验，搞一个"无警察日"，或许也能做到这一天竟没有一个人违规、犯罪。请问这有什么意义？或许有点宣传意义，如此而已。

诚信如果变成表演，本身就是对诚信的讽刺；人人变成圣人，出此言不是犯傻就是骗人。

当然，临时当一天圣人，找找感觉，也许有点好处（有人可能会被点醒），但是总不如脚踏实地教育学生做个遵守基本道德规范的普通人来得切实。

教育是老老实实的事情，做秀是不行的。

迷信"集体力量"

实事求是地说，很多班级的"集体舆论"往往与班主任的个人意见一致，因为班主任的地位是可以主导舆论的，尤其是在小学。这里就埋伏着一种危险，如果教师素质不高或者有私心（这是难免的，人非圣贤），就有可能误导集体舆论。有些老师动不动就指着一个孩子对全班学生说："大家都不要理他！"这是非常残酷的行为，有可能给孩子造成终生的伤害。

所以我主张，对任何事情，都采取分析的态度，而不要单纯看它是否符合"集体利益"，须知"集体利益"的解释权在班主任手里。

集体舆论非常重要，好的集体舆论为建设优秀班集体所必需，但是我们要小心所谓"多数的暴政"。真理有时在少数人手里。更重要的是，集体舆论往往只能控制学生的表面行为，而不能有针对性地解决他们的心理问题或思想问题。真正解决问题，常常要靠个案诊疗。

【案例17】集体批评

班上51名学生拧成了一股绳，每个人都想把集体搞得很出色，每个人都不想为集体抹黑……假如有谁为班集体添加了任何一点麻烦，所有的学生都会共同指责这个同学。一次，我们就这样集体批评了一个同学。

平老是与同桌有矛盾，他经常无缘无故地欺负同桌的芳。这不，今天，芳不小心碰了一下平的手臂，平就把芳的语文书的封面上画了一个大圆圈。当我把平叫起来的时候，他振振有辞地说是芳先碰他的。当时，有很多学生反映，说平和芳经常吵架，而且，经常是平有错误，但是他又不愿意承认。

我有些恼火，一下子就把平请到了讲台上。我问他："你有什么话要说？"他沉默不语。我把说话的权利抛给了学生："你们想说什么？"

真像一滴水溅进了油锅里，学生纷纷举手发言：

学生1：你真不应该，同学之间应该和睦相处的，你为什么每次都为了一点鸡毛蒜皮的小事情和芳争吵个不休呢？

学生2：你平时喜欢惹人，这点我们已经不和你计较了，你反倒和我们计较起来了！

学生3：你再这样下去，没有人会喜欢你的！

……

我也插了一两句："看，你平时在大家心目中就是这样一个形象！"

最后，平的眼睛红了，啜泣起来，这个结果我倒是没有能够料到的。最后，我看到坐在下面的学生也有眼圈红了的。我没想到，学生会主动地安慰起他来。

学生1：老师，您原谅平吧，我看他哭得挺伤心的，他肯定会改的!"

学生2:"平,你不要哭了,你哭得我们心里都不好受,犯了错误能改正还是好学生!"

学生3:"老师,我们先为他保证,他肯定能改正的。"

……

最后,芳也说话了:"老师,您原谅平吧,平时,也有我的不对。"

我说:"平,你看,同学们对你多好,为你求情,你还好意思为了一点小事情和同学计较。你说说你以后怎么办?"

平边哭边说,学生也个个听得很动情:"我保证以后不再对不起同学了,我保证……"

——教育在线 不竭的意义

不要轻易调动集体舆论压人

芳不小心碰了一下平的手臂,平就把芳的语文书的封面上画了一个大圆圈。这是怎么回事?

这可能是平的心理问题(如攻击性,自我中心,过度反应,恐惧等等),也可能是人际交往技巧问题(他不知怎样表达自己的愤怒,缺乏这样的经验和技巧),也可能是原来就和芳有矛盾,借此发泄……总之原因可能很多。

但是教师显然对事情的原因不感兴趣。教师不想走进孩子的心,教师只想管住他,让他以后别和人发生冲突。于是就调动集体舆论告诉他:"你这样不对!再这样我们都不理你了!"

这样当然可以暂时把他压住。

但是到底他和别人发生冲突的根源是什么、机制是什么，无论是他本人，还是全班同学，还是老师，谁也没弄明白。

也就是说，通过这样的"教育"，大家的认知能力谁也没有提高，只是在班里形成了一种"不许给班集体抹黑"的强大压力，迫使同学们只要在这个集体里，就都不敢造次。

要是离开这个集体呢？要是能保证"不给集体抹黑"呢？那时这位平同学遇到矛盾会怎么样呢？恐怕他会原形毕露吧？因为他并没有真正学会与人交往，他只是学会了在集体舆论面前"缩头"而已。

这就是我们的教育，不是解决问题，而是掩盖问题的教育。

在这种教育下，如果孩子们经常表现出"两面派"行为，那是再正常不过了。君不见不少孩子在学校表现很好，而在家里却蛮不讲理吗？在家不讲理，不会"给班集体抹黑"呀！

所以，调动集体舆论压人，必须非常慎重。这往往不能真正解决问题。

应激反应

应激反应是一种"不思维"的思维方式。想都不想,条件反射一样就做出了习惯性的应对。这样做的结果,可想而知。

其实应激反应的主要原因未必是教师脾气急躁,缺乏修养,主要原因很可能是教师缺乏专业能力。艺高人胆大,艺高人不慌,沉稳以胸有成竹为前提。我们看下面的例子就明白了。

【案例18】一件让我很没面子的事

记得有一段时间,班里吃零食的风气特别盛行,以至于班级垃圾箱总是如小山一般,每天都要倒好几次,而且气味很重。学生向我反映了这个情况后,我立即宣布了一项措施,从今以后每位同学都要把垃圾扔到教室外面的大垃圾箱里去。如果谁还往班内垃圾箱里扔垃圾,被抓到就要罚倒垃圾一学期。"一学期"三个字我还是用特别大的声音说的。

本以为以后可以太平无事。谁知当天傍晚就有同学跟我说,又有同学往垃圾箱里扔垃圾了。太不像话了!居然不把我的话放在心上。

我大步流星地走进教室，厉声质问："谁扔的垃圾！"最后我听到两个女同学的名字，溢玫和玲玲，她们自己也承认了。溢玫在我心目中是一个活泼开朗的女孩，成绩也不错，这次怎么会犯这样的错误呢？而玲玲对我说，她是习惯性动作，不过扔了之后马上又拿出来了。

面对两个楚楚可怜的女生，我的心一下子软了下来。

我不得不承认，我无意识当中对学生的一种不平等对待，如果眼前是两个问题学生的话，我就会大发雷霆的。

是我制定了规则，也是我篡改了规则。

我说："念两位同学都是初犯，而且事后都能自己承认，改为罚倒垃圾一星期，希望其他同学能引以为戒，以后如果再遇到类似事件，决不轻饶。"

让我丢脸的倒不是上面这事。

就在同一个星期，有值日生向我反映说，又有同学往垃圾箱里扔垃圾了。我走进教室一看，果然，在垃圾箱里，一个豆奶袋子，一个棒棒冰袋子，一个话梅袋子，显得特别刺眼。

"谁扔的？老实交代。"我的语气平静中带着几分杀气。

但是这次没那么幸运，因为周围的同学都说没注意到，没人承认。

"扔的人自己到我办公室里来承认，不要等到我查出来。"我想只能威胁一下了。

依然没有结果。我有些急了。

再向部分同学详细了解了情况，还是没有结果，我火大了。

"扔的同学快点自己过来承认，这件事情我一定会严查到底的。"

在我希望同学自己来承认的希望完全破灭后，我在班级里信誓旦旦地说："从现在开始，王老师就要开始调查这件事情了，并且一定会把这件事弄个水落石出！"

但是事情并没有我想象的那么容易，我根本不知道该从什么地方入手来调查这件事。

最后我确定了一个现在看来挺失败的方案。一个一个地叫学生到办公室仔细询问，"中午有没有吃零食？""零食的包装袋是怎样的？""吃完后的垃圾扔哪里了？""你有没有注意到周围的同学在吃些什么？"我把学生交代的情况一一地写在本子里，试图从中找到突破口。有的学生说平时没有吃零食的习惯，大部分都说吃了，但都扔到外面的大垃圾箱里去了，还有些同学说吃了一半，剩余的在抽屉里，还把剩余的零食拿过来给我看。

经过这样一番地毯式的摸底排查，到最后，48位学生都被我排除了。

我顿时傻了眼。

我的学生是多么的狡猾可爱啊，让我这个年轻气盛的猎手无处追寻。

快放晚学的时候，班长来问我有没有查出来。我对她说："王老师正在研究中，明天就会有结果。"

第二天进教室的时候，面对同学们充满期待的眼神，我无处躲藏。

当初夸下的海口，到头来却没有给同学们一个交代，我是不是很没面子呢？

这件事情后来就不了了之。

奇怪的是自此以后我们班的这种坏现象很少再出现。

那只狡猾的狐狸经过那一番惊吓也许以后再也不敢再出来犯事了吧？而其他的同学经过这个过程，不乱扔垃圾的意识也得到了强化。

我所用的手段是多么不成熟，然而却达到了我意料之外的目的。这就是手段和目的之间的辩证关系。

如果当初我真的把那位乱扔垃圾的学生揪出来，并罚他倒一学期的垃圾，事情的结果是否也会像今天这样完美呢？

——教育在线·班主任论坛　MRlongly

我的看法

请原谅我实话直说，MRlongly老师在这个事件中的表现，基本上是由一连串的失误组成的。

MRlongly老师发现"班级中的垃圾箱总是如小山一般，每天都要倒好几次，而且气味很重……立即宣布了一项措施，从今以后每位同学都要把垃圾扔到外面的大垃圾箱里去。如果谁还往班内垃圾箱里扔垃圾，被抓到的话，就要罚倒垃圾一学期。"

从发现问题到"宣布措施"，中间没有研究和论证，给人一种"率尔而行"的感觉。

班内有垃圾箱不让用，这合理吗？没有分析论证，没有和学生商量。班主任上来就拍板。这有明显的人治色彩，缺乏民主。

"一律扔到外面的大垃圾箱去"，会不会给学生带来一些不便？学生会不会忘记老师宣布的命令，习惯性地、下意识地往班内垃圾箱扔东西？（因为你没有撤掉班内垃圾箱）如果出现这种情况，惩罚是否太重了？这些，MRlongly 老师似乎都没有考虑。MRlongly 老师脑子好像只有一个简单目标——不要在班里扔垃圾。MRlongly 老师既不往前面仔细想一想，也不往后面仔细想一想。

可见 MRlongly 老师的思维方式是何等简单粗糙。这个措施显然是单纯的管理行为，不是教育行为，而且即使单从管理角度看，也是最不聪明、最无须动脑筋的管理，纯粹就是一个"堵"字。

而 MRlongly 老师竟然会"以为以后可以太平无事"！天下有这么方便的事情吗？要是老师都能做到令行禁止，当班主任也未免太容易了。

其实作为一个班主任，向学生提出任何要求，都要有心理准备，估计学生可能违反，而且做好各种应对预案。哪有遇事总往好处想的道理？像 MRlongly 老师这样，未免太天真了。若是刚任教的青年教师还可以理解，否则就有点说不过去了。

果然，两个"楚楚可怜"的女孩撞在枪口上了。意料之外！其实这一点都不奇怪，这种事在班主任工作中是经常发生的。学生根本不会按老师的愿望犯错或者不犯错，他们行事有自己的规律。

怎么办呢？只好网开一面。自己说话不算数。

结果又出状况了。没人承认。为什么？因为老师说了"下次绝不轻饶"。谁还敢承认？

后面教师又在没把握的情况下夸口能破案，结果自己下不了台阶。

班里既然已经形成了"恐怖"气氛，要破案就应该暗中打听，用公开排查的办法是很难奏效的。

总而言之，MRlongly 老师走每一步棋，几乎都给后面埋至少一个地雷。真的是太不动脑筋了。几乎完全没有综合的全面的分析思考。这样工作，还需要什么专业知识和技能？

问题的根子在吃零食。吃零食有习惯、嘴馋、跟风、炫耀多种情况。MRlongly 老师如果稍做调查，然后做做工作，或许班里吃零食的现象就会减少。至于垃圾箱的问题，我主张和学生商量，大家一起研究，总可以找到比较稳妥的办法。由集体讨论决定的事情，若有人再违反，那么按集体商定的办法来惩罚，当事人也就没什么话说了。

本来可以用民主办法解决的问题，MRlongly 老师却大搞人治，硬是独自上阵，单纯用命令主义和惩罚主义的办法应对。幸亏这个班学生看来胆子小，后来给吓住了。若遇到胆子大一点的班级或者高一点的年级，局面会很难收拾的。MRlongly 老师虽然最后似乎解决了问题，其实就整体来说，教育是不成功的，甚至可以说只有管理没有教育，教师本人的专业素质在此过程中也并没有得到提高，还降低了威信。

但是我们看得出 MRlongly 老师还是有反思精神的，只不过反思的路子有点不对。

以上意见，仅供 MRlongly 老师参考。

MRlongly：

随着年岁的逐增，我也清楚地认识到了存在于自己身上致命的弱点，做事情从不动脑子，缺乏理性思考。所以那些无意识的错误一犯再犯，感谢王老师的留言，再一次使我清醒！

偏　袒

常见的偏袒有两种：一种是明知自己偏袒，但认为这是对的，另一种是不自觉的偏袒，习惯思维。但是这两种偏袒当事人都很难自己认识错误，需要他人来点醒。

【案例19】女生打男生

下午吃饭的时间，就要进餐厅的时候，（1）班的班主任告诉我：学生打架！我很惊奇，今年班里很少有人打架的。一看是王××怒目圆睁，更惊奇了！

事情是这样的：（1）班的两个女生在一起玩，不小心踩到了我班一个男生的脚，这个男生开玩笑地踢了一下。结果那个女生以为是王××踢的，就上前打了王××一下，打到额头上。王××对她说了"不是我踢的你"，前一个同学也过来说了，"是我踢的，不是他。"可是她不听，又打了王一下，结果就惹恼了王。结果就……

我特地把这两个男生留了下来，我告诉他们：任何时候，任何情况下，都不要对女生动手！王××的眼泪还是哗哗地流，我知道他心里很委屈，感到很不公平，觉得很没有道理，但是我没有改变主意。我告诉他，和女生动手不算什么本事，会被人瞧不起的，虽然你很有理，但是和女生动手就是不应该。

王××是个非常聪明的男孩，"数学王子"、"读书大王"这些称号他都当之无愧，但是待人接物方面，却不能让人很满意。当时看他的表情和神态，眼睛就是那种要冒出火来的样子，面部表情很是恐怖，我不知道怎么就想到了他以后的家庭暴力，可能是我想得多了，但是我想我应该给他这个意识。他现在肯定不理解，甚至会觉得我太过分，但是我仍然坚持了，希望他能慢慢理解。

事后，我也一直在反思，不知道自己这样的教育是否正确。有同事说他不会那样教育的，该出手时就要出手。也有的同事说我是在拿自己的个人感情教育学生。虽然不能给自己一个很好的理由，也不能找出自己这样做的根据和凭证，但是我却坚持自己的想法和做法。我不想让他们从小就心浮气躁，动不动就上手脚。

在平时的课堂上，只要有可能我就会在教室里放音乐，虽然他们不知道那是高山流水，那是阳春白雪，但是我不在乎他们能否欣赏得了，而在乎他们在这音乐中的心态，在音乐中，让自己的心静下来，让自己的心净起来……

王老师，我想请您来评价一下我的这种教育。

——教育在线·班主任论坛　春风风人

答春风老师

愚以为春风老师的教育虽有绅士风度，但不公平。

那位女生太过分了。男生不该打女生，女生就该打男生吗？而且她已经打了一下，别人指出她打错了人之后，她还打。如此女中"豪杰"，实在不可纵容。

我若是春风老师，首先要为王××同学做主，找到（1）班班主任，向那个女生澄清事实，要求她赔礼道歉。她道歉之后，王同学也可以向那个女生承认打人不对。若是该女生拒绝道歉，王同学也就没有必要向她认错。难道欺负人还不准反抗吗？女生也没有欺负人的特权呀！

当然，事后也要教教王同学，帮他找一找不动手也能解决问题的办法。跟他说："动手是下策。"

男生动手打女生，这是一回事，到底谁有理谁没理，这是另一回事。春风老师可能是把这两件事混为一谈了。

教育应该公平，不应该总是让老实听话的学生吃亏。挨了冤枉打，还要挨批评，如此下去，谁还敢当好学生？

春风风人：

王老师，你说的教育的公平，我很赞成。当时我也觉得自己的处理可能欠妥，也知道他心里肯定不服气，明明自己被冤枉了，还要接受什么教训。但是，我当时确实不知道怎么就想到了家庭暴力。是因为他当时的表情，还是因为我杞人忧天？反正我就给他说了那句话，想让他有这个意识。其实，我平时很少让学生接受我的某些观点和看法的，我相信每个人的经历、生活不同，思想和看法也都不同，我鼓励学生有自己的观点，有自己的原则，有自己的思想。可能这件事，我做得确实有些过分了吧。

过后，我也和他交流了。他对我这件事情的处理的确不很赞成，但是对我的观点表示支持，他也看过这方面的电视节目。

关于暴力问题

请春风老师注意，对暴力不要做绝对负面的理解。

任何一个国家都有军队、警察和监狱，这些东西都意味着某种暴力。历史上的起义和革命，简直就离不开暴力。我并不歌颂暴力，暴力是不得已的办法，但是不能一提暴力就不分青红皂白地否定。"乃知兵者为凶器，圣人不得已而用之。"

我相信，如果我们学生从小就受到适当的"正当防卫"教育，他们受害的机会反而会减少。很多犯罪案例都告诉我们，没有反抗，只能使犯罪更加猖獗。在迷信暴力者面前讲和平，等于用脑门抵抗对方的狼牙棒，岂不是任人宰割的小绵羊？

在学校里，我们原则上当然要反对动手打人。但是涉及具体案例的时候，一定要具体分析，不可以谁打人就一定从重批评谁。否则当事人不服，反而可能激起更大的暴力。要知道老实人通常是在有理说不清的情况下急了才会施暴的，所以，公平对待，分清是非，惩恶扬善，才是防止校园暴力的最好办法。

【案例20】如何批评教育不会认错的学生

自修课时我宣布了放假时间，有位学生嫌假期时间短，以为其他学校假期时间长，于是轻声说："我要转到另一个学校去读。"旁边一位同学听见了就说："你在哪里读都考不上高中！"于是他就冲到那位同学座位上要动手，我眼睛一瞪，准备喝止，他看到我了才停止，回到座位上去。

课后我找他谈话，进行批评教育，指出他不应该上课讲话，并且不应该动不动就要动手打人，可他就是听不进，不承认自己的过错，就是说那个同学不该这样讲话，他很生气，一定要打他，还说是为自己争气。我怎么说服都起不了作用，这样的情况，这样的学生应该如何教育呢？

——k12 班主任论坛 努力中 2007

致努力中 2007 老师

这位声称要转学的学生犯了三个错误：自修课说话，想打人，不认错。

那位旁边的同学犯了两个错误：自修课说话，讽刺人。

哪个同学错误严重呢？

愚以为第二个同学的错误更严重一些，因为他的话是很伤人自尊的，违背了人际交往的基本原则。

可是努力中 2007 老师却片面要求第一个学生认错，完全不提第二个同学挖苦人的错误。这样，第一位同学能服气吗？他要保卫自己的人格尊严呀！

请努力中 2007 老师设想一下，在教师会上，如果有同事小声说您"什么班都带不好"，您盛怒之下和他大吵起来，校长事后却只批评您一个人"扰乱会场",您能服气吗?

所以我若是努力中2007老师,会把这两个同学叫到一起,首先要求第二个同学向第一个同学道歉,因为他不该这样侮辱同学。然后再要求第一个同学承认自己上课说话不对,想动手打人更不对。我估计第一个同学会认错的。

事后我还要反思一下:为什么我不知不觉犯了偏心眼的错误呢?很可能是应试教育的理念迷住了我。我对学习成绩不好的学生可能有下意识的歧视。

总之,此事出场的三个人,要论错误,教师错误最大(教育理念和行为都有毛病),第二个同学其次,错误最小的反倒是第一个同学。

努力中2007老师参考。

努力中2007:

感谢王晓春老师,一语惊醒梦中人。

我一定要加强学习,更新理念,多向各位前辈请教,提高教育水平。

越 位

教师的工作是有边界的，有些事情你管不了，有些事情你根本就不该管，在这个问题上，必须保持清醒的头脑。

越位的老师往往都是很负责任、很热心的人，可惜他们太自信了，太主观了。他们竟以为，只要我是一片好心，干什么都是对的。天下的事情可不是这样简单！

【案例21】我的好心学生不能读懂

现在的学生感情冷漠，你把心掏给他们，他们不但不感谢，反而嫌腥。在我的眼里学生就是孩子，需要老师全方位的呵护，但好心的结果却让人心寒。

班上有一位学生的父母感情不好，妻子没有工作，一切依赖丈夫，疑心丈夫有外遇，因为信任我就和我倾诉。为了挽救即将破裂的家庭，给孩子一个安宁的大后方，我把孩子父亲请到学校，跟他谈了孩子的教育和成长的问题，并且让他保证不做破坏家庭的事。当时他态度非常诚恳，临走还感谢我对孩子的关心。可不久我在外面遇到了学生父亲和年轻女人很亲密地在一起，我意识到危机随时都会出现，就将此事告诉了孩子的母亲，希望一同阻止危机。然而，孩子的父亲竟然当着我们的面承认了一切，并且提出马上离婚。孩子的母亲精神崩溃了，杀了丈夫，自己也被送进精神病院……孩子一下子成了孤儿，我能不管吗？我向全校师生发出了捐款倡议。当我把钱交给孩子时，他不但不感谢，把钱甩到一边，还恨恨地说："你已经将我害得家破人亡了，为什么还要继续毁我？"

我真的越来越不明白现在的学生了，他们的心离我很远，无法靠近。每年做班主任我都很投入，但却从没有得到过学生的好评，是学生难教育还是我的教育真的有问题？

——我们需要什么样的师生关系

转自 新华网 2003-12-10 源：《中国青年报》

李竹君（13年教龄的班主任）

先学会读懂别人，再要求别人读懂自己

愚以为这位李老师虽然一片好心，但是行动显然越位了，帮助变成了干涉。

家长有外遇，这是人家的私事。教师扮演告密的角色，实在太莽撞了。这超出了教师的职责范围。事实也证明，教师的干预并没有解决人家的家庭危机，反而造成了更大的危机，出了人命。

此后，教师不但不反思自己的失误，反而责备孩子冷漠，合适吗？

孩子的反应事出有因。做工作应该投入，但不是这么个"投入"

法，这属于"介入"了。

李老师只会埋怨学生不能读懂自己的好心，请问李老师读懂孩子父亲母亲的心了吗？读懂孩子的心了吗？一个也没读懂。所以恕我直言，李老师是一个相当主观、相当自我中心的人。

先学会读懂别人，再要求别人读懂自己。

爱不能强加于人。

认错主义

我们在学校里经常看到这样的现象：不管学生犯了多么小的错误，只要他不认错，事情就会越闹越大；反过来，即使学生错误较大，只要"认罪态度好"，大事也可以化小。教师对学生的态度的敏感常常超过对事情本身是非曲直的敏感，这是教师的一种职业病（师道尊严）。这个问题后面还要谈到（态度挂帅）。

这里我们要说的是，教育止于学生认错，还有认识方面的原因。许多教师脑子里有一个公式："犯错——认错——改错"。他们以为学生只要认错，就有希望改正了，剩下的就是看他今后的行动了。他们不知道，"承认错误"与"搞清自己为什么会犯这样的错误"是两码事，"搞清自己为什么会犯这样的错误"与"我有没有能力（光有决心不行，还要有能力）改正这个错误"也是两码事。没有后面这两条，学生承认错误就只是暂时让老师消气而已，实际上很可能是下一次气死老师的前奏。

我发现许多老师非常不习惯连贯的、追踪式的、持续的、刨根问底的思考，他们浅尝辄止，思想之车驶到了某个站牌，就"打道回府"了。殊不知离目的地还远着呢！

【案例22】 谁扔的纸团

一个春日的上午，阳光洒满教室，暖融融的。孩子们正在进行一次语文小测验。教室里安静得只听得见"沙沙"的写字声。我在桌间巡视着。突然，一个纸团落在我的脚边，我拾起来一看，上面写着有关试卷的答案。我抬起头来，用严厉的目光扫视了教室，问道："是谁扔的纸团？"没有谁吭声，我十分气恼。考试作弊，还不敢承认！刚想发作，猛然间，我认出了纸团上的字迹，是一个平时学习认真、特不起眼的乖孩子。如果当众批评她，一定会伤害她的自尊心。我把刚要说出口的话硬吞了回去。直到考试结束，我才说："请刚才扔纸团的同学到我办公室来，我想同你谈谈。"

可是，整个下午，她始终没有出现在办公室。我想：要不要去找她呢？我更希望她主动来认错。怎么办？正想着，一声"报告"打断了我的思路。学习委员告诉我，开学报名时收起来的寒假作业，因许多同学没写名字，没办法发还。"有了！"我心头一亮，抱起作业本说："我来发。"

来到教室，我对同学们说："这些作业是同学们忘了写名字的，你们看看老师发得对不对。""吴强！""李立！""舒霞！"……我准确无误地把作业本发还给大家，也包括她的在内。小刚说："哇，周老师好厉害，每个同学的笔迹她都认得！"我看见她脸上一阵通红。

课后，她站在办公室门口，迟迟不敢进来。我看见了，对她笑笑，示意她进来。她慢吞吞地走到我面前，低下头说："老师，我……我……错了，不……应该……"好半天才把认错的意思表达清楚，等着我的暴风骤雨。我把手轻轻地放在她的肩膀上，说："其实，在老师心里，你还是个好孩子。因为，你能主动认错。"她抬起头来，不好意思地笑了。

望着她远去的背影，我想起赞可夫说的话："在你叫喊之前，先忍耐几秒钟。想一下：你是老师。"

——周玲

找到那只"土拨鼠"
——与周玲老师商榷
宸岁

读完《班主任之友》第 10 期中周玲老师的《谁扔的纸团》，满是对周老师的敬佩之情。周老师用她的宽容和独特的技艺让学生主动认识到错误，达到了教育的目的，周老师在文章的结尾引用了赞可夫的一句话"在你叫喊之前，先忍耐几秒钟。想一下：你是老师。"多么警醒的话语，不由让我对这篇文章多了一份喜爱。于是我又仔细看了一遍，却发现周老师似乎还有一些重要的问题没解决。在这里提出来，与周老师和同行们商榷。

周老师看到一个纸团，问道："是谁扔的纸团？"这个纸团上写的是"有关试题的答案"，于是"十分生气"。当周老师认出这纸团是"一个平时学习认真，特不起眼的乖孩子"时，考虑到不能当众批评，于是直到下课才说让扔纸团的同学到办公室来。

我在想，如果周老师认不出是谁的字，又会怎么样呢？如果这不是个平时很乖的孩子而是个调皮的孩子呢？继续追究还是采取与此相同的处理方式?这就很难说了。而且周老师的生气是因为"考试作弊,还不敢承认"。说实话,考试作弊敢于立即承认的学生并不多,毕竟这不是件光荣的事。再说,有这么高觉悟的学生,他就不会作弊了。

周老师还是抱着让这位乖学生主动承认错误的美好愿望,但等了一个下午没见她来。幸好学习委员的出现,让周老师"心头一亮",准确无误地把没有写名字的作业本还给了大家。不能不佩服周老师的细致和敬业,学生的字迹居然都认识。

我在想,如果周老师不认识全部学生的字迹,没有这次"机遇",怎么办?这学生还是不主动来向老师承认错误,怎么办?当然,周老师一定会有其他的办法来解决这个问题。

最后,学生终于"好半天才把认错的意思表达清楚",周老师夸奖了她是好孩子,她"不好意思地笑了"。可以说周老师的教育达到了预期的效果。但是遗漏了重要的问题,就像土拨鼠的故事所描述的:

老师给学生讲了一个故事:有三只猎狗追一只土拨鼠,土拨鼠钻进了一个树洞。这个树洞只有一个出口,可不一会儿,居然从树洞里钻出一只兔子,兔子飞快地向前跑,并爬上另一棵大树。兔子在树上仓皇中没站稳,掉了下来,砸晕了正仰头看的三只狗,最后,兔子终于逃脱了。故事讲完后,老师问:"这个故事有什么问题吗?"有学生说:"兔子不会爬树;一只兔子不可能同时砸晕三只狗。""还有呢?"老师继续问。直到学生们再也找不出问题了,老师才说:"可是还有一个问题,你们都没有提到,土拨鼠到哪里去了?"

土拨鼠哪儿去了?周老师案例中事件起因是什么?是一个纸团,

一个写着试题答案的纸团。这里有很多问题需要研究：为什么这个乖孩子要作弊？她为什么要将答案传给别人？那个人又是谁？还有，学生大都知道这纸团的奥秘，而老师一直没有给他们一个解答，为什么？孩子们一定充满疑惑：是老师知道而包庇这个乖学生，还是老师根本没去调查呢？

很庆幸周老师有一副"火眼金睛"，"迫使"乖学生主动承认了错误，很艺术地处理了这起事件。但是我们还是得找那只"土拨鼠"，查找到问题的根源，促进孩子的健康成长，这时候，我们才可以大声说："我是老师！"

——教育在线

以学生认错为终点的教育

考场发现小纸团，周老师用严厉的目光扫视了教室，问道："是谁扔的纸团？"虽然不是"叫喊"，态度也够凶的。

然而周老师态度突然发生了变化。是由于内心的反思吗？是因为想起了赞可夫的教导吗？不是。这种变化来源于外部情况的变化——周老师从笔迹发现扔纸团的是个"平时学习认真，特不起眼的乖孩子"。

宸䒕老师问：如果这不是平时很乖的孩子而是个调皮的孩子呢？继续追究还是采取与此相同的处理方式呢？

问得好。乖孩子的自尊需要保护，不乖的孩子，他们的自尊就不需要保护吗？

周老师下意识中有偏袒。周老师应该注意教育的公平和公正。

周老师靠认识学生笔迹破了这个案子，使学生主动承认了错误，然后又表扬了这个学生，这都没有什么不对。问题是，教育才刚开头，怎么就收尾了？

宸夯老师追问得非常好：为什么这个乖孩子要作弊？她为什么要将答案传给别人？那个人又是谁？还有，考场上此事已经公开，可能有些人知道这纸团的奥秘，而老师一直没有给他们一个解答，为什么？孩子们一定充满疑惑：是老师知道而包庇这个乖学生，还是老师根本没去调查不管了呢？

周老师这种教育方式在中小学是很常见的，我把它称之为"以学生认错为终点的教育"。

恕我直言，这是最表面的、最肤浅的教育，其实不过是管理而已。它的主要作用是满足教师本人的心理需求：学生认错了，低头了，教师就释怀了。到底问题解决了多少？不再往下想了。

宸夯老师的点评相当精彩！

宸夯：

认真阅读王老师的点评，对照自己的，感受到自己的点评其实也是就事论事的。我只知道这里面有问题，但不太清楚到底是什么问题。王老师用"以学生认错为终点的教育"这个名词，真是太准确了！

不妥协主义

我给教师或家长讲课，经常说"不会撤退的军队不是好军队"。其实撤退有时比进攻更能反映出统帅的军事才能。三大战役（辽沈、淮海、平津）是解放军的得意之笔，但是名声响彻全球的却是二万五千里长征。长征是什么？是一场大撤退。

我很吃惊地发现，大批的家长、教师甚至校长，几乎没有撤退意识。他们的思维方式是针锋相对地和学生较劲，进攻到底，不带妥协的。攻不上去怎么办？宁可败退，也不主动撤退。失败了还不承认，也不接受教训，下次继续搞不妥协主义。他们是如此死心眼，似乎以为天下的路都像长安街一样笔直，教师和家长只要像过河的卒子一样，沿着直路梗着脖子"冲冲冲"，就行了。真幼稚得令人哭笑不得。

与此相映成趣的是，这种"冲冲冲"的办法往往只能用来对付胆小的孩子，年龄小的孩子。万一孩子横竖不吃，你就会看到家长和教师完全变了一副面孔，成了迁就主义者和逃跑主义者。他们会对孩子做很多无原则的让步，处处哄着孩子，就差跪在地上哀求孩子改正错误了。他们从一个极端跳到了另一个极端。这是败退,不是撤退。撤退者的特点是什么?撤退者知道时机,知道分寸,知道撤退路线,而且知道何时反击。

【案例23】老师,作业交哪儿?

我有个习惯,学生作业做好了,我就要求他们直接交到教室后面的作业橱上,可是,这个要求提出了将近两个月了,孩子们还是不知道把作业交到那里。每次,我都是用很烦的眼神看着那些前来问我作业交哪里的学生。

一次,又上来一个学生问我作业交哪儿。这次,我多留了个心眼。下面是我和他的对话:

老师:你知道平时作业交哪儿吗?

生:知道……

老师:那你为什么还来问我?

学生:我看后面没有人交。

(我看着他羞愧的样子,心里顿时生出一份怜爱,我知道,他肯定有自己内心真实的想法。)

老师:老师不怪你,你说说你上来问老师作业交哪儿的真实想法,好吗?

学生:……

老师:是不是想让老师和同学知道你的作业做得最快呀?

学生(不好意思):是的……

我顿时释然了，幸亏我今天深入地了解了一下。可见，平时我打击了多少孩子的积极性啊！为了弥补，我连忙要过他的本子，仔细翻阅了一下，大声夸赞道："这位同学的作业正确率又高，字写得又好！"马上，我就看到下面正在做作业的学生都直了直腰杆。

事后，我不禁庆幸今天我多了个心眼，不然，我是不会发现这么一个平常的现象背后孩子真实的内心世界的。可见，孩子的每个举动都会有他的理由，老师不能为了让孩子顺从自己的管理而忽视了孩子真实的想法，那是对生命的一种不尊重，会遏制一个生命的常态发展。

——教育在线·班主任论坛　guduke608

教育离不开妥协

收作业本是一种日常管理。教师的习惯是让学生交到教室后面的作业橱，而有些学生的心理需要是当众交给老师——这很爽。

教师的情感需要和学生的情感需要就这样发生了矛盾。

其实这是学校日常管理中最正常的情况。怎么可能大家的情感需要都一致呢？一致倒是特例，不一致倒是常态。

所以就需要沟通，所以就需要妥协。

guduke608老师妥协了。这对教师并没有多大损失，无非是调整一下自己的习惯而已，可是这一招调动了很多学生的学习积极性，得远大于失。

有些老师遇到这种情况，既不沟通也不妥协，硬是要求学生"照我说的办"，当然也行得通，但是矛盾没有解决。学生的情感需要得不到满足，师生关系日渐疏离，埋伏了隐患……指不定什么时候，就会发生冲突。

你会发现，每天气哼哼地和学生较劲的、怨气冲天，活得特别累的教师，都是这类死心眼不知妥协的人。他们还自以为工作"负责任"。

日本教育家佐藤学说："冲突与妥协，冲突与妥协，冲突与妥协……如此循环往复，可以说是课堂生活的特征。可以认为，课堂是从事日常教学，完成某些活动，实现某种价值的场所。不过在这个过程中也是遭遇重重困境，穷于应付，并且不得不做出某种妥协的场所。教与学这一活动，是通过无数的冲突与妥协才得以实现的，它绝不是作为理想环境中的纯粹的过程展开的。"（佐藤学：《课程与教师》139页，教育科学出版社，2003年6月第一版）

这就可见，很多校长或教师，自以为制订一些校规班规，学生就应该完全遵守，事情就应该处处顺心，一旦不顺心就大怒，就埋怨教师不负责，埋怨学生不懂事，他们实在是太天真幼稚了，他们只适合去管理机器人。他们生活在幻想中，现实不是那个样子的。事实上校规班规本身就应该是妥协的产物（经过讨论，照顾各方利益），执行中也要伴随着无数妥协，绝不可以"一根筋"。当然，这种妥协是有原则的，底线不能突破。

为什么有些老师懂得妥协，有些老师就不懂得呢？

除了思维方式不同之外，还有一个重要原因——是否真的尊重学生。guduke608 老师说得好："孩子的每个举动都会有他的理由。老师，不能为了让孩子顺从自己的管理而忽视了孩子真实的想法，这是对生命的一种不尊重,会遏制一个生命的常态发展"。guduke608 老师既有科学态度,又具人文精神。

【案例24】除了爱和包容,我们还能做些什么?

"老师,你为什么老是包庇他?"
"老师,你太不公平了!"
"明明是他的错,凭啥批评我们?"
……

班长他们围着我,七嘴八舌,一脸的委屈,一脸的不服气,一脸的愤愤不平。

"我知道,这件事你们没有错。可是,胡老师不是早跟你们讲过了吗,有什么事让着他点,你们都知道他的情况……"看着那一张张由于激动和生气而涨得通红的脸,我这个班主任真的感到特别内疚:我可爱的学生,委屈你们了,可老师也有不得已的苦衷啊!那个周×,哎——

"我们知道他是孤儿,我们平时对他也挺客气的,可这样的事情已经不是一次两次了,我们也不能老让着他吧?"

"是孤儿又怎么样?难道就可以随便拿人家的东西了吗?我们又不欠他的!"

"对,班长说得对,我们又不欠他什么,凭啥让着他?再说了,胡老师,要一直这样下去,对他也没什么好处啊!您不是常教育我们要流自己的汗,吃自己的饭,做一个自立自强的人吗?可像周×这样，行吗?"

"胡老师，同学们现在对你意见很大，我们觉得你欺软怕硬，是个懦夫！"

……

学生的话深深地刺伤了我，我无言以对。我努力控制住自己的情绪，让自己冷静下来。我先让他们回了教室，然后开始真正直面这个问题：是啊，我老这样袒护周×也不是个办法。可我能怎么办呢？周×这孩子太敏感太脆弱了，作为一名特殊的学生（孤儿，由奶奶和婶婶抚养），长久以来，他已经习惯于老师的"包容"和特别"照顾"，养成了完全以自我为中心、自以为是的偏执心理；耐挫力极差，禁不起一丝批评。我不由得想起了他的前任班主任。可以说，这是一位优秀的班主任，工作认真负责，对学生也很关心，尤其对周×，更是疼爱有加。平时无论学习上还是生活上都给予他尽可能多的关怀和帮助，周×有次还忘情地喊了她一声"妈妈"。可那一次就因为周×没有及时背书她批评了他几句，周×竟然跑出教室，下楼时不小心摔了一跤，后来送到医院缝了三针。没什么好说的了，这位优秀的班主任当天就被冲到办公室的周×的奶奶和婶婶痛骂了一顿，之后又受到了上级的批评，扣发了当月的奖金。这是我们教师心头永远的痛啊！而我，不得不引以为戒。

事实上，自周×进入六（4）班以来，我本想一视同仁，并不准备将他"区别对待"，但没办法，他固执地认为老师爱他和特别"照顾"他是天经地义的，而同学让着他也是理所当然的，所以他可以想当然地要我帮他交春游费，拿同学的东西……而我又不敢批评他。每次我跟他谈话,他都会很诚恳地承认错误,但事过不久就故态复萌,于是我就又找他谈话。……他吃准了我不敢拿他怎样,而我也的确无可奈何。我只想就这么拖下去,平平安安送到他毕业就没事了——但刚才班长他们说的话惊醒了我:总得想个办法解决这个难题啊,否则,无论是对我,对他,还是对六(4)班的学生,都是不公平的!

我知道我这个办法是如何的冒教师之大不韪,但我再三考虑之后还是采用了如此置之死地而后生的方法:我将某个学生的家长找来,与之协商,让那个家长配合,假装要打他,我则在旁为他求情——周×完全懵了,他唯一可以信赖的只有我。我想,他是真正感受到我这个班主任对他的重要性了。安抚完周×的情绪,我又和他进行了一番长谈:我告诉他没有人欠他什么,老师和同学之所以关心他帮助他,是因为他是我们六(4)班的一员,外人可不会让着他(他已经切身体会到了),我们爱他,但不会无原则地忍让他。老师此后会一视同仁,有功则奖,有过则罚,希望他能够扬长避短,做一个优秀的学生。

我不知道他到底是否明白了这番话的真正含义,尽管他在很长一段时间内都没有再犯类似的过错。我也尽可能利用可以利用的机会与方法来发掘他身上的闪光点,经常鼓励表扬他,他现在好像特别在意我对他的看法——但我心里很明白,这件事远远不是这么简单就能搞定的。"伪暴力事件"在这个孩子的心里到底产生了怎样的影响,对他今后进一步的成长是否会产生负面作用,我还需要更多的时间来观察。

我想通过这个案例来说明的是,对弱势学生是要给予更多的爱和关心，要求相对低一些，"照顾"相对多一些，但这在某种意义上是否反而加剧了他们的依赖心理呢？一旦他们习惯于老师的包容，或者更加确切点是"包庇"、"纵容"，并因此恃宠而"娇"时，我们教师又应该怎么办？

从教这些年来，尤其是在新课改后，我其实一直在思考这个问题，但始终无法得出明确的结论。现在愿借"教育在线"一页，与诸位同道一起探讨。一切只是为了更好地服务于我们的教育，帮助我们的学生更好地成长，共勉！

——教育在线 教师随笔 米小七

特殊照顾与社会化的矛盾

米老师做得很好，而且提出了一个很重要的两难问题：特殊照顾与社会化的矛盾，因材施教与教育公平的矛盾。

对于有某些特殊困难的学生、毛病比较大的学生，教师确实应该给予特殊的照顾，这不但是一种人文关怀，而且是一种明智，因为你若坚持用一刀切的办法，只能适得其反，甚至会弄到不可收拾的地步。

但是，你照顾他，等他长大，走上社会，别人会照顾他吗？别人凭什么让着他？他若已经习惯了当特殊人物、受特殊照顾，一旦失去这些特权，就会受到很大打击，这种挫折甚至可能完全击毁他的自信。要是那样，老师岂不好心好意把他给害了？

其实现在学生的很多问题，都是家长特殊照顾出来的（俗话叫"惯出来的"），他在家里特权太多了，到学校发现不能为所欲为，就受不了。学校能让学生为所欲为吗？当然不能。学校是帮学生实现社会化的地方，就是说，我不管家长怎么惯你，到这里来，你必须遵守一般的社会规范，否则你将来成为另类，就无法和别人一样正常地生活和工作了。从这个角度说，学校在一定程度上搞"一刀切"，是完全必要的。这正是对学生的爱护。当然，我这里所谓"一刀切"，指的是统一的合理要求，不是学校的"土政策"和教师脑门一热自己宣布的"法律"。

学生社会化，要靠法治而不是人治。

但是被家长惯坏了的孩子本身并没有罪过。他就是在那样的特权环境里长大的，进入学校之后特权丧失，当然不舒服，当然会不满，你要求他立刻改掉从小形成的毛病，当然很困难。为此，教师给予他某种程度的照顾，是完全必要的，因为你只能有梯度地帮助孩子改掉他的毛病，不可能一口吃个胖子。实际上这可以认为是教师对家长的让步，是给失误的家庭教育"补课"。

然而教师如果向家长让步过了火，那就麻烦了，那教师就等于向错误的家庭教育投降了，干脆说，你也变成低水平的孩子家长了，孩子也就把你当他的家长来欺负，在你身上行使特权了。这样下去，教师就有角色迷失的危险，你到底是几十个学生的老师，还是某一个学生的私人教师？还是他的家长？他究竟是你的学生，还是你的心肝宝贝？班级是个小社会，某个学生太特殊，其他同学当然会不满，这确实不公平。

现在很多老师采用的是冷冰冰的"一刀切"管理方式，我不管你基础如何，到我这儿来就得听我的，这显然不可取，而且注定要碰钉子。我们必须学会用不同的方式对待不同的学生，这是教师专业技术的基本功。

那么，如何掌握分寸，不致变成被学生欺负的"准家长"呢？如何避免班里其他同学的不满呢？

1. 心中一定要牢记：现在照顾，是为了以后不照顾，照顾是暂时的。

2. 照顾要逐渐减少。要求降下来之后，要逐渐提高。教师不要等学生"得寸进尺"，你就先要"得寸进寸"。

3. 向学生本人和全班同学说清楚，这是让步，不是常规，是临时措施，不是特权。还有，每个同学遇到特殊情况，都有权要求照顾，大家平等。

4. 被照顾者犯了错误，也必须进行惩罚。可以先少罚几次，罚轻一点，但是不可不罚，而且要通知本人，不是以后永远这样照顾，请你珍惜机会。

完美主义

教育上的完美主义与雕塑主义有内在联系。有人问一位著名雕塑家雕塑的秘诀是什么，他回答："这还不好办！你找来一块石料，把多余的东西去掉就行了！"人们把这种思路迁移到教育中来，以为教育学生就是把他们身上的缺点统统去掉，于是他就完美了。这是很大的失误。须知人不是石头，人能主动发展，而且历史和现实都告诉我们，有成就的人都不是没有缺点的人，他们的共同特点是充分发挥了自身的优点，这与雕塑的路子完全不同。

教育上的完美主义还与"短板理论"有关。"短板理论"即"木桶理论"，是说木桶由很多木板箍成，木桶能装多少水，决定于最短的那块木板。"短板理论"用在教育上很不合适，因为人才的发展常常决定于"长板"而不是"短板"。运动员只要有一次破纪录就会载入史册，科学家有一项发现即可成就辉煌，人们是不会在乎他们的"短板"的。把"短板理论"迁移到教育中来，就是盯着学生的弱项（短板）不放，竭力实施均衡发展，竭力让学生"完美"，实际上常常会阻碍学生的发展。

完美主义不但会造成教师的焦虑，而且可能给学生造成很大伤害。下面这个震撼人心的例子，我是含着眼泪看完的。

【案例25】那一条红红的丝带

我是个追求完美的人，无论做什么，我都不允许自己犯错误。我这样要求自己，也这样要求学生，特别是我眼中的优秀生。我从不批评他们，但我用自己的期望、情感、语言无处不在地包围着他们，几乎是投入了百分之百的心血，以苛求他们能够达到十全十美，仿佛只有这样才能让我心满意足。直到有一天，发生了这样一件事……

已经是晚上十点多了，一阵急促的电话铃声响起。

"喂！你好！哪位？"

"吴老师，你们班的娟子同学今天来报到注册了吗？"

"噢！是校长大人呀！今天您好像没有平时的那份平稳从容了？"

"你还有心思开玩笑呀！我问你，今天，你没有对娟子同学怎么样吧？严厉批评或者体罚什么的。"

"娟子？我没对她怎么样呀！今天上午她来学校了，没缴钱，她说明天正式上课的时候把钱带来。后来她帮我检查完暑假作业就回去了。哦！对了，我还冲她笑了一下。"

"她自杀了，用一条红丝带勒住脖子，挂在她家五楼阳台的晾衣架上……我也是刚听说……喂！你现在这个时候千万别去她家呀……"

"娟子，不可能呀！她是班长，那么优秀的学生……"我扔下电话，顾不及换鞋，踏上摩托车直奔娟子家而去。一路上，不知道脚上的拖鞋什么时候掉了，也不知道究竟闯了几个红灯，只任凭那寒冷的秋风在耳边呼啸。我想大声地喊，可觉得嗓子被一种硬物活生生地堵住了，泪水不由得迷糊了我的眼睛。在那被凝固在风里的泪水中，上午的一幕在我眼前清楚的呈现出来……

今天上午是学生报到注册的日子，娟子来得比我还早。她像往常一样替我打开门，帮我把要用的东西拿到教室。做完这一切，她拉着我的手问我："吴老师，我明天再来注册，好吗？"

"行啊！那有什么不行的呀！是不是你爸又没有把你的学费筹齐呀？要不要我先给你拿上呀？几百块钱，我还是出得起的嘛！"我也和平时一样，没问为什么，只是笑着答应了她。我知道她家这两年刚盖了新房子，手头有点紧，这两年的学费都是我先帮她垫上的。

"哎！吴老师，你没有感觉到我今天和平时不一样吗？"她突然冒出了这么一句话。

"没有啊！你能有什么不一样？"我没有抬头，还在校对我手上的学生花名册。

"你看看我的胸前……去年，我评上了市里的'三好学生'，你送给我的，我一直舍不得系呢！你看看嘛！"她从来没有像今天这样跟我说话，我都有点听不懂了。

这时，我才发现她的胸前多了一条丝带，红红的，像正在燃烧的火焰。我竟有点看呆了。

"老师，我漂亮吗？……抱抱我，好吗？"说这话时，娟子的脸也和那条丝带一样红。

"这……不好吧!你都已经是六年级的女生了……"我有点不知所措了。

"就一次,好吗?你不是说,我在你心目中是十全十美的吗?"说着,她好像不顾一切似的扑到我的怀里。

我清醒过来,宽容地拍拍她那还略嫌瘦小的肩,继续着我手头的活。这时,同学们已经陆陆续续来报到注册了。她又像往常一样,帮着我检查同学们的暑假作业。

……也不知是怎样找到娟子家的,门没有锁,我开门进去。娟子正安详地躺在她爸爸的怀里,胸前赫然摆放着那条红红的丝带。

"吴老师,你坐吧!"娟子她爸竟然还是和平时一样平静,她妈妈还习惯性地给我端上一杯热茶,招呼我坐在了娟子的身边。

"今天晚上,八点多了,我和她妈妈收摊回来,没有闻到娟子做好的饭菜的香味,也没看见她忙碌的身影。感觉不对,便四处寻找,最后在五楼阳台找到了她。马上送医院,可已经来不及了……"她爸的口吻就像在给我讲述着一个凄美的童话故事。

"娟子她爸,今天上午,娟子来学校了。我向你保证,我绝没有批评她……"我为我的自私脸红,这时候竟然还能说出为自己辩护的话来。

"吴老师,你放心。我们知道你是个很好很好的老师,我们绝不会怪你的。只是,我们实在想不明白,娟子她为什么一句话也不留下,就这样离我们去了?"

"日记!对,日记!我们班的学生都有写日记的习惯。……你带我去拿她的日记本,应该可以找到答案的。"

8月31日　星期日　天气：阴

明天就要开学了，又可以见到亲爱的老师和同学了，可我怎么也高兴不起来。我犯了一个不可饶恕的错误，直到今天晚上我才记起，我的暑假作业落在了乡下奶奶家里。明天就要开学了，乡下奶奶家又没有电话，我是无论如何也来不及拿了。

我恨我自己，我为什么不早几天检查整理一下呢？难道这是一个优秀学生应该做的吗？五年了，我什么时候犯过错误呀！我在老师的心目中可是十全十美的呀！十全十美的学生是永远不会犯错误的，是不会有缺点的。我相信，只要我给吴老师说清楚，老师肯定不会批评我，可我的名字也肯定不会出现在表扬栏里了。没有得到表扬，不就是等于批评吗？老师相信我，能原谅我，可是我能原谅自己吗？我能给老师、同学留下一个不完美的印象吗？不！绝不能！

我就这样走了，爸爸妈妈、吴老师和同学们肯定会很伤心的。我现在不能走，明天我还要到学校去，去见吴老师最后一面，帮他最后一次检查作业，留给老师最后一个完美。

……

读着读着，泪水又一次迷糊了我的眼睛，滴在纸上，融化了那一行行稚嫩的字迹。

王老师，又来麻烦您了。这个案例已经困扰我许久了。你能告诉我：您相信这是真实的事吗？我错在哪里？我能算得上一个好老师吗？以后，我再遇上这么懂事、这么优秀的学生，我该怎么办？

——教育在线·班主任论坛　班级学生故事

完美主义是很危险的

家长和老师应该让学生从小就明白，追求完美是可以的，但是绝对完美并不存在，"十全十美"只是一种礼貌的赞扬语言，不可当真。

对优秀而又死心眼的学生，尤其应该把此事说清楚。

家长和老师还要注意，从来没有受过批评的学生，生存能力是比较差的。

人的脸皮太厚固然不好，太薄了，却也降低生命力。

任何一个人，终其一生，都不可能不受到大量的负面评价，很多人受到的负面评价都会多于正面评价，所以孩子必须从小就学会正确对待负面评价，对待批评。这也是人生的基本功，不可或缺。

一味赏识，也是可以杀人的，不管赏识者有多么美好的主观愿望。

这孩子太可惜了。这故事真是凄美。愿她的灵魂在天上得到快乐，不再攻击自我。

班级学生故事老师，您也不必过分自责。不过我建议您调整一下自己的思维方式。过分追求完美，不但伤害学生，而且会伤害您自己的。

站在上帝（我姑且假定有个上帝）的位置看世间，看到人们在某个小小圈子里追求什么"完美"，会觉得非常可笑的。

班级学生故事：

王老师，关于《红丝带》听了您的建议，我作了反思分析，您看可以吗?

分析处理:

娟子去了,虽然她和她的父母都没有一点责怪我的意思,虽然我可以简单地将她的离去归结为她的心理承受能力太差,但是我就能原谅我自己吗?我真的就能以我没有批评、体罚她而把责任推得一干二净吗?

透过案例,至少有几点值得我们去思考,去重视。

一、教师要回归本性

有个学者这么说过:如果一个人无论春夏秋冬都能平静地微笑,这个人就高贵;如果一个人无论喜怒哀乐都能自然地流露,这个人就朴实。朴实与高贵都表明了一个人生活的态度,它们同样美好,只是高贵接近神灵,朴实毗邻稚童。老师要朴实地面对学生,不要在学生面前摆出一副虚伪的完美的神的姿态,要给学生一个平凡真实的人的形象,使我们的孩子了解老师也有不完美的一面。案例中的娟子如果不是追求所谓的完美,绝不会为了区区一次暑假作业不能按时交,就担心毁了自己一直以来在老师心目中完美的形象,走进死胡同。

二、教师要敢于出错

"教学相长"是一个古老的命题。"弟子不必不如师,师不必贤于弟子","闻道有先后,术业有专攻","教学相长",从来就是处理师生关系的定则。老师也经常有出错的时候,错了就改呗!教师能以这种真诚的态度对待学生,就能缩小师生之间的距离,把学生从对老师的敬畏依赖情绪中解放出来,使教师从居高临下的权威形象转变为可信赖的朋友形象。从而使学生敢于接近、愿意接近老师,有了心里话能够向他们的老师倾诉，甚至老师责骂、惩罚他们，他们也很容易接受，容易自我解脱。案例中的娟子如果能见到老师偶尔也有犯错误的时候，哪怕是一点小小的错误，她就能找到为自己辩护的理由，也不至于这么轻易地就走上绝路。

三、艺术地冷落优秀学生

学习好的学生，一般来说其他方面也相对比较优秀。他们在班里时时处处都能显山露水，抢占先机，得到老师表扬的机会很多。没有得到表扬，他们就会不习惯，如果被老师批评，简直是奇耻大辱。对于这样的优秀学生，班主任老师一定要创设机会，偶尔艺术地冷落他们，事后渗透心理健康教育，以提高他们抵抗挫折的能力。案例中的娟子如果平时在老师跟前，曾经有被老师冷落、甚至是批评的时候，当时在老师的指导下跨过了那一道坎，这次她绝对不会因不能独自承受而把红丝带套上了自己的脖子。

事隔多年，娟子这个名字一直在我内心深处的某一个角落静静地躺着，那一条红红的丝带总在眼前挥之不去，娟子那凄美的日记我也随身带着，它会时刻提醒我，警告我：人是不能要求完美的，特别是对那些优秀且苛求自己的学生。从这件事之后，我每接一个新班，新学期的第一课，不用写提纲，也不用打草稿，我都会这样跟我的学生讲：每个人都不是十全十美的，谁都会有缺点，包括你们的吴老师……

真诚而理智的反思

我们反对完美主义，不等于主张放松对自己的要求，否则我们就没有办法超越自我了。

对完美的追求,只要不过分,就能成为前进的动力。

班级学生故事老师的反思,真诚而理智,体现了这种追求。

这种十分宝贵的自我超越精神,永远不能失去。

正因为我们不完美,我们才向往完美;正因为完美不存在,我们才不会苛求完美。

所以,从另一个意义上说,追求完美的过程,走向完美的脚步,才是完美的真谛。

向班级学生故事老师学习!

班级学生故事:

王老师,谢谢你的夸奖!但我知道,这件事给我的伤害实在太大了,很难从我的心头抹去。每次看到这篇文章,我都会哭,虽然我知道,男人是不应该哭的。

长者引领,这是你的一个专栏的题目。看过你的书,看到你的点评,我的内心有了一种久违的冲动,我以为自己已到中年,已经过了冲动的年龄了。可由于你的引领,我的内心竟然被点燃了。王老师,能带带我吗?

答班级学生故事老师

其实教育也是一种遗憾的事业。

我多年前的学生有时要聚会。面对他们,想起自己当年的任性和愚蠢,我常常感到愧疚。我甚至会想,如果他们还是孩子,能再当一遍他们的老师,该多好啊!可是他们头发都白了,孩子都好大了。

也许再过十年，回头看我现在的文字，又会觉得有问题吧？我希望是那样，因为如此才证明我没有老化僵化，证明我确实是一个"未完成的人"，是一个心中有理想的"过客"。

生活就是这样不完美地流动着，逝者如斯。不完美的生活才是真实的生活。

班级学生故事老师的自我超越精神令人感动。我其实比您高明不到哪里去。我们就这样在网上讨论，互相启发，不是很好吗？能交流，就是一种缘分。

溺爱主义

人们通常认为溺爱就是爱得过多了，过火了，其实细想不是这样。溺爱与理智的爱，区别主要不在于数量，而在于质量。它们是两股道上跑的车，走的不是一条路。

溺爱是放弃原则的爱，短视的爱，情绪性的爱，自我中心式的爱（并非真正为对方着想），甚至是做给别人看的爱。

可是溺爱往往比理智的爱更能吸引他人的眼球，而且容易模仿，所以这种廉价的爱就很畅销了，从家庭一直泛滥到了学校。

小爱多彩，大爱无痕。

【案例26】 两张纸条

记忆的深处，有两张纸条一直留在我的脑海中，挥之不去。

当年我初三毕业的最后一场考试。离结束还有15分钟，教室里已开始躁动不安起来。一道难题却噬咬着我的心灵，我一时怎么也想不起答案来。明明考试前还特意复习了这个问题的，可不知怎么搞的，那一刻脑海里却是空白。忽然间，一个连我自己都害怕的念头出现在脑海中：只一眼，仅仅只看一眼！这个知识点是我在考前复习时就准备了的，时间的紧促甚至让我还没有来得及把它扔掉，它就在我的上衣口袋里躺着。我看了看监考老师，老师正在忙着收一些已经提前做完的同学的试卷。我又一次看了看监考老师，就在我确信监考老师并没有注意到我这边时，我的手伸向了口袋，夹出了一张窄窄的纸条。我的双手颤抖着，呼吸似乎一下子困难起来。然而，我还未来得及把纸条展开，突然间一只手按在了我的试卷上，卷子和纸条一并被拿了起来。我的脑子一下子"嗡"地一声，心一下子由极度恐慌转为极度恐惧！考试成绩作废，而且所有各科成绩都将为"0"！天哪，我不敢再想下去！可是，我万万没有想到，就在我惴惴不安的时刻，我的试卷又回到了面前，只是少了那张折着的纸条。耳边是一句意味深长的话语："好好检查，不能有丝毫的侥幸心理，也许让你懊悔不迭的正是那些微乎其微的细节，失之毫厘，就差之千里啊！"我感激而又惭愧地深深地低下了头……

那以后，我时刻感觉生活中有一双眼睛在注视着我。尽管这样那样的考试又经历了许多许多，但是我再也没有动过那样的念头。后来，我常想，如果没有老师当时那一善意的举措，如果不是老师用巧妙的方法制止了我当时的行为，也许我当即就会难堪得无地自容，也许年少好强的我将会从此变得一蹶不振，也许心灵曾经明朗的我天空将会从此留下一团挥之不去的阴影！但幸好这只是"也许"啊。我感谢老师，感谢她在我一念之差就要滑下深渊的时候，用宽容和爱心给了我一个巧妙的台阶，让我在走下错误的跳板时学会了自我反省、自我认识、自我教育，同时，也让我在走向新的征程时，把自己的心灵攀升到了人生一个新的高度！

无独有偶，大学毕业后，我也做了一名老师，也是在一场考试即将结束时，一个女孩惶恐不安、焦灼紧张的脸引起了我的注意。立马，当年考场上的那一幕浮现在了我的眼前。就在我想着该怎样一如当年我的老师帮助了我那样去帮助她时，我的同事——另一个年轻的老师走到了女孩的跟前。在我还未来得及制止他时，只听见"沙"的一声，女孩的试卷连同女孩手中的纸条一并被老师抓了起来。我看到女孩就像做了一场可怕的噩梦，眼睛中流露出一种极度恐慌的神情，然后，我看到眼泪顺着女孩的眼角滑了下来！就在我们考虑着下一步该怎样来处分女孩时，我抖开了女孩的纸条。那一刻，我，还有那位年轻的老师却都一下子呆住了。已被汗水浸得湿漉漉的纸条上写着这样一行小字："别紧张，千万别紧张，一家人的希望可就在你身上了！"

怎么会这样呢，怎么会是这样呢？我，还有那位年轻的男老师一下子就像犯了错误的小学生，不知该怎样做才好。虽然，后来，我们诚恳地向女孩道了歉，让女孩继续接着做题，可是，女孩的心灵受到了怎样的伤害呢！尽管我们都是无心的，可是对学生的伤害难道就是一句道歉的话所能弥补的吗？又有谁敢保证它不会在学生的心中从此留下一团阴影呢？！

后来，那两张纸条便永远地留在了我的记忆中。它们时时刻刻提醒着我，让我时刻记着莫忘了多一把尺子去衡量学生，多一颗爱心、多一点宽容去看学生。

——k12 教育教学论坛　张小卡

爱，到了是非模糊的程度，就令人担忧了

我对张老师这篇文章有点疑问。

张老师上学的时候，因为一念之差，考试作了弊，老师把此事巧妙地掩盖过去了，使张老师良心发现，"心灵攀升到了人生一个新的高度"。这当然是很好的事情。

但这有一个前提：张老师当学生的时候就是一个懂得自我反省的人。问题是，你敢保证今日考试作弊的学生都是张老师这样的人吗？他如果不知反省，反而自以为得计，您又如何？再说，您在发现一个学生作弊的时候，有办法立刻断定他是否能反省吗？再说，据我现在掌握的情况，考试作弊之风是愈演愈烈，我们都用这种"宽容和爱心"的办法，结果转变的学生多，还是纵容的学生多？

如果某种办法只能对少数甚至个别学生有好作用，我们就不能把它当作一般规律来看待。张老师的做法属于"人治"，靠人情而不是制度解决问题。

我们再来看第二个孩子，她虽然没有作弊，但还是违反了考场规则，我们不能冤枉她作弊，但是事后应该明确告诉她：考场上是不可以带纸条的。老师有什么错误？有必要向学生道歉吗？如果老师看学生拿纸条而不管，是不是更有"人文关怀"？那么教师的责任感和正义感又何在？

现在教育界有一种风气，就是在写文章的时候（实际行动中未必如此）争相讨好学生，比赛看谁更"爱"学生，而不鉴别一下，这种

所谓"爱"是理智的爱,还是溺爱。这样下去,教师快变成过度保护孩子的家长了。据说这样做是"不想让孩子受到一点点伤害",这可能吗?违规违法受到批评和惩罚,这在民主社会是天经地义的事情。这怎么叫伤害?你开车闯红灯(考试作弊和闯红灯性质相似),警察要罚你,你能说他缺乏人文关怀吗?你能说警察在伤害你吗?

爱,到了是非模糊的程度,就令人担忧了。

孩子是未成年人,对他们的批评和处罚,当然应该更温和和慎重。我是反对考试后动不动处分一大堆学生的做法的,但是是非必须分明,否则谁守法谁吃亏,谁犯规谁占便宜。

我们的教育,颇多刚愎自用的暴戾之气,也颇多婆婆妈妈、过度关心的阴柔之气,唯独缺乏理性的、冷静的、平和的、严肃的阳刚之气。你常常会发现,在一个学校里,甚至在同一位教师身上,暴戾之气和阴柔之气并行不悖,相得益彰,左一下子,右一下子。无论左右,有一点是相同的:情绪化。我情绪好的时候,我的爱就是迁就;我情绪不好的时候,我的爱就是"恨铁不成钢"。总之我始终是"爱"学生的。这种风气离科学精神,真是相差十万八千里!

顺便说一下,我发现很多人写文章都只说一面理,思维是线性的。作者动笔的时候似乎没有想到可能有不同的意见,作者也没有一边写一边反驳自己的习惯。这样写出来的文章,就容易变成花拳绣腿,上不得阵,经不起推敲。愚以为,如果真想探讨教育,用写小说或记叙文的办法是不行的。

【案例27】漂亮的孩子人人喜爱，爱难看的孩子才是真正的爱！

那些在头脑和外表上都比别人要差的孩子，更需要我们的关爱。

我的班级内存在着这样的现象：凡是长得漂亮的学生成绩都很好，人本身看着就很有灵气，每个老师都会很喜欢他们。但看着那些长得不秀气、学习成绩也偏差、同时在语言交流上也存在缺陷的同学，我就觉得很心疼。很多时候看着他们，我的眼泪就会不自觉地掉下来，你知道是为了什么吗？因为他们比别人多了一颗仁爱的心，让我时刻感受到他们的可爱！

这不是空说。代课老师都能感受得到，我也经常告诉孩子们：你们可以没有别人那样高的智商，但至少要有和他们一样的爱心。这只是小小的一点要求，孩子们做得相当好，令我欣喜非常。

所以我总告诉其他的老师：我爱难看的同学，他们更值得我去爱。

当然不是说其他的孩子我就不去爱，可能对每个同学给予的关爱会有不同。

——教育在线·班主任论坛　秋水之韵

答秋水老师

教师对学生的爱，应该主要是职业的爱，而不是私人的爱。

教师的爱是一种关心，一种关切，一种理解，一种宽容，一种帮助，教师是可以一视同仁地把这样的爱献给学生的。比爱更重要的是尊重。我早就说过,我要是学生,我对教师是否爱我不会太在意,但我希望他们都尊重我。至于私人感情,我们就不能也无法要求教师对每一个学生都喜欢,那是不合情理的。

职业的爱是必须做到的,私人感情是无法强求的。(以上引自拙著《今天怎样做教师》)

漂亮小孩功课好,不漂亮的小孩成绩差,这可能只是在小学(尤其是低年级)的暂时现象,而且未必是普遍现象。到了高年级,特别是到大学阶段,你可能会发现相反的现象倒是更普遍——俊男美女们往往上不了名牌大学。

为什么呢?这倒不是因为帅哥靓妹一定智商低,而是因为,周围人的目光把他们注意力导向更多地关心自己的外貌了。他们的价值观趋向外包装了。而那些外貌没有优势的孩子,就只好反身发展自己的"内秀",结果往往事业有成。

其实历史上真有成就的人物美男子很少,美女更少。

所以,家长和教师,过分注意孩子的外表,对他们的发展是不利的。

受偏爱的孩子眼前确能占点小便宜,但长远看,不容易有出息;有出息的孩子往往是自己挣扎起来的。

所以我对所谓"赏识教育"一直有戒心,赏识很容易蜕化为溺爱的。

我的意思是,家长、教师能不压抑孩子,就是好样的,至于给孩子帮忙,不必过分热心。他们自己能成长,而自主的成长才是真的成长。

因此,我不主张给那些外貌不漂亮的孩子更多的爱,而主张减少点对小美男子和小美女的爱(也就是说,在工作场合请减少私人的爱),以免害他们。教师不要把自己看成"爱心公司"。教育最重要的是提供公平公正的成长环境(这是大爱),而不是提供更多婆婆妈妈的爱(这是小爱)。

细节主义

目前的教育问题很多，于是就应该做一个最基本的估计：究竟主要是细节问题，枝节问题，还是战略性问题？

愚以为我们的主要问题、更多的是教育理念问题，方向问题，思路问题，这些都有战略性质，并非细节。如果我的估计不错，那就应该说，在这种情况下强调"细节决定成败"，未必合时宜，客观上可能掩盖主要问题，其负面作用可能大于正面作用。

当然，战略问题不可以空谈，它往往体现在细节上。比如下面这个例子，我就觉得是个教师心理问题，也是个教育评价问题（过于注重形式的评价标准容易导致教师上课紧张）。所以，我们的任务是从具体的案例中、从细节中发现带有战略意义的东西，侧重转变其观念，而不是只从行为方式角度强调"细节决定成败"。

【案例28】细节决定成败

还有三四分钟就要上课的时候，我拎着椅子出现在王平老师的教室。王平已经站在讲台上，翻看着教案。我们相视一笑，从他的眼神中我发现了一丝紧张。一个孩子过来接过我的椅子,我指示他放到教室最后。环顾一下四周,同学们基本上已经到齐,刚才还在叽叽喳喳,见到我进来声音戛然而止,显然他们知道今天有人听课。

我觉得空气有些紧张,于是抬起头,看着大家,突然大声说:"同学们好!"

愣了一下,孩子们习惯性地应答:"老师好!"

我也笑了,学生也笑了,我问道:"欢迎我来听课吗?"

孩子们异口同声地回答:"欢迎——"

"那就没点儿表示?"我用期待的目光看着孩子们。

教室里响起一片掌声。

我一边向同学致谢,一边走到教室后面。

铃声响了,王平迅速抬起头,几乎和铃声同步发出上课的信号:"上课!"

孩子们好像还没反应过来,稀里糊涂地站了起来,教室里一片嘈杂声。

王平似乎没有注意到这些,没等学生站稳,就匆匆致礼问好。孩子们也匆忙还礼,在一片桌椅撞击声中,王平说道:"上节课我们学习了集合的基本概念,这节课我们继续研究集合的有关问题。大家打开书……。"

一节课就这样开始了。

总体而言,教学过程四平八稳,只是开始的时候有点乱。从王平的表情可以看出,他对自己这节课还是比较满意的。

课后,我说:"你发现没有?上课后很长一段时间,大概有十五分钟左右,孩子们的注意力始终不太集中,思维也不很活跃。"

"我也发现这个问题了。"他说道。

"为什么会这样?"我追问。

他想了想,回答:"第一,可能是紧张,毕竟有人听课;第二,他们还没有从课间氛围中走出,所以注意力不集中。"

我告诉他,我不同意他这种说法。紧张的确存在,但适度紧张更有助于集中注意;孩子们早早地在教室等候,说明他们已经知道有人要来听课,已经做好了准备,课间的影响不会太大。同时,孩子已经进入高中阶段,这样的事情他们经历了无数次,虽然他们刚刚来到一所新学校,但听课也不会给他们带来多少紧张,更多的是新鲜感。

"那是为什么呢?"他反问我。

我给他倒了一杯水,让他有一点思考的时间,然后说道:

"因为一个细节。这个细节你处理得略显匆忙,才导致孩子很长时间注意力难以集中。"

"哪个细节?"他急切地问。

"组织教学。"我回答。

他愣了一下,说道:"就是'上课、起立、同学们好、老师好、请坐'这个过程?有这么严重吗?"

看他还有些疑惑,我便接着问道:

"你承认自己在这一过程中有些敷衍和匆忙吗?"

他点点头,说:"说实话,这还是有人听课,有时我还干脆把这个过程省掉呢。我觉得浪费时间。"

我也笑了,对他说:

"这可以理解。教学过程中教师常常忽视一些细节,特别是和教学内容无关的一些细节更容易被忽视。我们常常以为这些只是点缀和帮衬,无关大局,殊不知正是这些细节组成了一个完整的课堂,有些细节甚至能决定一节课的成败。"

在我所见到的课堂上,经常有因小失大的情况发生。挂图出示的时机是个细节,我听课时一位教师因为忽视了这个细节,为了省事,上课之前就把它挂到黑板上。结果,前半节课孩子们的注意力都集中到颜色鲜亮的挂图上,没人注意听讲;后半节课该用到挂图了,孩子们却失去了兴趣,教学效果很差。

年轻教师处在起步阶段,如果不重视细节,极容易养成一些不好的习惯,影响自身的专业发展。有些教师有"口头语",一节课重复上百次,学生很反感,自己也很苦恼,但就是改不掉。原因何在?就是因为开始的时候没有引起高度重视,以为是小节无关紧要。因此我觉得,年轻教师应从小处做起,从细节开始,促进自身的专业发展。

教育是科学,需要严谨认真、扎扎实实的科学态度。无论是治学还是授课,小处都不可小视,细节都不可忽视。

——k12 教育教学论坛　梦想发芽

年轻教师怕安静

我很赞成梦想发芽这样具体地指导老师,这才是扎扎实实的工作。现在空洞的号召、煽情的鼓动、笼统的教训太多了。

我也很赞成重视细节。确实，新教师与老教师的区别之一是他们往往不注意"小事"，要知道小事常常是可以影响大局的。

本堂课这位王平老师的失误之一是入题太快，没等到学生收敛注意力，就匆忙上阵了。不是没有时间准备，而是有时间但没去准备。他脑子里似乎有一个声音在催促："赶快讲！赶快讲！"

小李老师把这个失误的原因归结为不重视细节，我觉得这样说也未尝不可。不过还可以从另一个角度分析这个问题，我以为这是紧张造成的，属于心理问题。试想若没有领导来听课，这位年轻老师大概会从容得多吧？他可能不是不重视细节，而是有领导听课，顾不得细节了。

教师紧张的时候，特别怕安静。一安静他似乎就能听到自己的心跳，更害怕了。所以他就本能地赶快说话，用自己的声音填补安静、打破安静，这样他就能好受一点。可是这样急急忙忙说话很容易出错，越出错越紧张，越紧张越加紧说，终于乱套了。

有人听课的时候，教师还特别害怕讲不完，怕完不成教学计划。没人听课心里踏实，讲不完我下堂课再补就是了。有人听课，就失去了这种安全感，他怕讲不完领导怀疑他教学能力差。所以你会发现，当有人听课的时候，教师（尤其是缺乏经验的年轻教师）语速总会快很多，入题也往往匆忙。这是因为有一条无形的鞭子在赶他。

愚以为王平老师的问题，可能就在这里。

这个问题怎么解决呢？我若是小李老师，我会在全校教师会上说："有人听课，入题反而应该慢一点。不要怕安静，有安静的空隙，有停顿，才有利于收敛学生的注意力。安静的时候，教师也正好把下面要说的话组织好。此时无声胜有声。不要怕这堂课讲不完,领导听课主要是了解你整体的教学状况,并不是看你能不能把课上得像刀切一样。那并不重要。"

有这样的话在前面,我估计教师的紧张情绪就能减轻。

另外,小李老师作为听课领导,突然问学生"同学们好",这也容易造成教师紧张。因为这样一来,就把学生的注意力从主讲老师转移到听课人身上来了,教师很容易失去安全感和自信。不管谁去听课,你都是星星,这时候讲课的老师才是月亮,听课的星星们都应该捧着月亮才是。

"细节决定成败"这句话现在很流行,其实它只在很有限的意义上才是正确的。也就是说,只有当某个细节具有战略意义的时候,它才决定成败,否则细节完全不能决定成败。某位老师衣服上少了一个扣子,如果他是一个平日很注意衣着的人,而该班的学生又对此很挑剔,则仅仅这一个扣子就可能使他的某堂公开课失败。但是换一位不拘小节的老师,同学早已习惯,甚至还认为潇洒,则他衣服上少一个扣子,可能完全不影响他公开课的整体成功。

细节未必决定成败。在大多数情况下,决定成败的关键并不在于细节,而在于战略决策。

供小李老师参考。

下游教育

下游教育的思维方式是孤立的,不能把前因后果连贯起来思考,不能把几件事串起来思考;下游教育的思维方式是单向的,不能来回思考;下游教育的思维方式是非探究式的,着重鉴定是非,让学生承认错误,以为这样就可以避免下一次了,所以下游教育常常同时也是"以认错为终点的教育"。

【案例29】"好我"战胜"坏我"
——体会自我教育的魅力

娜哭着跑到办公室告诉我:"老师,我的手被阳(一男生)抠破了皮。"说着就把手伸出来给我看。虽然没出血,但也一定很痛,我就安慰道:"痛吗?"女生摇了摇头说:"现在不太痛了。""那你把他给叫过来。"

一会儿阳来了,我问:"她的手是怎么回事?你把事情的经过先讲一讲。"阳说:"是我不小心把她弄的。""真的吗?"他点点头,不敢看我。我问娜:"他说的是真的吗?"娜说:"老师,我不知道该不该把事情说出来。""有什么事就说吧,谁对谁错,老师一定公平对待。"娜说:"他的话都是编的。刚才他叫我跟他一起隐瞒真相,我是假装答应的,想到办公室再告诉您的。"我问阳:"是吗?"阳点了点头。我问:"你为什么要骗老师呢?"他怯怯地说:"我是怕您。"我想想自己平时也没对学生怎么严厉,就问:"你怕老师什么呢?"他摇摇头,说不上来。我追问一句:"是怕破坏自己在老师心目中的形象吗?"他点点头。"那你就不怕自己说谎被老师发现吗?"他无语。"那这件事是谁的错?""都是我的错。""那你说这事儿怎么解决?"我经常这样叫学生自己想办法来解决自己所犯的错。没想到他这样说:"我让她也抠我一下!"我心一震,好像被针刺了一下,沉默了片刻,说:"手心手背都是肉,她抠你,难道老师这心里会好受?娜会乐意?"站在一边的娜也在摇头。我接着讲:"你知道那是哪些人处理事情的方法?难道你这样的好学生就甘愿与他们同流合污?今天你做的事情本身并不怎么严重,可是你却一错再错,真让老师感觉心痛呀!"阳这时候看着我,眼睛有些湿润了。当时我的心里也像倒翻了五味瓶似的,就说不下去了,只说:"两人一起回教室吧。阳,你好好想想今天你做的事和你在这儿说的话,把你现在的心情写下来。"

一节课后,阳把自己写的草稿拿给我看,草稿本的纸张已经皱起来了,有打湿过的痕迹,我知道这是阳流着泪写下的(因为有学生来告诉我,说阳不知为什么在一个人边哭边写):

金老师:

今天的事全都是我的错,下课时,娜一直在说着同一句话,我嫌她啰嗦，听得不耐烦了，就叫她不要说了。可是她偏偏不听，我一火就去揪她的手背，没想到一使劲，她的手被我抠破了皮。我没有成心想把她的手弄得这个样子的。但这也是我的错，我不该去揪她的。

您叫我去办公室，我心里很怕，就在路上跟娜商量，让她不要说我是故意的。到了您那儿，我就骗了您，这又是我的错。我知道我不该骗您，可已经来不及了。

您知道我错了，没有批评我，而是让我想自己怎么解决，可是我想不出什么办法，就说让她也揪我一下。我知道这不是个好办法。

我一错再错，让您痛心了。金老师相信我，我不是个坏孩子，我以后再也不会这样了。我已经向娜道了歉，她原谅了我，我非常感谢她。

反思：

这件事的起因是行为上的冲突，彼此没有多大矛盾，但要解决这样的冲突事件，达到自我教育的目的，还得走进学生的心灵，让学生在"坏我"与"好我"之间进行激烈的思想斗争。阳为了泄愤去揪娜，本身就错了，但由于怕老师就想办法隐瞒真相，从行为的角度来看，他已经认识到自己错了，但从思想的角度来看，他又犯了一个错误——没有承认的勇气，也不诚实。真相被揭穿以后，他没有再狡辩，很快就承认了自己的错，这说明他已经战胜了不诚实的"坏我"，没想到的是，在解决事情的方法上，又出现了错误。在这个过程中，阳的内心进行着激烈的斗争，在老师的引导下，认识到了自己一个又一个的错,他也在竭力用"好我"战胜"坏我",从他的话中,我们看到最终阳心中的"好我"获胜了。这就是自我教育的巨大魅力!

——教育在线·班主任论坛　梦洒芬芳

下游教育与上游教育

这是一个小矛盾。芬芳老师把工作重点放在以下几件事上:让阳认识到不该弄破娜的手,让阳认识到他不该说谎,让阳认识到他不该想出一个馊主意——请娜也揪他一下作为报复。芬芳老师的教育确实达到了上述几个目的。

可是我们回想一下,矛盾是怎么发生的?

是因为娜一直在向阳说着同一句话,阳嫌她啰嗦,听得不耐烦了,就叫她不要说了,可是她偏偏不听,阳一火就去揪她的手背,没想到一使劲,她的手被抠破了皮。

现在经过老师的教育,阳知道他不该揪娜的手背了,知道事后不该说谎了,知道让娜也揪他手背一下不是好办法了。他什么都明白了,就是没明白一件最重要的事情:当女孩子在我耳边啰嗦的时候,我该怎样处理。

依我看,最后这个问题,才应该是教师教育的重点。对阳来说,这是个心理问题,习惯问题,而非品德问题。

芬芳老师的教育,重点放在事情发生之后,我称之为下游教育。

我主张把重点放在事情发生之前,我称之为上游教育。

所以我若是芬芳老师,事情查清以后,我会简单地告诉阳,你不该说谎。然后我就重点和两个孩子一起讨论,下次如何避免此类事情的发生。

我会引导娜同学认识到：不要在人家耳边啰嗦。当人家不爱听的时候，你要知趣地闭嘴，这是礼貌。我会让阳想想，如果有人在你耳边啰嗦，你说她又不听，还有没有别的办法解决。比如可以打岔，可以说个笑话转移话题，可以借故离开等等，总之不要诉诸武力。我侧重帮助双方增长实实在在的生活经验，而不是让男孩单方面"承认错误，提高认识"。

另外，愚以为，阳作为一个小男孩，揪了女孩之后，要求女孩报复自己一下，这种想法不但真诚，而且有阳刚之气，比只向对方道歉豪爽多了，事实上恐怕他也想不出更好的解决办法（我也想不出）。当然，不必真的这样做，但是我会夸奖他有改错的诚意。芬芳老师却说这是坏学生的处理方法，说阳出这个主意是与坏学生"同流合污"，这太道德化了，太女性化了。

阳同学经过老师如此这般的教育，恕我直言，果然更女性化了。你看他给老师写的悔过书，看得出男性特点吗？

芬芳老师参考。

梦洒芬芳：

谢谢王老师帮我作了这么深刻的分析。是啊，有时候激动会使我们变得不够理性，我常常会犯感情用事的错误，看了你的分析我觉得自己当时太过于感情用事了。其实平时，我对于这样的小事也是淡化处理的，认识一下自己的错，互相道个歉。对于娜，我在这件事上显然是处理得不够好。

【案例30】他为什么总打架?

他是一个聪明、活泼、勤快的男孩。每个老师都很喜欢他,尤其电脑老师,都已经是他亲密的朋友了。可他最近却让我觉得头疼。

我是去年11月份接这个班的,刚接上的时候对孩子不是很了解,只能通过课下的交流和晚上的辅导作业来和他们沟通,因为我住校,晚上辅导周托的学生,他就在其中,每天晚上他都能按时完成作业,并且很积极地洗拖把,把教室拖得干干净净的,从来不让老师催。我真为有这样的好帮手感到高兴。

期末考试的前一天晚上,没有作业,我就给他们放动画片。不知什么原因,他和一个男生发生了争吵,吵完后好像是吃亏了,然后站在楼道外面,同学怎么叫都不回来。我去叫,他却说:"我不想活了。"我吓了一跳,赶紧给他做了大量的思想工作。在我的开导下,他和同学们坐在了一起。第二天,我向语文老师请教,她说这个孩子脾气可倔呢!当时我还庆幸自己能说服他,看来以后就好管理了,可是事实并非如此。

今年开学第一星期,一次我刚走到教室门口,就见他站在教室外面,原来又是和同学闹矛盾了。我过去问他怎么了,他又是那样的话:"我活不成了。"这次我的话已经不管用了。另一个老师也来劝,他还是那样回答。最后,我说:"那好,回教室怎么都行,别在外面站着。"我把他拉回来,他在教室站了有20分钟。我说:"你是不是不打算写作业了?"他才回座位开始写作业。

后面几次就没这么顺利了。又一次晚自习,我从操场往教室走的时候，看见我们班另一个辅导老师和门房的师傅在追他。赶紧过去，一问才知道原来是又和同学闹矛盾，跑下来不回去，我们几个人抓不住，没办法。只好请门房师傅看着，教室还得有人管呢，最后还是几个老师才把他抬回宿舍，他的嘴里还叫着："我不想活了，把我掐死算了。"不过总算又过去了。

又过了两天，因为和三年级一个学生打架，他站在人家教室门口怎么都拽不回来，站了两节课。后来我找他谈过心，他说得很好，可是为什么一遇上事就不听呢？

今天中午，他和五年级一个男生打架了，拉不开。我赶紧过去。一看又是好几个老师拽不住。我拽住他的胳膊，他又是"我不活了，你们都别管我，有本事把我胳膊拽断。"当时我真的很生气，也真的没办法，最后还是一位主任过来把他拉走了。他的嘴里还一直重复着那句话。他走了后我问清原因，只因为他拽了人家衣服一下，别人顺手打了他一下，他就那样。

中午午休起来见了李校长，他叫住我说："那个孩子你得想办法好好地开导一下，毕竟才是二年级的孩子。"其实我何尝不着急，可是我的经验有限，所以只能和大家一起探讨。

还请王老师多指教。首先，谢谢你了。

——教育在线　冰静儿

答冰静儿老师

孩子每次打架，老师都劝一番，直到息事宁人为止，下次再重复一遍。当然一次比一次效果差，因为教师对这个孩子的认识一点也没有进展。

建议冰静儿老师把他和别人发生冲突的经过一次次详细研究研究，争取总结出点规律，我相信他一定是处理问题的方式有什么问题，才会经常引起和别人的争斗。找到这个原因，提前预防，下次"战争"才可能避免。

冰静儿老师像一个灭火队员，很少往防火的事情上想。我发现有大批的老师都是这种下游教育的思维方式，这真令人担忧。

冰静儿：

看了你的这些话，我才恍然大悟。是啊！自己的确只是把事情处理完就没事了，可是不找出根源。我下去后会像王老师说的那样，分析每一次的原因，然后总结规律，避免这样的事情再发生，也就是王老师说的"防火"。谢谢王老师。

自我中心

只能站在自己的角度想事情，不善于换位思考，我们把这种毛病叫做自我中心。自我中心是教师最常见的思维方式。我在网上见到的文章，十之七八都是这样，说的全是自己的见闻，自己的感受，自己的牢骚。大家都被自己的情绪所支配，很少有人能客观冷静地跳出自我的圈子看问题。要增加教育的科学性，这是最大的障碍。科研的前提就是跳出自我，尽量减少情绪干扰。

冷静客观的思维方式，是需要反复训练才能逐渐形成的，而且周围还要有踏实的科研风气。然而如今教育界煽情的口号太多，总是引导教师热血沸腾，这成了教师自我中心的外部诱因。

【案例31】一定要民主

我是一个刚毕业半年的新老师，一上班就担任高一的班主任。期末前评选三好生与优秀干部，很想把这件事处理好。因为没经历过，只能凭自己当学生时的感觉，就是一定得民主。但我在评选之前并没做铺垫工作，因为正值期末复习的关键时刻，所以选票写好之后没在班上公开唱票，而是让每个宿舍随便出一个人去办公室唱票，而我往外叫人时也没说明是去唱票。结果出来后，我基本上完全按照票数高低定出了最终人选。除了三好和优干还评出优秀团干部和优秀团员。别的班的优秀团干部都给了团支书，而我们班的团支书在班上很不得人心，平时在班上总是爱说一些是非，大家都知道她的人品，所以不用说她的票也不会多。为了避免学生的非议，我就没把优秀团干部给她，只是给了她一个优秀团员。

我在班上宣布了结果，当时并没什么反应。放学后团支书来找我，说："老师，我到底多少票呀，要是少，我就不当这个优秀团员了。人家都在班上说我，说这结果根本不是选出来的，而是老师自己提前就定好了的了，还说以后咱该怎么着还怎么着，表现再好也没用，反正都是老师自己说了算。"我并没在意，后来她又来了几次，说着同样的话，还说："老师我还是别当了，你第一次当班主任得在这件事上树立威信，别因为我威信扫地。"

我很委屈，很激动，就对全班学生说："都当过学生，怕你们评完之后有议论，我尽了最大努力保证民主，你们还在背后议论这个那个的，明显是对我不信任。谁课下议论了，出来咱们再去唱一遍票……"（当时情绪很激动，好多话记不清楚了，但说话很偏激）结果有几个学生出来，他们说没必要重唱一遍。我也觉得没必要，但为了维护自尊，还是让一个学生查了一个他有些疑问的学生的票，结果并没问题。后来又说了他们几句，就让他们回去了。

一个学生还在那天晚上给我写了一封信，劝我别生气，大家都还是小孩子，发生点什么事都会议论的，更别说这种事了。他们觉得这是很正常的事，我没必要这么兴师动众的，而我当时的感觉就是我对你们公平你们对我不公平，我尽最大努力创造一个民主的班级氛围，而你们却对我如此不信任，明显对我不公平。

事后静下心来想想，觉得自己太小题大做了。仔细分析一下，如果我事前把铺垫工作做好，也许就没这么多事了。而且对于团支书的话我应该有选择地听，因为她平时在班上就是个爱传话的孩子，又爱议论人，所以她说的话未必全是真的，即便都是真的，孩子们也不会全都是针对我说的，如果当时能冷静分析一下，也不会那么冲动了。

怎么才能让自己成熟起来，不那么情绪化，还请王老师指点一二！

——k12 教育教学论坛 yoyo0504

答 yoyo0504 老师

民主需要有一定的制度和程序。我觉得您的主要问题可能是把自己的民主愿望当成民主本身了。您心里有民主，就以为民主了，这不行。

您说的都是您自己的感觉。有些自我中心。请问站在学生的立场，如果选举程序不透明，他有没有权利做各种猜测？

民主是一件比较麻烦的事情，没有一言堂爽快。民主当时麻烦，优点是事后麻烦比较少；不民主的办法主持者当时痛快，后遗症比较大。您可能是怕麻烦，结果招来了更大的麻烦。

这种事以后接受教训就是了，没必要烦恼。下次选举只要公开公正，这次选举的阴影就会消失。

yoyo0504 老师参考。

【案例32】我这样处理对吗

星期二音乐课，一学生故意把粉笔尘撒到音乐老师的电子琴上。音乐老师发脾气，叫谁撒的谁把它抹掉，全班却没有一个人承认，致使那节课变成了自习课。星期五的一节自习课上。我说："是谁干的？站起来！"连呼了两遍，终于有一个同学站了起来。我当场宣布他有两个选择：一是向音乐老师道歉，二是扫一个星期教室。本来以为他会选择一，但没想到他却很快选择了二。我这样处理对吗？是否还有更好的处理办法呢？

——k12 班主任论坛 残烛

给残烛老师提供一条新思路

请残烛老师站在这个学生的角度想一想，他为什么宁可选择扫教室也不选择道歉呢？

合乎逻辑的结论是：对他来说，道歉比扫教室更痛苦，或者说，不道歉所得大于所失。学生其实都很会算账的，只不过他用的不是教师的算盘。教师如果只会在自己的算盘上操作，"以己度人"，自我中心，那永远也不会了解学生。

我说过，学生言行出乎教师意料之外的时候，正是教师提高自身专业水平的好契机。可惜我发现多数教师遇到此种情况不是去研究学生的心理，而是对学生表示失望。这思路不对。

残烛老师问自己的做法对不对，这很难说。学生犯错，当然应该处理，但是如果不搞清学生的真实想法，则处理就只是最表面化的管理行为，并非教育。比如说这个学生因为某种原因恨死了这位音乐老师，他撒粉笔末是为了报复，或者班里很多同学对这位老师不满，这位同学不过是代表学生发泄了愤怒，那他怎能道歉？不把真实的矛盾了解清楚加以解决，扫地也好，道歉也好，都是治标不治本。

仅供残烛老师参考。

泛道德化

泛道德化的教育思路在我国非常普遍，这与我们的传统文化有关。它有两个特点：一是把什么问题都当作道德问题处理，二是处理时，注重高扬道德立场和道德义愤，而轻视事实和证据。

王小波曾经说过："伦理道德的领域也和其他领域一样，你也需要先明白有关事实才能下结论，而并非像某些人想象的那样，只要你是个好人，或者说，站对了立场，一切都可以不言自明。不管你学物理也好，学数学也罢，都得想破了脑袋，才能得到一点成绩；假设有一个领域，你在其中想都不用想就能得到大批的成绩，那倒是很开心的事。不过，假如我有了这样的感觉，一定要先去看看心理医生。"（《王小波杂文随笔全集》，第79页，时代文艺出版社，1998年12月第一版）王小波告诉我们，道德教育也是一件很需要动脑筋的事情。而我恰好发现，那些把教育泛道德化的老师，都是不爱动脑筋的人。

【案例33】谁之错？

中午一进教室，就发现讲台上一片狼藉，不知是哪位小朋友的矿泉水瓶放在讲台上,被不小心打翻了,水流得满桌子都是。一位小干部在认真地擦着讲台——我连忙拿起放在讲台上的本子,一看,水已经顺着缝隙流到了讲台下的电脑键盘上,拿起键盘一倒,竟倒出了不少水。我连忙打开电脑,调出 WORD,还好,所有的字母都能打出来。我松了一口气,关好电脑,问学生:"这瓶水是谁的?是谁不小心把水瓶弄翻了?"

一个小干部站起来说,中午是他管理大家就餐,吃饭时,他喝了矿泉水,后来就忘了带走,他没有把瓶盖盖好。"那么是谁不小心把瓶子碰翻了呢?"我又问,下面鸦雀无声。"哪位同学看到了事情的经过?"这下不少同学举起手来,一位同学说是 A 弄翻的,A 站起来说自己没有碰到,是 B 碰翻的,也有不少同学说看到是 B 碰翻的,而 B 说不是自己碰翻的,是 C——就这样,他们谁也不肯承认——从他们断断续续的讲述中,我听明白了,他们几个吃完中饭在讲台旁边玩耍,然后水就弄翻了,他们中认为 B 碰翻的人数最多。因为当时数学老师来班级批改作业,而我认为电脑也没有什么损伤,就没有继续追究,说了句"以后要小心一些"就去了办公室。

下午第三节是我的课,我打开电脑,想登陆校园网,才发现只要按一个键,就打出三四个字母。我找到学校的电脑老师,把事情的经过告诉了他,他说肯定是里面的电路板受潮了,这个键盘估计没有用了,先放着让它阴干试试。

我把这个消息告诉了班级里的孩子,然后说:"现在大家谁也不愿意承认水是自己打翻的,我也不怪你们,说明我在教育中存在问题,键盘我来赔,但是我真的很想知道事情的真相。请你们把知道的真相写在小纸条上告诉我,即使是你打翻的,你告诉我后,我不会告诉任何人,包括你的父母,我只想每位同学拥有诚实的品质。"就这样,不一会儿我就收到了孩子们写的纸条,其中大家认为"嫌疑"最大的 B 是这么写的:"妈妈告诉我要做一个诚实的孩子,我没有碰翻那水瓶,你就是打死我,我也不承认。"不少孩子说:"老师,让我们一起来赔钱吧!"没有一个孩子承认那水瓶是自己不小心弄翻的——

我失望了,其实类似的事情常在班级发生。比如地上有一张废纸,我问他们是谁丢的,他们肯定回答:"不知道。"然后问离座位最近的孩子是不是他掉的,他肯定会一脸委屈地叫:"不是我!"因为事情比较小,我也没有很多时间彻底调查这些"无头案",所以很多时候干脆自己动手扫扫就过去了——但是我没有想到,我这是在一天天"纵容"孩子。

第二天,我告诉孩子:"钱,老师已经赔了,新的键盘也买来了。其实从你们的眼神和表情中,从大家写给我的纸条中,我已经知道是谁把水弄翻的了,但我不想追究,只想给他改正的机会。"其实,我只想让孩子有一丝愧疚,但我不知道,他是否已经体会。

——教育在线·班主任论坛　神清气爽

泛道德化教育的思维定势

像很多老师一样,神清气爽老师可能有如下思维定势:
1. 凡事总有个是非,教师必须教育学生分清是非。
2. 学生有错不承认,必定是不诚实。

我们把死心眼地按照这样的思维定势进行的教育称为"泛道德化

教育"。

泛道德化教育冤枉了很多学生，累坏了很多老师（做了不少无用功）。

上述两种思维定势都是经不起科学论证的。

事实上学生中发生的事情，既有鲜明的是非问题，也有模糊的是非问题，还有不是不非问题。有相当多的问题属于心理问题甚至正常现象，也都被教师一本正经当作品德问题来兴师问罪，结果往往是学生一脸茫然，教师越说越气，猴吃麻花——满拧了。

学生在讲台前玩耍，不小心打翻了水瓶，毁了电脑键盘。愚以为这不属于鲜明的是非问题，可以说是一个模糊是非问题。在讲台前闹毕竟不是好习惯，但也算不上品德问题。教师非要找出元凶，没人承认就断定有学生不诚实，愚以为这也太简单化了。完全可能是大家谁也没看清楚，肇事者自己也糊里糊涂。当然，也可能是有人看见了，不敢说，也可能是打翻水瓶的人不愿说（怕赔偿）。教师应该估计多种可能，而不是只从道德角度，认定一种可能。

我若是神清气爽老师，当然也要先问清情况，一旦发现查不清楚，我就先不提这件事了。我不会给任何人扣"不诚实"的帽子。至于那个键盘，我愿意，可以自己赔，我若不愿意，可以和学生商量如何赔偿。我估计当时在场打闹的同学都会愿意出钱的，因为大家都有责任（注意，有责任不等于品德有问题）。

此事先放下，不等于完结。以后有机会，教师还可以悄悄调查，若是能查出是谁说了谎，当然应该进行品德教育，而且应该让肇事者出赔偿费的大部分。

总而言之，我不是反对品德教育，而是反对品德教育的扩大化。若查不出来，那只好等下一次拿到真凭实据再说。

【案例34】 学生竟然笑袁隆平

今天给学生（高二）放了一个介绍袁隆平事迹的短片。其中一个镜头是：74岁的袁隆平，亲自到稻田中查看秧苗，穿着水靴，深一脚浅一脚，几个趔趄，险些摔倒。班级里爆发出一阵哄笑，不是全班级，但至少有1/3！

看完了片子，我问学生："如果是你爷爷在稻田里这样，你会不会笑？"学生无语！

为什么学生会笑？很好笑吗？这背后隐藏着什么？

我认为隐藏的是我们德育的缺失！！！！！！！！

本来，对这样一位老人，我们应该持有的态度是尊重，敬仰！可是，我们17岁的学生的表现，让我在气愤之余不能不担忧！！

——k12 教育教学论坛 虚拟生存

如歌：

虚拟生存老师既然想知道"为什么学生会笑？背后隐藏着什么？"那么为什么一开口就说："如果是你爷爷在稻田里这样，你会不会笑？"把大帽子先扣上去。

为什么不问问学生笑的真正原因？

我咋感觉你的学生们是因为生活太空虚无聊了，才这样呢？（而且第二次播放，学生们仍然发笑。）

假如真的是因为"生活太空虚无聊"，那么是什么导致他们生活的空虚无聊呢？

还有，学生的发笑，就一定是"恶意"吗？即使是我们尊敬的人，有时候遇到尴尬事，我们也经常忍不住笑一笑，不见得是什么恶意。（我这是胡乱说，我不在现场，如果在现场，应该能判断出学生是否有恶意。）

总之，我的感觉是：不用太紧张了。

高中生为什么会表现得如同小学生般幼稚呢？

好像看过一篇心理学的文章，说孩子在成长过程中受到压抑，得不到充分的发展，就导致心理发育的停滞甚至倒退……

我们的孩子，发展空间真的太狭窄了！这到底是孩子的错，还是大人的错？我看，是大人的错。

理解理解这些孩子吧！

道德义愤对教育作用有限

我理解虚拟生存老师的道德义愤，但是比较赞同如歌老师的思路。

道德义愤往往导致道德谴责（你爷爷要是摔了跟头，你会不会笑？）道德谴责有"大批判"的意味，学生可能哑口无言，但是未必心服，所以问题可能还是没有真正解决。

人不会无缘无故地笑。在虚拟生存老师看来，学生这种笑只是因为"缺乏起码的对人的尊重和爱心"。我想，这可能是重要的原因，但未必是全部的原因。除了道德原因之外，还可能有心理原因。这一点，如歌老师看到了，而虚拟生存老师恐怕没有意识到。归因简单，工作方法当然也就简单，所以虚拟生存老师就只想谴责，不想再研究了——我全明白，我已经把事情看透了。

窃以为，虚拟生存老师若静下心来（先别生气）到学生中简单询问一下，可能就会发现，事情不是这样简单。所以应对方法也就应该多种多样。属于道德问题的，用提高道德水平的办法（其实也不一定非用"谴责法"，因为这种方法效率最低）解决；属于心理问题的，用心理辅导方法解决。这样可能就稳妥多了，而且对教师的心理健康也大有好处。经验告诉我们，人长久浸泡在道德义愤中，每日皱眉扼腕，慨叹人心不古（现在这种人不少），那属于一种心理疾病，应该治疗的。

我希望虚拟生存老师千万不要误以为我主张纵容学生不尊重长者（我自己就是个老头），我的意思只不过是说，道德义愤本身并没有很多的教育价值。义愤人人都会的，教师作为专业人员，他高明的地方应该是不止于义愤，他能分析原因，而且对症下药。

态度挂帅

学生与老师发生冲突，言行对老师不够礼貌，这种事是常见的。教师和学校领导遇到这种事情，通常的做法是先"打态度"，即不论事实如何，反正你这样对待老师就不行，你得先向老师承认错误，再说其他。我把这种工作思路叫做"态度挂帅"。

我不赞成这种思路。据我看，遇到这种事情，可以先把交战双方隔开，然后要做的第一件事情不是打学生的态度，而是查清事实。如果事实证明教师冤枉了学生（这种情况较多），应该首先还学生一个公道，其次再批评学生对老师态度不好，让他承认错误，但是教师如果侮辱了学生，也必须向学生道歉。如果事实证明完全是学生无理取闹（这种情况较少），那一定要严肃处理学生，而且他必须向教师道歉。这才是讲道理、讲民主、讲平等的对策。

我不是不重视态度。我只是主张，事实第一，态度第二。我认为这样才符合科学精神。

【案例35】学生上课径直离开教室走了!

　　下午第八节课,下课铃响的时候,我还剩下三道题没有评讲完,准备讲完才放学。突然一个学生站起来径直往教室门口走去,同学们吃惊地盯着他。我不能不叫住他。他说:"已经下课了。"我说:"我还没有喊下课,你就要出去了,今后就不要上我的课了。"他顿了一下就出去了。同学们目瞪口呆地望着我。我还是坚持把题讲完。回家的路上心情沉重。初三的学生还不能理解老师为什么拖堂,没有得到老师允许就扬长而去,简直是没有把老师放在眼里。愤怒之余,我有些后悔自己把话说绝了,我还真能不让他进教室上课么?万一他真不上课了,我该怎么办?明天我要怎么处理这件事情?把他交给班主任,我觉得并不妥当,在我的课堂上发生的事情我应该自己解决。可是我一直想不出好的办法。晚上躺在床上怎么都睡不着。这个学生我多少还是了解一点的,基本上从初二起就不学习了,可以说课他大部分是听不懂的,但是他还比较遵守纪律,今天怎么会……我拖堂是因为想把试题评讲完,我似乎没有错。我忽然想起我当学生的时候也是很不喜欢老师拖堂的,尤其是上午和下午的最后一节课,因为要奔去食堂吃午饭,要急着往家赶。这么想来,他并没有错,即使有错,也只是用错误的方式表达了正当而合理的要求。其他同学也有和他一样的想法,只是碍于师道尊严没有付诸行动罢了。而我呢,一节课的内容没有完成,说明我的课堂时间没有安排好。我有什么理由生气,我有什么理由不反省?第二天我找他谈话,先感谢他帮助老师认识到了自己的问题,然后问他的想法,他先道歉说:"我错了。"问他错在哪里,他说不知道。于是我问他:"如果你举个手,有礼貌地说,老师,请不要拖堂!老师会不会比较容易接受呢?"他想了想,点了点头,说明白了。上课的时候,我们一起走进教室。我向同学们保证今后尽量不拖堂,请大家监督并提醒我。

我想请问王老师这件事情处理是否得当,思路是否正确?

——教育在线·班主任论坛 好好学习

答好好学习老师

好好学习老师的反思精神和换位思考能力,都令人钦佩。这个问题本来有点爆炸性,幸亏好好学习老师事后冷静地把危险排除了。我赞成好好学习老师的做法。

还有没有别的处理方法呢?

一种办法是硬顶下去,坚持让学生写检查,不让他上课。如果领导支持,用这种办法有可能把学生压下去,以后其他学生就再也不敢如此放肆了。从管理角度看,这是成功,但是从教育角度看,这是失败。因为好好学习老师说得好:这个学生只是"用错误的方式表达了正当而合理的要求,其他同学也有和他一样的想法,只是碍于师道尊严没有付诸行动罢了"。硬压只能证明教师不讲道理,施行人治(该下课下课,才是法治),必定会降低教师威信。以后工作会越来越难做。

还有一种办法是暂时放下这件事。他来上课就让他上,过几天再找他谈。

无论哪种办法都是马后炮,都有损失。所以最重要的是,今后如何预防这种事。

当年我做老师的时候，极少压堂，正相反，我总是提前几分钟把课讲完，让学生放松一下，准备下课。如果遇到特殊情况，下课铃响了我还没讲完，我会询问全班同学："我还有点内容没说完，请问我要不要说完？"学生总是很大度地说："您讲完吧。"我就再说几句。要是学生说："不行。"我二话不说就宣布下课。因为我明白，只要下课铃一响，时间就已经不是我的了。我要占人家的时间，只好和人家商量。这不是什么"爱"，这是起码的尊重，这是教师的法制观念问题。我不能借口"我是为你们好"来侵犯学生的休息权。

过去的学生都很胆小，教师压堂压得没法上厕所，也只好忍着。如今的学生胆子越来越大，就会有人让你下不来台。这种事会越来越多的。时代变了。我们是幻想学生还像当年那样百依百顺呢，还是自己与时俱进呢？好好学习老师选择了后者，他没有走"死要面子活受罪"的路。我支持好好学习老师。

老教员（k12）：

王老师，我觉得按您过去的思路，还可以事后找学生商量。这件事情老师究竟错在哪些地方？学生错在哪些地方？当时他除了离开教室之外，还有没有其他的解决办法？老师帮助他找出来，看看哪种办法最好？好在什么地方？以后在他的生活中再次遇到类似情况怎么解决？或许会因此师生间成了不打不相识的朋友。

不知道这些想法对否？

答老教员老师

这个学生不大像是有意和老师作对。他大概是下课要有什么事情，或者实在盼下课盼得无法忍耐了，一时冲动，就出去了。这可以问一问他。

　　站在这个学生的角度，他的其他选择可以有三种：或者像其他同学一样沉默，或者当场提出意见，或者课下提意见。问题是学生有没有公开提意见的习惯，班里平日有没有民主氛围，如果有，则后两种方法可用，如果没有，只好用行动抗议了。你真的很难说这个学生的行动有多大错误，除非你不问是非，单打态度，就抓住你"不尊重老师"这一点不放。那样或许也可以把学生压下去，但是教师却做了一个"不讲道理"的坏榜样，愚以为不如好好学习老师的办法光明磊落。

　　感谢老教员老师把问题继续展开。这是一种很好的研究习惯。

【案例36】 学生告老师

　　12:05分，正准备起身回家，突然进来了5位男同学。为首的开口就质问："校长，你说老师打学生对不对？"。

　　"当然不对啦，"我答道（后面的一个男孩马上露出了得意的笑容），"不要说从《教育法》、《教师法》、《未成年人保护法》的角度讲，就是站在人道事理上也说不过去呀。"我接着平静而又坚定地说。

　　如此反映情况的学生，一般情况下都不是什么"良民"，而且他们往往是犯错在前，首先激怒了老师，老师失去了理智，做了出格的事，他们便马上反守为攻，得理不饶人，且惯于群体起哄，让老师转眼之间主动变被动，下不了台。而他们还会接着步步进逼，直至上访告"御状"。因此，对于此类的"鸣不平者"，就是一直致力于当

"平民校长"的我也是不敢掉以轻心的,因为闹不好自己也会陷进泥潭而不能自拔。成长中的孩子犯错误是必然的,我能够理解他们,更乐意帮助他们——这是我的价值所在啊。老师也不是云端里的圣人,深山云游的老庄,工作的失误在所难免。我明白今天的这个阵势是不能用通常的方法来应付的。我要亦礼亦兵、亦亲亦疏、亦守亦攻、软硬兼施。好了,我已经找到他们的软肋了——服装不整齐,统统没有戴胸卡。

"那老师打了我,你说该怎样处理?"得了理的男孩加强了攻势,眼中还充满了委屈的泪水。"对呀,校长,你说该怎样处理?"后面的同盟军齐声质问。其中有一个男孩还说:"我们要公道,老师不讲理,班里的录音机坏了,她就认定是我们搞坏的,并且说要我们包赔……"

我感到当务之急是要阻止他们的攻势,便脱口道:"我们先打住这个话题,你们先看看自己的胸前,是不是少了一样东西。"他们同时低下了头,尴尬的窘态马上写满了脸颊,斗志一下子从云端里跌到了深谷,紧接着便是手忙脚乱地浑身上下摸索,最终4位同学找到了胸卡,还边戴边不自然地说:"忘在兜里了。"我接过话题道:"如果在商场里你拿了人家的商品就走,等到人家捉住了你,你才说'钱我有,这不就在兜里',能行吗?人家照样会拿你当小偷。如果我也像你们一样,抓住了一个人的某一点失误不放,就应该马上请政教处的马主任过来把你们带走,你们还能说什么呢!人生活在这个世界上是需要彼此谅解,彼此宽容的。"他们纷纷点头称是。

火候已到,我转过脸来对着告状的男孩说:"你能说说事情的经过吗?"他说:"行。上午英语课时,英语老师到班里一看,录音机坏了,就大发脾气,认定是我们搞坏的,并且说要我们包赔,我气不过,就当即站了起来说'你不能说是我们弄坏的,我们也不赔。'老师彻底地被激怒了,立即告到了我们的班主任那里,班主任就把我叫到办公室里训了一顿,英语老师往我的腿上踢了一脚……"我说:"好,你说的是你先不尊重老师在前,老师打你在后。"他说:"是的。"

我说:"我认为你最恼恨的并不是老师打了你,而是这一打,伤害了你的人格和尊严,打的本身并不是多大的事,看起来你也没有伤着。"他回道:"是的。"我接着说:"既然你对自己的人格和尊严这样看重,你再想一想,比你大了很多岁的老师,她对自己的人格和尊严难道不是看得更重要吗?更何况是在自己的学生——全班同学面前呢!谁是谁非你是应该明白的!尽管我们现在讲究师生平等,不再讲师道尊严了,但是我们做学生的对老师的尊重还是应该放到第一位的,就好像我们每一个人一生下来就是和自己的父母平等的,难道因为我们跟自己的父母是平等的就不再尊重他们了吗?上一周我在电视讲话中有一句话不知你们还记不记得——'今人而无礼,虽能言,不亦禽兽之心乎',一个人不懂了礼节不就等同于一般的动物了么?尊重是相互的。可以设想一下,假设你是英语老师,那位英语老师是你的学生,你进屋后一看马上就要用的录音机坏了,本来就气恼,发了几句急本是正常的,可偏偏有个学生公开顶撞你,你心里的滋味会怎样?!这就叫换位思考,这就叫'要想公道打个颠倒',这就叫将心比心;再说了,从这件事上我们可以看到×老师是一位责任心很强的老师,这应该是你们的福分,你们应该珍惜,不然的话,录音机坏了,正好,我不用了,省得啰里啰嗦的,管他教学效果呢!不是有很多老师明明仪器室、药品室里有的是仪器和药品,就是懒得去拿么!反正一节课45分钟,凑合到时候拉倒。我们学校老师的工资和奖金是不跟成绩挂钩的,一个年级10个班,第一名和最后一名,老师的工资奖金是一样的,何苦来呢?这样的老师我们是不是应该感激呢?"说到这里,问罪的孩子们已经心悦诚服了。为了巩固成果,我接着说:"只要是人就会犯错误,孔子的弟子子贡也说过'君子之过也,如日月之食焉,过也,人皆见之;更也,人皆仰之。'所以你们犯错误老师是能理解的,是能宽容的,当然老师犯错误你们也同样要理解、要宽容,还有一点要强调的是,也用孔子的话来说吧:君子,不迁怒,不贰过。意思是……我们可能做不到君子的境界,但起码要争取'不三过,或者不四过',这样,别人才可能看得起我们,不然的话,谁还会把我们当人看呢!"他们纷纷点头称是。我说:"你们还有什么冤屈要诉说?"他们纷纷表示没有了。

最后我说:"老师那一面的错误我会帮助她认识的,不管怎么样也不允许打学生,老师必须认识到这一点,而你们也必须要看到自己的不足,努力地、尽早地改正才是。""是,是。"我亲切地拍着一位男生的肩膀边送他们边说"祝愿同学们成长快乐,如有问题我很乐意帮忙!"

看表,已经12:15分了,"下班!"我轻松愉快地对自己说。

——k12 教育教学论坛　田自上

首先要尊重事实

英语老师到班里,看见录音机坏了,大发脾气,认定是学生搞坏的，并且说要学生包赔。一个学生气不过，站了起来说"你不能说是我们弄坏的，我们也不赔"，于是老师就把学生叫到办公室踢了一脚，于是校长就说"你先不尊重老师在前，老师打你在后"，于是学生就服气了，于是校长就认为问题解决了。

可我还是没明白这个录音机到底是谁弄坏的。愚以为这才是问题的关键所在。

如果录音机确实是学生弄坏的，那必须找出此人，让他承认错误，而且赔偿损失，但是教师也要向全班同学认个错，您不能在没搞清事实之前就向全班同学发脾气，这是不公正的。

如果经查证录音机并不是学生弄坏的，或者查不出来，教师就更要向学生承认错误了。不但要承认自己乱发脾气、不尊重学生的错误，而且要承认自己"不尊重事实"的错误——这是一种反科学的态度，与教师的身份不相称。

"你不能说是我们弄坏的，我们也不赔"，这句话，在没有查清事实之前，不能认定是学生"顶撞老师"，"不尊重老师"，因为如果确实不是学生弄坏的，学生这样讲是维护自己的正当权益，这种孩子敢说实话，应该表扬。

校长是怎样解决这个问题的呢？

校长的基本思路是"抛开事实谈态度"，而且先入为主地认定学生"不是良民"。校长的策略是"迫使学生认错"，既然你错了，自顾不暇，就没功夫控告老师了。

校长采用的第一招是挑学生的毛病（找服装和胸卡的碴），打掉学生的气焰。恕我直言，这是典型的"偷换论题"手法，一种小花招。

然后校长就要求学生宽容老师,然后校长就诱使学生承认自己没尊重老师,然后学生就"没有冤屈"了。

可是录音机到底是谁弄坏的?不知道。

这位校长做的只是"抹稀泥"、"息事宁人"的工作,实际上没有解决问题,而且师生双方都没有什么提高。下次班里再坏了东西,估计教师还会发脾气。经过校长的教导,学生可能不顶撞老师了,教师的"破案"能力却没有丝毫提高(校长按这种思路工作,自己的"破案"能力也得不到提高),问题得不到解决,教师急了就还会失控,于是这场戏就可能重演一遍。

遇到问题不去研究问题,甚至有意避开问题,在人际关系上做文章,这是我们传统文化的大毛病。结果表面上似乎"安定团结"了,其实问题根本没有解决,早晚还要冒出来。这位校长做的事,大部分属于无用功。这样搞,会越来越累的,因为这不是"解决"问题,而是给自己"埋伏新问题"。

玫瑰香风:

愚以为"破案"不是一下子的事,提高教师的"破案能力"也不是一下子的事,当务之急是"息事宁人",保全教师的"权威地位",不然教师以后还怎么上课,怎么维持课堂纪律?我却感到这位教师遇上了好校长,或许学生走后校长会狠狠地批评教师,让她有所改进。

答玫瑰老师

玫瑰老师是不是以为"息事宁人"的办法只有这样一种？

其实不是。

玫瑰老师是不是以为校长只有这样做才算是"给老师撑腰"？

其实这只是临时帮老师"过关"，长远来看，是害了老师。

眼前死要面子，事后活受罪。

校长当然是好心，但是这种缺乏科技含量的好心，正像护孩子的家长一样，办的是糊涂事。

与现象搏斗

如果你仔细观察和研究中小学教师处理学生问题的过程，你会发现，他们中许多人的工作常常停留在"与现象搏斗"的水平，既没有走进学生的心灵，也没有接触到事情的本质。这是最肤浅的行为主义的教育。

要突破现象深入本质，首先教师要有探究的欲望，有一种想知道"他为什么会这样"的认知冲动（这其实是宝贵的求知心态，可惜很多老师已经失去了此种心态），而不能光有"你必须服从"的管理冲动和道德冲动。其次，教师还须具备一定的心理学知识和社会经验，有正确的思维方式。也就是说，有研究的愿望，又有研究的武器，才能研究出成果来。

【案例37】我和学生的两次交锋

星期一下午，孩子们都在上课。我在校园里四处走动，走到寝室区，看到有一间寝室里有灯光，大概是孩子们忘了关灯吧。我把门推开，没想到二年级的王×（初中）正躺在床上一面听音乐，一面看漫画。

王×有些意外。我问："怎么没上课？"她愣了一下，说："老师要我们到图书馆找资料，我昨天在家里就已经找好了。"我说："那你还是可以在图书馆跟你那一组的人一起再找啊！"她说："我干嘛要帮他们？"

我没有说什么，离开寝室，直接去图书馆找王×同组的同学。他们的说法跟王×的差不多，只有一点不同，就是，查好资料以后还要写报告。正好，第一堂课下课了，我请老师跟我一起回寝室。

我再度把寝室的门推开，王×仍然在看漫画。当着老师的面，我又问一次："怎么没上课？"她回答的内容一模一样："老师要我们到图书馆查资料，我昨天在家里就已经查好了。"所不同的是，这回，她一面说一面把头横向右上方，下巴抬得高高的，斜着眼睛看着我。我再说了一遍："你可以跟你那组的同学一起再找啊！"她还是说着相同的话："我干嘛要帮他们？关你屁事！"这一次，她把原先往右上方斜的头，猛地转到左上方，下巴抬得更高了。

我努力压着怒气，憋了半天，迸出来的话竟是："你…你不要以为我好欺负！我可以给你处分！"只见她立刻站起来了，又把头往右上方一甩，下巴抬得更更高了，大声说："无所谓！你以为谁怕你，算什么东西！"

这个时候，我才猛然发现，我正把她逼得丑态毕露。同时，我何尝不也让自己丑态毕露呢？不然，怎么会连"我可以给你处分"的话都说出口了呢？

一旦踩了煞车，人就比较理智了。我转身问旁边的老师："当初你设计这个课程的时候,有没有想到,如果小孩已经在家里查好资料,你要怎么安排?"老师轻轻地摇摇头。这时,我就感受到王×的气势已经消失了大半。

我问王×:"下一堂课,你打算怎么办?""写报告。""在哪里写?""在寝室。"我说:"如果有一个人打算写报告,来请教你'在教室写比较好,还是在寝室写比较好?'你会怎么回答?"王×半笑不笑地说:"在教室。"我问:"为什么?""因为教室里没有音乐,也没有漫画。"我再乘胜追击:"你等一下要在哪里写报告?"她小声地说:"教室。"

我正准备离开,就在那转身的一瞬间,突然有个感觉让我回转身来,问王×:"刚才你一面说话,一面把你的头,一下往右转,一下往左转,是不是怕我看见你的眼泪?"我的话才说完,王×的眼泪就扑簌簌地掉下来,她点了点头。

这个时候,我才有机会重新检视自己。从一开始,我就没有想要了解孩子。"怎么没上课?"看起来是一个问句,实质上,充满了指责与否定。当我离开寝室去找老师、要老师跟我一起回寝室、又当着老师的面再问一次问过的问题,所有的一切,明摆着是不信任她。

王×在没有防备的情况之下,一次又一次地被干扰,特别是连任课老师都被请来"对质"了,她完全没有招架的能力。当她抬起下巴,歪着头,斜着眼睛的时候,说不定她正努力撑着眼眶中的泪水,她试着用这样的方式维护她最后的一点尊严。这或许是她当时的心情:"我错了嘛!怎么样?最起码,我不要让你看到我的眼泪!"

我终于能换一个角度看事情时,才发现,在傲慢态度的背后,是一颗脆弱的心,是一个需要我们了解、呵护、疼惜的弱者的心。

——教育在线·教育随笔　小小一片云

不要停留在"与表面现象搏斗"的水平

这个案例很精彩。

我最感兴趣的角度是:一片云老师与学生王×交锋两个回合,为什么第一个回合几乎惨败而第二个回合获胜?

我的结论是,在第一个回合,教师没有深入问题,没有走进学生的心,他是在与王×"不回教室"这个"表面现象"搏斗。

一片云老师出手就犯了一个错误。正如他自己所说:"从一开始,我就没有想要了解孩子。'怎么没上课?'看起来是一个问句,实质上,充满了指责与否定。"本来如果教师采用平等客观冷静的询问态度,矛盾是不会激化的。正是教师"指责与否定"的态度激起了学生的"战斗热情"。孩子被老师逼到了墙角,没有退路了,索性撕破脸皮了。我们都知道,任何人只要一撕破脸皮,"战斗力"都会大大增强,因为光脚的不怕穿鞋的。"你不是让我丢脸吗?我也让你丢脸!谁也甭想好受!"要知道,教师与学生同时失态,最丢脸的还是教师,因为学生是孩子。

幸亏一片云老师涵养不错,头脑也灵活,知道怎样撤退。否则此事可能会一直打到校长那里去,弄得满城风雨。此类"事件"在校园里不是很常见吗?

一片云老师突然改变"行军路线",冷静地询问旁边的老师:"当初你设计这个课程的时候,有没有想到,如果小孩已经在家里查好资料，你要怎么安排？"这一步棋是转折点。这才开始摆脱表面现象的纠缠，把问题引向深入。一片云老师既给学生找了一个台阶，也给自己找了一个台阶。师生都从台阶上下来了。学生的心态一下子从对立变成了委屈，失去了"战斗激情"，教师则立刻变被动为主动了。

一片云老师问："下一堂课，你打算怎么办？"这着棋更聪明。躲开了眼前的矛盾，把事情引到"下一堂课"。这是给孩子的第二个台阶。孩子其实是知道对错的，赶紧顺台阶下来了。一片云老师的"乘胜追击"，其实是把学生从下一堂课再拉回"这一堂课"，这是第三个台阶，孩子也下来了。一片云老师绕了一个弯子，打了一个迂回战，终于取胜。

可贵的是，一片云老师没有就此罢休，他提出了一个很有深度的问题："刚才你一面说话，一面把你的头，一下往右转，一下往左转，是不是怕我看见你的眼泪？"

这个问题的提出，标志着一片云老师已经完全突破了"与表面现象搏斗"的水平，进入了新的境界。透过傲慢的现象看到脆弱的本质，把学生的心理过程梳理清楚，展示给他自己看，这正是心理治疗的常用方法。这不是指责，不是批评，不是进攻，而只是一个平静的研究式的询问，可是这一问，却有最大的"杀伤力"，因为它打中了要害。

这个问题的提出，说明一片云老师并不满足于让学生承认错误改正错误，他还要探究问题，要走进学生的心，要提高自己的专业能力。一片云老师是研究型的教师，不是单纯管理型的教师。

一片云老师的经验告诉我们：教育学生，不要停留在"与现象搏斗"的水平。

全线出击

　　有些孩子因为家庭教育的严重失误，毛病甚多，没个孩子样儿。这时候教师最容易犯的错误是"见错就管"，全线出击，想在短期内让这种学生至少随上大流，像个学生的样子。教师也不想想，人家多年形成的坏毛病，你怎么可能一下子让他改过来？太主观了，吃力不讨好。比较正确的办法是把他的缺点列一个清单，排排队，分出轻重缓急，先从一两个比较容易克服的毛病或者对集体妨碍最大的毛病入手帮他改正，其他问题先放一放。要知道，他的有些毛病可能会跟随他一辈子的；老师不是神仙，我们只能使学生"有所进步"，不能保证他"脱胎换骨"。

【案例38】一年级的孩子就让我没办法了

　　从教十多年的我，这是第一次教一年级，下面的这个案例是我班一个不到六岁的小孩与我的几则小故事。一个学期下来，他考了个及格成绩。凭他的智能不是这个水平的，只是他的学习全是无意学习，全凭他个人的喜好，这个学期马上又要开学了，我用什么方法帮助他呢？请您帮帮我，好吧？

远具有不凡的灵气，但上课没一刻专注过，一分钟内不停变换坐姿，小手不停地做着小手工，让他坐在第一桌，不仅因为他矮小，还因为他的活动量大得惊人，上课也是个运动员。

报名时是他父亲软磨硬缠一周，我一时心软才收下的。这个小冤家在一个学期中自动完成作业者三，上学迟到超过十次，我因为作业的事和他"抗争"不下十次，为他擦拭鼻涕不下五次，为他提起快掉的裤子不下四次，总觉得自己快成了他的家庭保姆加家庭教师。

把几次与远较量的经历记录下来做个纪念：

1. 数学老师发现远上课拿着个小盒子一个劲地玩，就走过去要把小盒子收上来，谁知小家伙不肯，让他放进抽屉后，他一会儿又玩上了，气得数学老师硬把小盒子收上来了。他就开始挥舞着小拳头要打老师，没有打到就在教室里大哭起来。小朋友的笑声、读书声都没法掩盖住他的哭闹声，直到他自己哭累了才止住。思德与生活老师说他上课玩小刀，不小心划到了他的同桌。课堂上，他时常会一下子就不见了，再四处瞧，他又从桌子下面爬上来了。就这样度过了一个多月，今天下午我上课时他倒又乖乖地读书，写作业。

2. 这孩子太小，不到6岁，父亲在外地工作。望子成龙的家长，学期初在学校缠了好几天，非让孩子上一年级不可，可是孩子一点要上学的意思都没有。有一天居然趁打扫卫生的时候躲进厕所，让同学去叫他也不出来，等他觉得玩得没意思了，自个儿又回教室了。

3. 昨天的课堂作业是我守着他写了一节课才完成的，今天又好话说尽还是不写，于是我采用了吓唬的办法，说到校长那儿去，这一招也不能让他动手。几个小朋友在看着他,好像在说,他不写,我也不写。抬头一看,六年级的办公室的门开着,没有一个人在里面,我把他抱到办公室,把门关上大声吓唬他说:"你不写作业,我就把你关在这里了,今晚就在这里,不能回家了。"这时,他开始哭泣,还用脚用力踢门,我打开门,他直往外走,我拉住他说:"你写不写作业呀?"见他不说话,我又装作要把他往里送,他这才说:"老师,我写。"我如释重负,摸摸他的小脑袋说:"这就对了,小学生来学校读书,怎么能不写作业呢,写作业的孩子学习才会进步,老师才会更喜欢你呀!"小远停止哭泣,我拉着小远的手,又说又笑地走向教室。

4. 昨天小远终于把课堂作业补齐了,今天的拼音也写了,可是下午的写字又没有完成,我也真的黔驴技穷了。他妈妈说,拿着小棍子在一旁,他写作业就会好一些,我觉得这也有一点影响。与她谈过几次,也许只能等他父亲回家才能说好。这孩子真的是提前入学造成的。他还完全是个只想玩的孩子,过早让他接受有任务有目的的学习,真的有点拔苗助长,得不偿失啊!

5. (略)

6. 上午的课上得很好,他主动完成了作业,还高兴地拿给我改。可是下午的作业他一个字也不写,眼看着快要放学了,我守着他,他还是不动笔。表扬他要像上午那样,老师才喜欢他,他还是无动于衷。我只好提起他的书包说:"小远再不写,就去老师家写哦!"没想到这个小鬼不但没有要写的意思,反而从教室墙角拿起一把扫帚,追上来要打我。我一边示意他放下,一边说:"小远不写作业,还打老师,这样做可不好!"我顺过去抓住了扫帚,想从小远手中夺过来,这孩子抓得真紧，我一用力竹棍子被我从这头抽出来了，可是小远哭了，回头一看，小手出了一点血，我连忙放下竹棍子，一看，小远的手被竹棍子的节弄破了皮。我一边帮他吹手，一边说："疼不疼？下次还打不打老师？你看，你打老师，小棍子都吃你的肉了。"小远连忙摇头说："不打了。"我真有点觉得对不起这孩子，弄疼了他的手，还说是他不对，棍子才吃他的肉的。但是我真没想出更好的法子来教育他。我又对他说："作业你回家去做，叫妈妈给你上点药，老师给你吹吹，不疼了吧？"小远背上他的小书包走远了，可我心里真是说不出的滋味……

7.（略）

快开学了，我和家长说些什么呢？远这孩子会与我携手共进吗？请王老师帮帮我！谢谢！

——k12 教育教学论坛　玲子0001

答玲子老师

玲子老师辛苦了！敬业精神和对学生的爱令人感动。

提醒玲子老师以下几个问题：

1. 玲子老师断定这个孩子出现问题是因为他上学早，家长望子成龙心切，窃以为未必如此。还有一种可能是，这孩子在家里闹翻了天，家长实在管不了了，想借老师的手控住他的孩子。这种事现在很多，源于家长的溺爱和放纵。孩子父亲之所以苦苦要求孩子上学，我想是要寻求某种解脱，把包袱甩给学校。

这种情况，等于让学校为家庭教育补课。作为教师，我们固然义不容辞，但是一定要清醒，单靠学校，累死老师也不能解决问题。所以我们在教育这个孩子的同时，要指导家长改变其溺爱作风，双管齐下，才能有效。玲子老师孤军奋战，精神可嘉，但没有注意战略协同，恐怕是缺点。

2. 不研究孩子的成长史，不对他的问题进行个案诊断，想用通常的教育和管理方法转变问题学生，这是很多老师的思路。经验证明，容易吃力不讨好。希望玲子老师把思路展开，不要急于"管"，而要着重"研究"，他为什么会这样？他为什么"只能"这样？那是有一定道理的。搞清这一点，工作才有针对性。

3. 玲子老师全面进攻，想让孩子尽快在各方面都跟上一般同学。愚以为这个指标有问题。据我的经验，对这种孩子只能"重点进攻"。我若是玲子老师，我就不会过多在完成作业方面和他较劲，而先解决他扰乱课堂纪律的问题，这个问题初步解决之后，再谈作业问题。问题生的教育要有梯度，一步一步来，不可能一蹴而就。幸亏孩子小，要是大一点，老师太急躁了，学生的反抗会很强烈的。即使成年人，要求他在一两个月改变多年形成的习惯也属于不智，何况对孩子？

仅供玲子老师参考。

玲子老师：

您一语点醒我这个梦中人！一学期来，我都做了一些对孩子无大益之事，虽然受苦受累却没有多大用处。原来是方向错了，开学了，我有了您的诊断书，想来应该有备而教了。相信在您的帮助下，远和我都会有进步的。谢谢您的指点！

草木皆兵

尖着眼睛搜索学生的缺点（那当然总能有所收获），坚信学生的每一个小缺点如不加以纠正将来都会使孩子变坏（事实绝非如此），这是许多教师的职业病。这样搞，教师本人会弄得草木皆兵，神经兮兮，劳累不堪，学生则动辄得咎，手足无措。小孩子不胜其烦，大一点就会逆反，不少师生矛盾就是这样来的。如果说"全线出击"是教师的"干预意识"过强，草木皆兵则是教师的"问题意识"过强了。比如有些医生总是觉得到处充满病菌，因而什么都不敢摸不敢碰，活得特累，道理也是如此。

【案例39】他悄悄挪用了压岁钱

中午走进教室发现皓的口袋里有一个像游戏机的方方的硬东西。我对他说："给我看看，是不是游戏机？"孩子显得特别紧张，忙说："不是！不是！"还用手捂紧了他的口袋。我又一次要求他将此东西拿出来，坚持了一会儿的皓将口袋里的东西送到我手上。原来是三年级的数学学具盒。

"我以为是什么东西呢?原来是个学具盒,怎么这么怕给老师看啊?这里面有什么秘密?"说着我就试着准备打开盒子。谁知我不动手还好,一动,孩子赶紧伸出两只手抓住盒子,不让我打开,还口口声声地说:"这是我的秘密,你不可以看的。"

我顿时哑口无言。

皓上学期的表现一直挺好的,是个令人放心的学生,知识面也挺广的。这学期来表现也不错,前段时间因病住院,我到医院里看望时,孩子还和我谈得很多很多,没等医生规定的休息时间到,就来上学了。我的意思这段时间里可以上半天休息半天,上午上课,下午回家休息,养好身体最重要。孩子不同意,父母则对我说:"老师,我家皓没事的,上学不要紧。"

怎么办呢?

我把他叫到花圃旁边,对他说:"我说过我会尊重你们的秘密,不过我想你完全可以告诉我。这是什么?"

孩子顿了一会儿,说是游戏机卡。还告诉我,一开始怕我收走,所以就不想让我打开。

真的吗?如果是游戏机卡,放到这么一个盒子里面一定会有一些声响的。可是我怎么摇,都听不见。肯定不对。究竟是什么东西?为什么要瞒着我?我要不要看呢?也许真的是孩子的秘密。可是过了一会儿孩子又说是组装玩具汽车的配件。究竟是什么?孩子的神态让我难以置信。

最后孩子终于肯打开给我看,里面是 65 元钱。

一个小学生带这么多钱来上学,还真少有!这样的家长也不会有：给小学生这么多钱。

孩子告诉我，这些钱是他过年时的压岁钱，没有全部交给父母，他悄悄地留了一百元，买一本作文书、童话书和零用花去了一些，今天全带来准备买水彩、水粉、作文书、故事书的。我不知道该不该相信，虽然我很想相信孩子的话，可这有点难。

我决定打个电话给家长。希望家长能弄清楚这钱是怎么回事。

第二天早上，我什么也没等到，于是问孩子，他爸爸有没有问什么？孩子说：爸爸只问了他钱哪里来的，听了他说是自己过年时遗留下来的压岁钱，什么也没说。

我无奈。我做错了吗？

——阿卓

答阿卓老师

我怀疑这孩子的家长是嫌老师管得太多了。

如果确实是这样，那有两种可能。一种是家长袒护孩子，另一种是家长对教育的理解和老师不同，他认为对孩子不要干涉过多。

我要是阿卓老师，我是不会这样穷追不舍的。问一问口袋里是什么东西，他不告诉我，也就算了，何必迫使他说一个又一个谎话呢？

我是不是不负责任？不是。我虽然不再追问下去，但我肯定会把此事记在心上，从此对这个孩子留一个心眼。我相信，如果孩子有某种缺点，他绝不会只表现一次，以后有很多机会发现和纠正，何必马上弄个水落石出呢？如果他口袋里有鬼，早晚我能捉住这个鬼，这次不捉，松懈他的警惕，以后捉起来更容易，如果他只是自己的小秘密，则我不追究，只能增加他对我的信任。

孩子扣下自己的压岁钱零花，怎么对待？阿卓老师把此事告诉家长，我认为可以。但是也就到此为止了，不必要求家长必须和老师的态度保持一致。孩子手里有几百元零花，这在城市里，现在很普遍。不少孩子小时候都算计过家长的钱，长大之后他们的品质并没有什么问题。

愚以为阿卓老师"问题意识"过强了，可能是受了"校园无小事"论的影响；阿卓老师解决问题太急躁了，总想立刻弄个明白，思维方式是线性的。很多老师都犯这个毛病。如此会活得很累，会吃力不讨好的。

急于求成

急于求成也是教师的常见病。恕我直言，急于求成的主要原因是缺乏智慧，而不是脾气不好，然而这种老师往往用脾气为自己辩护。下象棋的高手动一个棋子时，心中已经想了好几步了，没水平的棋手才会幻想一招取胜。教师向学生提出要求，必须考虑到他是否真的能做到，必须准备好如果他做不到怎么办，教师陷入被动如何下台阶。这些都要事先想清楚，做好预案，否则就是盲目出击，冒险主义。教育不是抒情，绝不可单从教师的主观愿望出发，学生发展有自己的客观规律，搞清这个规律，做事符合这个规律，才能成功。

【案例40】"进门槛效应"的妙用

接四（2）班后不久，我遇到了一件棘手的事，李×常常不做作业。科代表收到他的作业，他要么说忘在家里，要么就是磨磨蹭蹭地在书包里找，可是打开本子，作业题往往是丢三落四，很少做全。

为这事，我向李×以前的班主任了解过，走访过他的家长。他们都说这是李×的老毛病了。抓一阵好一阵，没有"特效药"。怎么办？让他罚做，或者严厉批评……显然都不行。

上了几节语文课后，我发现他的思维还是比较活跃的。他怕做作业并不完全是不会做，而主要是学习习惯的问题。这样的学生，以往也碰到过，我知道想一蹴而就、立即转变是不现实的。心理学上的"进门槛效应"给了我启发。

"进门槛效应"是指一个人一旦接受了他人的一个微不足道的要求，为了避免认知上的不协调，或想给他人以前后一致的印象，就有可能接受更大的要求。怎样运用"进门槛效应"帮助李×养成良好的作业习惯呢？我采取了以下几步策略：

第一阶段，我决定只要他交本子，做错题、漏做题目都不计较。当我在班上宣布对李×的"特殊政策"时，同学们议论纷纷，科代表如释重负，李×乐得轻松……这一阶段，因为我提的要求不高，所以他总是按时交本子。几天后，我在班上当众表扬了他："……这些天，李×同学按老师的要求交了作业本，一天不缺，应该表扬！"我带头给他鼓起了掌，可是掌声稀稀拉拉。我接着说："李×有几次漏做了题目，这不怪他。因为我事先说过，只要他交本子就行。在这件事上，李×同学是诚信的。既然是诚信的，大家说该不该表扬？""应该——"有几个同学异口同声地叫道。"对！应该表扬。"我又带头鼓起掌来，同学们似乎领悟到了什么，这次的掌声热烈多了。这一来，倒是李×不好意思了。

第二阶段，我趁热打铁，对李×的要求提高了。不仅要他交本子，而且要不漏题，但是做错了不计较。我问他能不能做到，他自信地说:"能!"这期间,每当他做到了,我就向他笑笑并点点头,有时还拍拍他的头。一周后,李×不但能按时交作业,而且几乎不漏题了。对李×这一阶段的进步,我在班上好好表扬了一番。这次,他赢得了热烈的掌声。同学们都为他高兴,他也很激动。

第三阶段,我不仅要求他交本子,而且要求不漏题,正确率还要不断提高。当我提出这样的要求时,他说:"老师,我不会让您失望的!"这一阶段大约有两三周的时间,他总在不断进步。这期间,在班上评讲作业的时候,我多次向他竖起了大拇指。

一个多月后,李×的作业态度转变了,作业质量也提高了。在作业上对他的一些"特殊政策"也因为他自己的要求而被取消,因为他已经能自我约束了。老师、同学和家长都为他高兴,李×自己更是开心。

从李×的进步中我体会到,要转变学生的不良习惯,往往不是一蹴而就的,俗话说"欲速则不达"。循序渐进的教学原则和心理学中的"进门槛效应"就揭示了这样的道理。我又想到,如果老师在布置作业时能与学生共同研究,确定作业的形式和内容,那么,学生作业的状况一定更喜人。作业上如此,其他方面不也是这样的道理吗?

——教育在线·教师随笔

来自山西《德育报》2003年9月15日第3版 秦咏中

不要企图一步到位

秦老师的做法非常值得学习。

一般说来,凡是学生难以克服的毛病都是老毛病,非一日之寒,积重难返，因此要解决这类问题，教师必须耐心，必须设计有梯度的办法，一步一步引导学生提高。

这个道理似乎谁都懂，可是做起来，我们就发现许多老师总是企图一步到位。他们提出的要求分明是某些学生眼前根本无法做到的，一旦做不到，他们就生气，就发火，就惩罚，再做不到，请家长，报学校，再做不到，就放弃。

为什么会这样呢？

你可能会说，这是因为教师没有时间和精力细致地做工作。可是如果你计算一下，就会发现他们用在和学生较劲的时间和精力并不少，用在生气发脾气发牢骚的时间并不少，如果把这些时间拿来像秦老师这样工作，就会是另一番景象。

你可能会说，这都是领导逼的，要不是检查评比，教师何必这样急赤白脸？可是我估计秦老师的学校也一定有检查评比，秦老师为什么就不急赤白脸？

我想，还是个教师素质问题。秦老师这种办法是需要研究和策划的。许多老师已经习惯于不动脑筋的工作方式了，他们宁可把时间用在逼学生写检查写保证书上，也不愿研究学生，不愿制定有梯度的系列教育方法。他们的基本思路不是"帮助学生达到要求"，而是"你就应该达到我的要求"。

教师的这种"学生应该让我满意"的思维方式也是冰冻三尺，也是习惯成自然，也无法立刻纠正过来，就像学生的老毛病无法立刻纠正过来一样。

所以，提高教师素质也无法一步到位。我们要设计有梯度的教师培训方法，逐渐转变教师观念，提高教师的素质。

【案例41】今天，我摔了手机

lyy是一个令我十分头疼的学生：她患有多动症，从初一开始便不停地和同学闹矛盾，整天跟着她解决纠纷！

爱心教育不是没有试过，可是没有大的效果，反而养成她只能听表扬，不能听批评的习惯。也曾试图和家长联合教育，可是家长一味的偏袒使我没辙。

这不，前几天在课堂上收走她的小说和mp3，交谈后将她的mp3让她妈妈带回。还有九十几天就中考了，说实话，跟在她后面我也累了，指望着这仅剩的几天能平安度过，可事又来了。

语文课上，响起了一阵电话铃声，从她那传出。本想视而不见，可是学生不饶，全部静下来议论着她。

我曾讲过：若再有将电话带进教室的，当众摔毁。家长会上也是这样说的。她无视班规校纪，公然挑衅。于是，我摔了她的手机，摩托罗拉的。

我知道，她的妈妈又将大闹。有好戏看了！

——k12教育教育教学论坛　sibyl

我的看法

这位老师称"若再有将电话带进教室的，当众摔毁"，而且说这是"班规校纪"。我不大相信校纪会这样规定。学校规定不准带手机或者不准在校内使用手机，都是有的，但是学校规定学生带手机进教室教师有权"摔毁"，可能性很小。手机是学生的私人财物，旁人毁坏它是违法的。你不能用一种违法的手段来维持纪律，法律大于纪律。

所以，愚以为这位老师缺乏基本的法律意识，他在搞人治，搞凌驾于法律之上的土政策。这是一种明显的冒险主义。这是教师缺乏教育技巧、缺乏自信的表现。同时我还感觉这位教师的心理健康状况也不佳。

现在教师急于求成，把自己弄到很被动的地步了。

下一步很不好办。

如果家长闹起来，恐怕早晚还是要赔偿人家损失，但是可以拖一拖。

等事情基本平静下来，教师最好依据校规，征求全班同学意见，用表决的方式制订本班的真正的班规。班规里对手机问题要规定出具体的惩罚措施，例如没收，一个月或一个学期后再还。如此，教师遇事就不必赤膊上阵了。

因小失大

有所失才能有所得，这个道理似乎谁都懂，可是一到具体事情上，就不见得明白了。教师处理学生问题的时候，一定要想清楚，我要的到底是什么。什么是主要的，什么是次要的；什么是当务之急，什么是不急之务；什么地方要抓住不放，什么地方可以暂时不管；什么事情必须弄得一清二楚，什么事情可以装糊涂。否则就会像下面这个例子中的老师一样，因小失大了。这位老师缺乏通盘计划，缺乏战略思考，碰见什么事抓什么事。这种现象在教师中是很普遍的。

【案例42】他退学了

晚自习检查寒假作业，一男同学的物理作业有两种风格迥异的笔迹，我很是诧异。询问原因，得知是因手受伤所致。我继续追问，他依然坚持自己的说法，我也坚持我的怀疑不动摇。僵持了好长时间，他才吞吞吐吐地交代出了事情的原委：另一同学代他写的。我很是生气，作业一点都不多，而且是寒假，已经初三了，况且该生学习下滑得厉害，怎能如此？

一种鄙夷油然而生,一种愤怒也席卷而来。于是我声音重了,表情严肃了。学生却觉得老师小题大做,不可思议。

结果没有想到的是,他竟然提出要离开学校。我当时觉他可能是冲动,没有理睬,因为他一贯这样爱认死理,爱钻牛角尖,我想暂且冷却冷却,让我们彼此都有个考虑的时间。

没想到他的家长打来电话说,让孩子回来吧。我很惊诧。立即找来那个同学询问原因,他只是说,这里的学生都比他强,在这儿,他没有信心。听后我很为他的自卑而难过,也为他的偏执而惊诧。于是我给他讲,逃避不是办法,离开不是选择,你应该做的是直面困境,直面自己几次考试退步。他根本听不进去,执意认为"我已经不行了,尤其是在这个地方不行了"。

经过几个小时的劝说,他回心转意了,但见到等候他回去的哥哥,他又反悔说要走,一定要走。此时家长也打电话给我,说就让他回来吧。我觉得留不住他了,但还不甘心,于是请他到教室与学生告别,学生也热情挽留,最终他还是在哥哥"要赶车"的催促中,走了。

我酸楚不已。怎么会这样?我不知道我错在哪里,我也不知道我究竟怎么了,如此无能。

更多的痛楚是,中考完不成指标怎么办?他还是完全有希望考上重点的。别的老师知道了又会怎么看我?连个学生都留不住。

王老师,您说我该怎么解脱自己,我似乎觉得我俨然是一个有罪之人,无法走出这个困境。真希望您指教。谢谢!

——教育在线·班主任论坛　珍珠鸟

答珍珠鸟老师

不知珍珠鸟老师想过没有,既然这位同学已经认定自己"不行了",为什么开学还要来上学?如果不是父母强迫,那就还有一种可能:他还没下最后的决心。

那么是谁促使孩子下的最后决心呢?

珍珠鸟老师,可能正是您。

您开学关于寒假请别人代写作业的训斥,估计是使他下定决心离校的催化剂。

如果您开学的时候没有发现他是在学校边缘,那属于您不了解学生心理;如果您明知他在学校边缘,还为抄作业的事情训斥他,那是因小失大。要是我,绝对先不提此事,把他留下来要紧。留得青山在,不怕没柴烧。只要他留下来,我就有教育机会。人都走了,还教育谁?

珍珠鸟老师走错了一步棋。

当这个学生执意要离校的时候,珍珠鸟老师开始说教:"给他讲逃避不是办法,离开不是选择,你应该做的是直面困境,直面自己……"经验证明,这种时候恰恰不可以说这类话。如果教师对他离校的决定表示同情和理解,然后跟他具体讨论离校以后怎么办,他倒还有不走的可能。

珍珠鸟老师又走错了一步棋。

请注意,学生最后说的是"我已经不行了,尤其是在这个地方不行了",有弦外之音,说明他并没有完全放弃学习的希望,而只是讨厌透了当前的环境。珍珠鸟老师应该仔细询问他到底对当前环境的哪些地方不适应，看有没有办法缓解。可惜珍珠鸟老师没有抓住这个可乘之机。

于是死棋了。

教师面对异常强大的应试压力，确实很无奈。但是这并不意味着完全没有办法，只要我们动脑筋，总可以把事情搞得稍好一点，自己也少点焦虑。

愚以为珍珠鸟老师动脑筋还不够。我这样说，绝没有为当前可恶的畸形竞争辩护的意思。

很抱歉。珍珠鸟老师已经够烦的了，我还给你泼冷水。不过我觉得这样可能对你以后的工作有好处。

这孩子还有办法吗？暂时没有。过些日子，可以打电话问他好，但是千万别提上学的事。静观其变。

珍珠鸟老师参考。

过分自责

过分自责，类似心理学上的"自我攻击"，从表面上看，这只是个情绪问题，然而细想起来，这里面还有个认知问题。一个人如果认定某件事"不全是我的责任"，他是不会过分自责的。过分自责往往来源于承担不该承担的责任。所以，厘清各自责任，是谁的责任谁负，该负多少责任负多少责任，是减少过分自责的好办法。

【案例43】我不愿做一个树人的罪人

我们班有个孩子A，让人头疼。从别的学校转过来时，家长就告诉我，他在那所学校里待不成了。我也没有细问，因为这必定是伤心事，不愿再提起。孩子到了这个班级，我一厢情愿地想：没有教不好的学生，只有不会教的老师。可是，一次又一次，学生的表现几乎令我放弃，但我总不愿意去做一个罪人，尤其是树人的罪人。这种责任谁也承担不起啊！

起初，孩子是打遍"班级"无对手，我一方面教育他，一方面让其他孩子不要与他一般见识。众多家长有反映，我才批评了这个孩子，随之而来的是他家长爱理不理的表情和不冷不热的话语，有时真让人受不了。有时想想，反正又不是自己的孩子，管那么多干什么！但是责任心总驱使着我不要放弃。

孩子的作业完不成，问原因，像个哑巴，只会摇头、点头。有时气极了，打电话告诉家长，让他们督促着孩子的作业，家长只答应，却不照办，第二天仍然是没交。有时在课堂上，我责令他赶快写作业，他总会编出"老师，我头疼，我头晕"的话来搪塞，我也不知道他是真疼还是在装疼，就让他休息着。这样一次又一次，孩子身上的毛病越来越多，又有家长在背后撑腰，我该怎样办？

我该如何和这样的家长沟通？请王老师指点迷津！

——红房子

答红房子老师

您提供的材料太简略了，我无法判断他是怎么回事。

请告诉我孩子家长的职业、文化水平和教育风格，孩子是谁带大的，他的成长史，他现在几年级，他的各科表现及学习成绩。

另外，您说"我总不愿意去做一个罪人，尤其是树人的罪人，这种责任谁也承担不起啊！"这话我很不赞成。孩子又不是您一个人教育出来的，有那么多人在影响他，凭什么他教育不好要您一个人负责任？这没道理。您只能负您该负的那份责任，请您不要把别人的责任也揽在自己身上，那样只能破坏您的心理健康，对工作没有丝毫好处。

教师工作是有边界的。

教师是学生一生的指导者，但不是学生一生的承包者。

恕我直言，想承包孩子的一生，看起来好像是责任感特强，其实是自我中心——对自己的作用估计过高了。学生怎样度过一生，首先是他自己的事情，某个班主任不过是他的很多帮助者中的一个而已。对许多孩子来说，我们只是一个过客。

我发现很多老师，不是"太把自己当回事了"，就是"太把自己不当回事了"，在两个极端摇摆。希望红房子老师避免这两个极端。

红房子：

王老师，看了你的发言，我有了一种如释重负的感觉。我并不是想把所有的责任都揽在自己身上，我只是希望能通过我的微薄的努力，让孩子有所进步，毕竟我目前可以得到您的指导，也可以得到您的建议，让我在今后的工作中更加顺利。

这个孩子现在已经10岁了，今年上四年级。他的家长一个做生意，一个开了社区门诊。他们的文化水平不是很高，但由于孩子小时候体弱多病，家长只要孩子健健康康就行，不指望他的学习成绩怎么样。以前的考试成绩大部分是不及格，经常受到老师、同学的讽刺、挖苦，所以不得不离开那个环境。但是转入新教育实验学校以来，家长仍然是那样的观念，丝毫不去配合老师的教育。

孩子喜欢撩逗别人（他以前学跆拳道，现在又改学国标舞了），不管是对男生，还是对女生，都爱动手动脚。我只要一进教室，学生立即就围一大堆来告状，每天光听到他的名字就不下百次。针对此情况，我曾经向家长反映，希望他们能对孩子讲讲道理，让他意识到这样做的后果，我也在班级里教育学生要关爱他，多帮助他，这样他就会感觉到大家的诚意，进而和大家好好相处。可是没有好的教育效果。对待这样的孩子，我真是头疼。

请王老师为我指点迷津！

谁配合谁？

红房子老师说："家长仍然是那样的观念，丝毫不去配合老师的教育。"这种说法在中小学很常见，老师们总是说家长应该配合老师教育孩子，多数家长似乎也认可这种说法。这反映了我们教育的一个特点：以学校为本位，以学校为中心，家长要帮助老师完成学校的任务和指标。

其实对一个孩子来说，家庭教育和学校教育相比，总的来说，前者更重要一些。家庭教育不但是基础性的，而且是全程性的。孩子的命运，基本上是由家庭教育定调的。学校是干什么的？学校只是在孩子成长的某一阶段，给家长帮忙的，学校只是"有限责任公司"。要说"配合"，其实是教师配合家长教育孩子，现在倒过来说，好像老师反成了孩子的第一监护人，家长反倒退居第二位了，这是不正常的。教师不要抢家长的风头，不要把无限责任放到自己的肩膀上破坏自己的心理健康。我们受国家委派，帮助家长教育好他的孩子，为社会培养合格公民和人才。我们不能代替家长，我们不是孩子一生的承包者。

比如红房子老师说的这位十岁男孩，"家长只要孩子健健康康就行，不指望他的学习成绩怎么样"。这是人家家长的一种战略构想，我们有什么必要非得跟他对着干？人家有权做这样的选择。有的家长认定自己的孩子平庸点好，平庸快乐。教师若愿意向"立大志"方向做引导，当然也可以试试，但如果人家酷爱平庸，那就让他平庸好啦！又不危害社会，你老师何必自作多情非让人家成龙成凤？我们只是帮忙的，一定要搞清自己的定位。

我建议您有机会对这位男孩的家长说下面的话（如果估计您说震撼力不大，也可以请一位学校领导去说）：

"您打算让孩子成为什么样的人，这是您的自由，我们不想干涉。但是作为教育者，我们的职业良心要求我们对您提一点忠告。您对孩子的期望值似乎太低了。古人云，取法乎上，仅得其中，取法乎中，仅得其下。孩子精力充沛，不用在正经事上，必出事端。现在您的孩子节外生枝的事情已经不少，发展下去，估计您想让他'健健康康就行'这个目的恐怕达不到，这条底线您守不住，因为不进则退。您的孩子现在才十岁，就已经成为问题学生，将来前途可忧，希望您到时候不要后悔。另外，学校是有纪律的。您的孩子我们尽量教育，但教育不是万能的。我们仁至义尽之后，如果他还是不改，对不起，我们就要执行纪律了。还有，这个孩子有进攻性，这已经引起了广大同学和家长的不满，矛盾日益尖锐。我们尽量缓和矛盾，但是不排除学生或家长可能直接找您交涉。希望您有个思想准备。再说一句直率点的话，孩子是您的，我们学校只是管他一段时间，而您是要陪伴他一生的。孩子从来没有砸在学校手里的，但是却完全可能砸在家长手里。请您三思！"

我发现许多老师喜欢把什么事情都揽在自己身上，精神可嘉，未必明智。该踢出去的球，一定要踢出去。踢出去反而有利于解决。我们都不是神仙。千万不要把自己的本领估计过高。

bnuwwx：

    王老师，你真是太厉害了！

    我觉得心理上有问题的学生，也应该由专业的心理老师来辅导，毕竟我们不是万能的。开学初，我们班有个住宿生不能适应高中生活，坐在教室里就呼吸困难，经常胡思乱想，每天都要打电话回家，非常想家，一紧张就啃自己的指甲，她十个指头都只剩下半个指甲盖了。

    我开始是希望通过自己的努力和所知道的方法对她进行疏导，不知聊了多少次，花了多长时间，当时感觉很好，回头依旧。后来我就联系学校的心理老师，几次聊了之后，学生明显好转，期中考试还在年级进步了一百多名。

    所以，别把所有事情都揽在自己身上。即使是班主任，我们首先也是人，然后是老师，教学是根本，然后才是班主任，是管理者。王老师，我这样的理解，对么？

——教育在线·班主任论坛

树立边界意识

    我们有很多教师（尤其是班主任）习惯于把学生的什么事情都揽在自己身上，结果弄得焦头烂额。他把相当一部分精力放在实际上做不好的事情上去了，浪费精力，浪费感情，其结果是他本来能做好的事情也耽搁了。

    这是缺乏战略思考的精力分配错误。

    为什么会这样呢？

你总会听到这样的解释:"老师太爱学生了,太负责任了,太敬业了。"

这种解释我同意,但是我觉得不全面,我们不能只从正面解释这种"大包大揽"现象。愚以为教师这样做,从另一个角度看,是不清醒的表现,是缺乏科学思维方式的表现,他没有"边界意识"。盲目扩大自己的责任,过分内疚,迷信"爱"的力量,见错就管,知其不可为而为之,都是缺乏边界意识的表现。

科学都是讲边界的。你学习任何一门学科(数学,物理,化学,天文学),它都会很清楚地告诉你,这个学科的研究对象是什么,不是什么,它会明明白白地划定自己的边界,绝不大包大揽别人的事情。比如数学就拒绝研究"什么是爱"这样的题目。它不是不承认这个题目存在,而是说,这个问题应该由别人去研究,它在我的学科的边界之外。这看起来似乎缺乏"雄心",其实是一种严谨,否则你跑到我的学科来,我跑到你的学科去,就会造成混乱,谁也深入不下去。当然,也有所谓边缘学科,那是横跨两个以上学科的,但是它一定说得很清楚,我涉及的是哪个学科和哪个学科,它绝不乱跨,绝不"乱爱"。科学总讲"界定",界定其实就是划定边界。

教师如果具有边界意识,他就会很清醒,很镇静,而不是每天急急挠挠地和学生较劲。他知道自己该做什么,不该做什么,能做到什么,不能做到什么,什么是重点,什么不是重点,什么事我能应对,什么事我只能交给别人去办……也就是说,他知己知彼,工作不盲目,心里不焦虑,他把精力集中在确实能做的事情上,不浪费感情,尽量少做无用功。当他听到"没有教不好的学生,只有不会教的老师"、"校园无小事"这种话的时候,他能明白,这是宣传鼓动口号,不是科学结论;当他遇到确实教育不好的学生的时候,他只会总结经验教训,尽力而为,而不会怨天尤人,或自怨自艾。公平地说,有些孩子的问题确实需要专家来处理,或者由公安机关来介入,人们本不该要求班主任拼小命或拼老命,奋力去解决。正像器官移植那种大手术,不能要求县级医院完成一样。大家的工作都是有边界的,不能漫无边际,谁也不能提没有科学依据的要求。

所以,树立边界意识,对于教育管理的科学化,对教师工作的专业化,对于教师的心理健康,都有很大的意义。我们也呼吁教育行政部门认真研究和界定教师(尤其是班主任)的工作范围,少提一些漫无边际的、云山雾罩的、胡乱煽情的、神经兮兮的、经不起推敲的口号,以免误导教师,无端加重教师的工作负担和心理负担。

jyszzag:

"树立边界意识,对于教育管理的科学化,对教师工作的专业化,对于教师的心理健康,都有很大的意义。我们也呼吁教育行政部门认真研究和界定教师(尤其是班主任)的工作范围,少提一些漫无边际的、云山雾罩的、胡乱煽情的、神经兮兮的、经不起推敲的口号,以免误导教师,无端加重教师的工作负担和心理负担。"

说出了我们班主任的心里话。

这之前我们讨论的教师思维方式,都是从教育理念、教育方法、教育心理等角度切入的。从下个标题开始,我们将更抽象一点,从"纯思维"的角度讨论教师思维方式问题。

复制思维

人家的理论或方法拿来就使，搬来就用，自己连消化都不消化一下，这种现象在教育教学中都很普遍。教师独立思考能力差，又想出新，就容易采取这种教条主义、本本主义的复制思维方式。

很多新名词挺能唬人的，尤其是这些东西来自外国，来自名人，来自权威，流行得很广泛的时候。许多老师本来独立思考的习惯就不佳，有人用高音喇叭一吹，就很容易跟着说，跟着跑。甚至用在自己的工作中发现不灵，也不敢怀疑人家的理论，只是觉得我的学生太不争气，怎么就不能配合一下，给人家的理论添一个例证？比如所谓"赏识教育"，说得那么神，其实我们只要在几个孩子身上稍作试验，就会发现未必有奇效。然而我们就是不敢说出自己的想法，对人讲话，还是要推荐什么"棒棒棒，你真棒"。这样，我们可真的成了人家的义务推销员了。

【案例44】"皮格马利翁效应"与后进生的转化

皮格马利翁是古希腊神话里的塞浦路斯国王，他爱上了自己雕塑的一尊少女像,并且真诚地期盼自己的爱能被接受。真挚的爱情和真切的期望感动了爱神,就给了雕像以生命,皮格马利翁的幻想也变成了现实。我们把由期望而产生实际效果的现象叫作皮格马利翁效应。皮格马利翁效应是由美国著名心理学家罗森塔尔发现的。一次他来到一所小学,声称要进行一个"未来发展趋势测验",并以赞赏的口吻将一份"最有发展前途者"的名单交给了校长和相关老师,叮嘱他们务必要保密,以免影响实验的正确性。其实他撒了一个"权威性谎言",因为名单上的学生是随机挑选出来的。8个月后,奇迹出现了。凡是上了名单的学生,各科成绩有了较大的进步,且各方面都很优秀。显然,罗森塔尔的"权威性谎言"发生了作用,因为这个谎言对老师产生了暗示,左右了老师对名单上学生的能力的评价;而老师又将自己的这一心理活动通过自己的情感、语言和行为传染给学生,使他们强烈地感受到来自老师的热爱和期盼,变得更加自尊、自爱、自信,从而使各方面取得了异乎寻常的进步。

作为一名教师,我们为班上成绩差而且调皮的后进生感到特别头疼。在对他们的教育过程中,我们给予的更多是责骂、批评、简单粗糙的鼓励(指没有深入到学生内心),学生感受不到教师的爱和期盼,越来越不相信自己,于是"破罐子破摔",造成了恶性循环。"皮格马利翁效应"给了我们一个重要的启示,教师在转化后进生过程中,要给予学生强烈的热爱和期盼,让他们自尊、自爱、自信。

顽童当州长的故事是"皮格马利翁效应"的一个典型。罗杰·罗尔斯出生在纽约的一个叫做大沙头的贫民窟,在这里出生的孩子长大后很少有人获得较体面的职业。罗尔斯小时候,正值美国嬉皮士流行的时代，他跟当地其他孩子一样，顽皮、逃课、打架、斗殴，无所事事，令人头疼。幸运的是，罗尔斯当时所在的诺必塔小学来了一名叫皮尔·保罗的校长。有一次，当调皮的罗尔斯从窗台上跳下，伸着小手走向讲台时，出乎意料地听到校长对他说，我一看就知道，你将来是纽约州的州长。校长的话对他触动特别大，从此，罗尔斯记下了这句话，"纽约州州长"就像一面旗帜，带给他信念，指引他成长。他衣服上不再沾满泥土，说话时不再夹杂污言秽语，开始挺直腰杆走路，很快成了班里的主席。40多年间，他没有一天不按州长的身份要求自己，终于在51岁那年，他真的成为纽约州州长，而且是纽约历史上第一位黑人州长。

对少年犯罪的研究也表明，许多孩子成为少年犯的原因之一，在于不良期望的影响。他们因为在小时候偶尔犯过的错误而被贴上了"不良少年"的标签，这种消极的期望引导着孩子们，使他们也越来越相信自己就是"不良少年"，最终走向犯罪的深渊。我们在教育孩子的时候，不要随便给学生扣上"不良少年"的帽子，对于后进生，应该充分利用"皮格马利翁效应"，给他们以厚重的期望和热爱，逐渐转化他们的不良行为，从而达到教书育人的目的。

——k12 班主任论坛　山城虎歌

罗森塔尔实验只有参考价值

皮格马利翁效应或罗森塔尔效应的宣传，我已经听了很多年了。它的最新中国版本是所谓"赏识教育"，可谓喧嚣一时。

然而我看到的事实是，差生越来越多。

是教师赏识学生赏识得不够吗？

愚以为不是。恐怕是这种效应本身并没有那么大的神力，人们吹得太离谱了。

罗森塔尔的实验，如果用中国话来概括，可以说是"望之成龙必成龙"（只要你用权威的语言骗他是"龙"，他就会真的成龙）。我这么一说，各位可能都看出来了，这未免太天真了。中国的家长几乎没有一个不望子成龙的，若按罗森塔尔的逻辑，中国早就"飞起玉龙三百万"了。漫天飞龙，岂不壮哉！

所以罗森塔尔先生这个实验，不过是一个实验而已。他到底用了多少样本，我不清楚，但是经验告诉我们，这个实验结果只有参考价值，不可看成灵丹妙药，没那么夸张。

罗森塔尔先生到一个小学去，随机选定了若干"最有发展前途者"，于是教师对这些学生高看一眼，这些学生就进步了。但是你要知道，高与低是相比较而存在的，教师既然"高看"这些学生，就必然"低看"另外一些学生，若同样高就没有高低之分了。请问作为教师，他有权根据某专家的旨意特殊关注一部分学生吗？我觉得没有。这不等于没有任何根据地敲定其他同学并非"最有发展前途者"吗？这公平吗？合理吗？我要是该班学生的家长，我肯定反对这种"科学实验"。

其实细想起来，在小学阶段，教师对某个学生多关注一点，他的学习成绩就上升一点，这根本就不是什么新鲜事，太常见了。你到中学去试试，恐怕就不这么灵了。

况且罗森塔尔先生头上还有专家的光环。他说出的话，教师可能盲目相信。我们能召集一万个（数量还嫌太少）罗森塔尔式的专家到学校去这样做吗？真的那样做了，教师该不信了。所以，这只是个别现象，我看更像一个故事。愚以为验证这个效应的最好办法是聘请罗森塔尔先生到学校任一个学期的课，不要这样给出一个名单就走了，那我们就可以看出他如何"效应"了。

另一个故事是保罗校长预报了罗尔斯未来当州长。我觉得这个故事偶然性更大。不信你就召集一百个校长，给他们布置任务，让他们回到学校，见一个孩子就说："你是未来的北京市市长"，见另一个孩子说："你是未来的国务院总理"。校长们若如此忙忙碌碌发预报，倒也挺壮观的，不过这就像赵本山的小品了。

教育是一件非常复杂的事情，影响一个孩子成长的因素很多，究竟哪个因素起的作用大，要具体分析。表扬、赏识这类东西，当然可能有作用，但是千万不要简单化，更不要神化。你说赏识作用大，你能举出例子，很好；但我也可以说批评作用很大，我也能举出严厉的批评甚至讽刺打击最终造就出名人的例子，你信不信？

社会生活是复杂的，任何观点都能找到例证。所以我们在各种理论面前，都要保持清醒的头脑，都要保持独立思考、具体问题具体分析的姿态，不能盲目跟风。

【案例45】生命的重中之重

活动发起缘由：

1. 学生中弥漫着一股青春的烦恼情绪。昨天晚上刘×和张××出门喝酒解闷去了，郁闷！有许多说不清道不明的郁闷。

2.《班主任之友》2005年2月第37页有江苏启东第一实验小学的蔡陈琳老师读了毕淑敏《我的五样》之后给小学生提供的一次心理体验。

活动过程：

周一下午第三节是例行的班会课。我先发给每人一张白纸，然后总结上周的工作，布置了本周的工作重点。按照惯例，周一班会课上值周班长也要做述职报告，将轮值棒交给下一轮值周班长。可是我说：

本周原定要刘×做值周班长的，可是昨天和刘×谈话发现他的情绪这几天不太好。王××继续上岗，等刘×调整过来之后再换岗。其实，刘×的情绪还是有普遍性的，好几个同学给我说过"郁闷"（学生笑），都有自己的烦恼。人为什么要烦恼？就是心想不能事成。可是有的时候，我们心想的不见得是什么重要的事情，有的真的是过眼烟云。那什么是重要的呢？请同学们在发下的白纸上写下你认为的人生中最重要的五样东西。

学生们有的兴奋、有的迷惘，王××一下子写下了八样，张×和肖××抓耳挠腮了半天才写下了三样，刘××自始至终紧紧围绕着"孝"字做文章。

事业、工作、亲情、友情、音乐、孝心、健康、家庭、婚姻是学生们普遍认准的重要的东西。

当我坚定地要求学生从这些东西中划去一样他认为不那么重要的东西时，学生哗然。哪一样都不能舍去，它们是相连的，都是生命中最最珍贵的东西，可有时候我们不得不失去一些东西，我们今天划掉的就好比是我们不得不舍去的那件珍贵的东西,请你们写上失去它时,你的体会。

许××说,失去音乐,心灵将是孤寂的,人生是昏暗的。刘×说人生失去了友谊,就像小鸟失去了翅膀,人也将慢慢地死去。

随着我残酷地、不容置疑地要求学生们陆续划去,教室里的气氛显得有些凝重和沉闷。徐×最后留下了亲情,这个学生在去年离家出走,今天留下亲情时,眼里含满了泪花。

可是,也有不太协调的。张×和肖××始终守望着那相互抄袭的三条,后来一直就没有动笔。这两个孩子心灵体验浅,不善于做理性思考,看起来张×想辍学的念头已难以改变了。你不知道怎样拨动他的心弦!张×也没有写下他的感受,他说没经历过,所以没有感受。

最后,要求学生仔细看一看,你最后留下的,是你生命的重中之重,请细心珍藏。

——对立统一

学会独立思考

我搞不清这次活动的思路。

学生"烦恼",学生"郁闷",按照逻辑的思维方式,下一步应该是找到烦恼郁闷的原因,有针对性地加以解决。对立统一老师不去研究学生的具体心理状况,不管三七二十一,从一本书上看到个心理测验游戏,拿来就用。学生的情绪现状与这个心理游戏两者之间有什么联系?这是需要认真思考和论证的。我看对立统一老师自己并没有想清楚。

对立统一老师是怎样把二者挂起钩来的呢？他说："人为什么要烦恼？就是心想不能事成。可是有的时候，我们心想的不见得是什么重要的事情，有的真的是过眼烟云。那什么是重要的呢？请同学们在发下的白纸上写下你认为的人生中最重要的五样东西。"这太生硬了。莫非学生烦恼就是因为"心里想的不是最重要的事情"？说不通。

我们解决问题，一定要从问题出发，去找那些确实能够解决某个问题的、能与这个问题对上号的思想武器和具体办法；千万不可以看见什么新鲜办法，搬来就用。不少校长、老师都是这样的习惯，听人家介绍经验，觉得不错，回来就做。这是不行的，这中间少了一个不可或缺的环节：独立思考。

这个心理游戏我早就听说过，不知道它的最初来历，但我个人是不喜欢它的，因为它有好几个明显的毛病。

它有强制性。强迫游戏者一条一条删去自己本认为重要的东西，我以为这是一种不尊重游戏者主体性的表现。

它有残酷性。即使你不愿意，即使你很痛苦，你也必须一条一条删，直到剩下最后一条。我以为这是很残酷的，这是折磨人，缺乏人文关怀。

它有机械性。硬要把事业、工作、亲情、爱情、健康、家庭这些东西互相对立起来，造成"有你没我，有我没你"的情境，我以为在思维方式上是机械的，荒谬的。事实上很多东西都是可以兼得的，而且孤立地只要一种东西，你可能反而什么也得不到，因为人不是机器。

中小学生心灵娇嫩，而且他们的价值观尚未形成。教师让他们玩这种心理游戏，愚以为欠妥。

固化思维

所谓固化思维,就是固守某种习惯思维模式,不能随机调整,不能具体问题具体分析。您用某种思路带出了一个优秀班集体,不等于换一个班照方抓药还能带出一个优秀班集体。学生上课莫名其妙地笑,教师按说应该去问问,但是对有的学生,却应该不理他。以固化的思路、僵硬的行为模式应对千变万化、越出越奇的学生是不行的。教师只有学会多角度思维,经常超越旧想法,不断找到新思路,才能适应新形势。

【案例46】教出了最好和最差的两个班

我以为我有教书的天分,因为和很多学生讨论问题,他们总在我刚起头就明白我的意图。学校给我安排什么课,我认为我都能教得很好。

我也很有学生缘。我并不明白为什么我随便说他们什么,哪怕是大声责骂,他们也不会生我的气,而其他老师就不一定行。

可是上学期我教英语,教出了最好和最差的两个班,让我受了内伤，至今未能痊愈。我突然觉得在教书上其实我什么都不懂。

我以为我只要把自己的心擦拭得像水晶一样晶莹剔透，学生就会喜爱我。你说呢？

——教育在线　路超远

给路超远老师的建议

据我的经验，像路超远老师这样对学生有亲和力，确实是一种天分，有这种天分的人从事教育工作是比较合适的。

但是我想路超远老师一定明白，天分只是成功的条件之一，它并不能保证你成为优秀教师或教育家。因此，路超远老师工作中出现一些困难是完全正常的，有天分的人常常如此。这也不能证明您将来无法成为优秀教师或教育家了。来日方长。

所以我建议路超远老师沉下心来研究一下，成绩最差的那个班与成绩最好的班有何不同。如果下学期路超远老师能拿出不同的办法"因班施教"，不要把教育固化为现在的模式，情况可能就是另一个样子了。

"我以为我只要把自己的心擦拭得像水晶一样晶莹剔透，学生就会喜爱我。"这是文学语言，含义不清。若是指教师毫无隐私可言，或者永远不和学生动心计，则愚以为不可。

【案例47】一个学生莫名其妙地笑了很久

今天晚自修，一个学生莫名其妙地在后面笑了很久。我实在忍不住了，就慢慢走过去问："想什么呢？"（这么好笑）

他回敬我："我想什么，要你管！"

我可是班主任呀！我无话可说！郁闷中……

这个学生是高二分班的时候进入到我班的，人确实是极聪明的，可是学习习惯不好，每天总是一副懒洋洋的样子，成绩在班级里中等偏上程度。

我感觉他有点自私，因为班级的纪律委员找过他谈话，谈和周围同学的关系，他回答说："别人学不学是别人的事，与我无关。"

还有一次是因为通宵上网被我知晓，找他来，没等我说，他就直接说："你找我无非是说让我好好学习，考大学之类的，或者什么人身安全，这些我都知道。事情已经这样了，如果你想通知家长，随便你好了。"

后来我说了些什么，已经记不起了。可是我不想再找他谈了，我也不知道该如何管理这样的学生。随他自生自灭好了。各位老师，这是我真实的想法。

——教育在线·班主任论坛　芝麻seven

给芝麻老师的建议

芝麻老师犯了一个教师常见病——往学生枪口上撞。

如果一个学生在你"教育"之前就已经知道你要说的是什么，您再说还有什么趣味呢？还有什么用处呢？

所以遇到这种情况，我要不然就说出点你意想不到的话，要不然我就不说，否则就是自讨没趣。

如果一个学生对你的教导根本不在意，你还要去"帮助"他，不是找钉子碰吗？帮助只对寻求帮助的人才有意义。

所以遇到这种情况，我要不然就说出几句你无法回避的话，要不然就不说。

像这个孩子，自习课在后面笑，教师已经知道他是什么人，只要他不影响别人，就大可不必管他。如果他影响了别人，那就告诉他违反了课堂纪律，我不得不管你。意思是说，我并不是对你感兴趣，而是要尽我自己的教师职责。

有些孩子对老师有一种居高临下的态度。对这种人，教师不去讨好他们，不往他跟前凑，公事公办，他反而可能自己走过来。你越热情，他越来劲。

以为教师对所有学生都应该时时刻刻是一副微笑的面孔，这是一种教条主义，一种书生气，一种固化思维。教师的脸，应该是一副正常人的、表情丰富的脸，喜怒哀乐兼备。

芝麻老师参考。

【案例48】怎样与不说话的孩子交流

想请教王老师，我教的是小学低年级。有时我想问问他们哪里不明白，可他们要么不会说，要么不敢说。让他们写纸条，他们也不知道怎么表达，这时候我该怎样与他们交流呢？

——k12 教育教学论坛　红楼梦魇

答红楼老师

学生不说话，如您所说，主要原因是两个：一是不敢说，一是不会说。前者是心理问题，后者是能力问题（想不清楚，不会表达）。

显然，这两种情况都不能批评，因为批评只能使问题更严重。

遇到这种情况，我的一般做法是：

先假定他是不敢说，于是我就不逼他非说不可，以免他更加害怕。后来我就换个环境劝他说，用更和蔼的语气启发他说，单独问他，或者找个他的朋友问他，再转达给我。

如果他还不说，那可能是他自己也只是有某种感觉，无法形成清晰的语句，表达不出来。

于是我就替他说。我说出好几种可能，让他点头或者摇头。

还有一种办法是让表达能力稍强一点的学生发言，其他学生表态，如此也可以搞清是怎么回事。

要走进孩子的心，有许多通道，教师一条道一条道地试，一般总能找到一个入口。千万不可只认准一条胡同。那是固化思维。万一"此巷不通行"，就麻烦了。

红楼老师参考。

简化思维

所谓简化思维,就是尽可能把复杂的事情想得简单一点。其主要做法是虚拟因果关系不加任何论证,或作不合逻辑的粗略论证。这样做的主要好处是省脑筋。对于不爱动脑筋的人,这当然是再好不过的事情了。

这种东西在我国是有传统的。古人就曾经用阴阳五行把真理一网打尽。比如某大儒看见井底有一团白气,就解释说,井底至阴,一团白气则是阳,阴中有阳,此乃太极图之象。这话听起来很有学问,细想等于什么也没说,因为他没有使你增加什么新知识。井底下那团白气到底是什么东西,你还是不知道,为什么白气就属阳,你也不知道。这种东西能解释一切,所以它什么也没解释。老百姓的简化思维则主要靠迷信。比如说我今年诸事不顺,风水先生告诉我,那是因为我家的大门开错方向了,只要调整一下,明年必定发财。你看,多么简单,多么省事。根本不需要反思我这一年的所作所为了,也用不着总结什么经验教训了。有趣的是当事者不会询问我家大门与我发财与否为什么有这样的因果关系。可见,只要世界上存在思想懒汉,这类简化思维就绝对会有市场。

【案例49】对这样的学生你是怎样教育的？

我们学校是一所中专，我的学生李×上个月已经满了18周岁。今年是我接管的这个班级进校后的第二学期。

8月底一开学，李×主动找到我，申请在校外住宿。我将学校的外宿管理规定向他做了说明：一是要求家在本市；二是要求家长同意。

李×将他父亲的手机号码提供给了我。我与他的父亲通了电话，征求了意见，他父亲同意李×外宿在其堂姐处。李×也将其堂姐的手机号码提供给了我。我与她电话联系证实了此事，便为李×办理了外宿手续。

从9月到11月整整三个月时间，李×一直未交学校各种费用。该生对我每周的催款一直置之不理，或找各种借口拖延。我没有将此事汇报学校，而是经常找他聊天、谈心，查问家庭情况和学习情况，提醒他如果是家庭困难，一定要他父亲给我打电话说明情况并申请缓交，因为拖延不交学费按规定是要退学的。9月份以后，他父亲的手机停机，李×也称联系不上他父亲，我便只能与他堂姐联系，要求及时交纳学杂费。

至11月底，该生仍一分钱都未上交，包括班会费等。我便找到该生的档案，查到了他家的电话，找到他的父亲。他父亲的话让我惊出了一身冷汗：1. 他没有接到过我的任何电话，他一直就没使用过手机；2. 他的孩子在南宁根本就没有什么堂姐；3. 他不知道也不同意他孩子在校外住宿；4. 他已经在开学的时候将应交学校的所有费用交给了他的孩子!

这说明,李×原来提供的父亲和堂姐的身份都是假冒的!!!

我感到非常后怕,如果李×在校外这段时间出了什么意外,我的责任可想而知!!

李×父母在接到电话4天后到了学校,交清了费用,查看了这名学生在校外住的地方,答复是在校外与别人合租房子住的。我要求他父母将孩子带回家好好教育,什么时候认识了错误再来学校,并且私下与他父母说明了时间——短的可能几天,长的可能几周,主要目的就是让学生认识错误。这也是我校处理、教育学生的一种方法。但他父母认为没必要。他父母要求安排李×在本市另一亲戚家住宿。我口头同意了,但要求李×本人申请,父母同意,亲戚家人签字。但是等到12月中旬,仍未见该生的外宿申请书和在本市的亲属家人来校面谈。

我如实书面汇报了学校,学校主管学生的相关部门进行了讨论,建议:核实该生是否是在校外与异性非法同居,如属实,则开除;如未属实,则继续教育。

我和学生科领导会后立即到李×的亲属家家访,提出到李×在校外租住的地方核实时,李×也不配合,故未能核实。

12月19日,我通知了李×的父亲来到学校,劝父亲为该生办理了退学手续。并说明是属于劝退,不是开除处分,为的是让他到别的学校就读时不留下处分记录,劝退的理由是不配合学校的管理。该生不服,家长也不服,但最后还是办了离校手续。到离校那一刻,该生仍未承认自己的任何错误。

请教各位有经验的班主任,我的做法对吗?如果是你,你打算怎么做呢?

——教育在线·班主任论坛　jdsky

今日之学生,当刮目相看

如今社会越来越复杂,这可以理解,凡属社会转型时期,都是怪事层出不穷的。所以我常常对老师说,现在的学生,做出什么事情来,你都不要震惊,而且你平日工作应该多留几个心眼,多做几种准备,多设几个预案,那样更主动一些,或许可以避免一些问题的发生。

千万不要把学生想得太简单。他简单,不等于背后给他出主意的人简单,而且越是头脑简单、思维方式简单的人,越容易走极端,做出惊人的事情来。

也不要轻易相信学生说的话。现在说谎太普遍了,诚信已经成了比较稀有的资源。社会如此,你不能要求孩子们冰清玉洁。

世界是复杂的,我们的头脑也要复杂一点。记得这是毛泽东说过的话。

教师要与时俱进。不能用简单的头脑应对复杂的世界,不能用淳朴的心面对狡猾的对手。面对狡猾者,需应之以机警。

据我看,在这个社会里,除了山民之外,可能最傻的就要属中小学老师了。他们每天关在校门内,生活方式太简单,两耳不闻窗外事,难怪遇见点新鲜学生眼睛就直了,嘴就张大了,而且合不上了。殊不知这只是小菜一碟而已。

我希望校长不要把教师捆在学校,要创造机会让教师参加一些社会活动,走出门去看看社会是什么样子。不了解社会就不会真正了解学生,因为学生不可能把头脑洗干净之后才来拜见老师。没有一个学生是白纸。事实上他们把什么(包括正反两方面)都带到学校里来了,教师躲是躲不开的。很多老师都问我:"现在的学生怎么这样?"我回答:"这个问题问得好没道理。他们应该是什么样?是不是他们应该符合您的主观想象?或者他们应该像您小时候那样?"这里没有应该不应该的问题。现实就是这个样子,你要学会面对。人不能生活在美丽的幻想中。

再说老师还要和家长打交道,没有社会经验,那就更不行了。有不少老师都被某些家长气得七窍生烟,其实这些家长自有他们自己的思维方式,自有他们的苦衷。他们的生活方式决定了他们就会那样想事情,只不过教师不了解就是了。

jdsky 老师遇到的这位李×同学,就利用自己的负面社会经验(或者别人给出的馊主意)生生把老师蒙在鼓里了。幸亏没有出其他事情,若真的出点什么事情,学校是有一定责任的。所以我劝各位老师要多加小心,尤其是对中学生。他们的花活不少。至于后来对这个李×的处理,我觉得不错。这种学生确实不适合留在学校了,他已经是成年人了,他应该到社会上去闯荡,让更狡猾的人去教训他。教师的书生气十足的教导,对他很难起什么作用。你都没有他心眼多,他都把你给耍了,你怎么教育他?

如果 jdsky 老师有兴趣,还可以和他保持联系,以增长自己的社会经验和专业技巧,或可有利于教育后来的学生。

【案例50】 扫屋与扫天下

记得上高二时,语文老师布置写作文,只给了一小段材料:

东汉时有一少年名叫陈蕃,自命不凡,一心只想干大事业。一天,父友薛勤来访,见他独居的院内龌龊不堪,便对他说:"孺子何不洒扫以待宾客?"他答道:"大丈夫处世,当扫天下,安事一屋?"薛勤当即反问道:"一屋不扫,何以扫天下?"陈蕃无言以对。

当时老师没有讲陈蕃到底后事如何,学生也没人问,也没法查相关资料,因此只好根据这片言只语,根据哲学上刚刚学过的量变质变原理,胡诌八扯一番。作文倒是交上了,但是心中一直有一个结:薛勤的反问不合逻辑,也不合生活实际,而且陈蕃到底是一个怎样的人?

寒假闲来无事,又想起了这个已经尘封二十多年的疑问。抱着一种好奇心,在百度搜索一番,遗憾地发现几乎所有文章的观点与二十年前我们的水平一般无二。高兴的是终于发现了一篇表示怀疑的,讲得有理有据,题目是:对"一屋不扫何以扫天下"的疑义。文中说:

蕃年十五,尝闲处一室,而庭宇芜秽。父友同郡薛勤来候之,谓蕃曰:"孺子何不洒扫以待宾客?"蕃曰:"大丈夫处世,当扫除天下,安事一室乎?"勤知其有清世志,甚奇之。

当时的人也没说陈蕃的说法不妥,只是说他有大志。至于后人发挥"一屋不扫,何以扫天下",那是有的人对陈蕃不了解,凭自己的发挥而已。

陈蕃到底是一个什么人呢?

历代把陈蕃称为名士。著名的《滕王阁序》说:"徐孺下陈蕃之榻",对陈蕃是仰慕的。陈蕃官至太尉,是当时的道德领袖,绝不是一般人认为的一屋不能扫更不能扫天下的狂夫。

薛勤问对之事,《资治通鉴》中没有记载,因此我跑到书店查阅《后汉书》,的确只有这么一段。根本就没有薛勤反问陈蕃无言以对的事,更没有陈蕃接受批评、从此胸怀大志谨慎做事那一说。

我在鼓里蒙了二十多年,可怜的是还有更多的人蒙在鼓里,重复着陈词滥调,人云亦云,以讹传讹,痴人说梦。

如果撇开历史的本来面目不提,单纯就事论事的话,对扫屋与扫天下的关系,不妨这样认识:

一、扫屋是一种勤劳整洁的生活习惯,扫天下是一种造福国家的事业。二者不是一回事,不能用量变质变去解释,那是不合逻辑的。

二、实际上,能扫好屋的人不一定能扫好天下,能扫好天下的人也不一定有时间扫屋。有很多人致力于扫天下,因而没有时间扫屋,没有时间干家务。

三、青少年扫屋干家务,有利于培养责任感,培养劳动能力和习惯,对今后的学习、就业和婚姻有良好影响。有调查说好干、会干家务的孩子,将来失业率低、离婚率低。很有道理,也符合实际。尤其是学生,把教室、宿舍、校园打扫得干净整洁,可以给人给自己神清气爽的感觉,有利于学习和健康。

对学生进行教育是十分应该的,但是用假知识、用混账逻辑去教育也是十分值得警惕的。

——k12 教育教学论坛　zhangxiaoz

这种简单类比没有道理

国人自古有一种类比的思维方式，常常脱离具体的时间空间，用一件事去比附另一件事，以此证明自己的行动合理。

这里至少有两个问题：

一个是会把不同类型的事情混为一谈。比如古人总是喜欢把"修身、齐家、治国、平天下"混为一谈，其实这是不同类型的三件事，硬要互相比附，结果就是把"国"当"家"来治，结果只能人治，只能处处去当家长。

第二个问题，既然古代有各种故事，我无论干什么都可以找个故事来为自己的行为辩护。我是个爱整洁的人，我就把"一屋不扫，何以扫天下"挂在嘴边；我是个邋遢人，我就说"大丈夫处世，当扫除天下，安事一室乎？"大家都理直气壮，其实不过各有借口而已，谁都没认真研究问题。

这种思维方式，弄得"古今多少事，都付笑谈中"，严重地阻碍了科学精神的发展。

【案例51】 成绩差问题的实质和解决的思路

学生学习问题的根本，就我现在的体会，实质就是一个思想问题。具体一些，就应该是价值观、信念的问题。

一个有理想有追求的人，自然就能产生无穷的学习动力，而目光短浅的人，只知沉迷于享受的人，则是不能理解学习对于他自身的意义，自然不会主动地努力学习了。而这些价值观则是被家庭环境所决定的。所以改变一个学生，一个重要的方面就是要改变学生家长的观点，与学校的教育形成统一的价值取向。否则，学校教育的效力就会被家庭的教育或者说是家庭环境潜移默化的影响所抵消。

一路走来，我对于学生学习成绩问题的原因的思考也一直在不停地变！

从开始认为训练量不足，到后来教学方法不科学，再到智力水平。

训练量不足，我加大训练量，但一部分中差学生仍无明显的改变。于是我试图从科学化的训练内容和科学的训练方法入手去解决这个问题，但科学的方法学生不能去应用，于是我完全控制学习的进度，虽然在我控制的内容上，学生能有很好的吸收效果，但是我却不能控制学生要求他们去主动地做难题，去主动地复习。于是有了这样的对话："你为什么不想做这些题，这是中考的必考题型呀，你不想考高一点分吗？""考那么高的分做什么？我只要拿个毕业证就可以了，我们老师说过，这些题不用做就可以拿个毕业证了。"我只能看着他，一句话也说不出来了。中考完后，我看了这个学生的成绩，由分数判断，前面由我控制的内容应该是全对了，但这又有什么用？在我听他说完那句话时，我对学习问题的观点又发生了一次改变。

我想下一步，就应该是去尝试如何建立学生的价值观、信念系统，以求改变所有学生的状态，而不是单纯的从科学的教学方法去入手了。

至于切实的操作方案，则需要我们自己去探索了。我们可以尝试去设计一些有目的的活动，周期短而又能触动学生心灵的活动（当然必须和学习结合，以求获取最大的效果）。先打开学生的心门，那么下一步，学生的智慧之门就很容易开启了。

实际上所有大师对教育认识的最后落脚点都是在思想上，只是大师给出的事例不够多，所叙又不真切，我们大多只是看看想想觉得有点道理就不去管它了，所以也不能化为我们自身的行动。想想，觉得真是教育的悲哀——为什么我们不能像自然科学一样，站在前人的肩膀上前进，而是每一个人都必须从头开始探索呢？

——k12 班主任论坛　天涯过客2

关于学习问题的"根本"

天涯过客2老师说：

学生的学习问题根本，就我现在的体会是，实质就是一个思想问题。具体一些，就应该是价值观、信念的问题。

一个有理想有追求的人，自然就能产生无穷的学习动力，而目光短浅的人，只知沉迷于享受的人，则是不能理解学习对于他自身的意义，自然不会主动地努力地学习了。

这种说法很值得商榷。

这是一种"动力决定论"，愚以为很不全面。

事实上有不少学生并不缺乏动力，并不缺乏目标，他们相当努力，但是成绩并不理想，有的甚至还很差。当然，后来他们往往就灰心不再努力了。

有很多劳动模范，价值观和信念都堪称模范，但是他们未必都能在知识学习方面有所成就——人与人是不一样的。

学习动力很重要，甚至非常重要，但它不能决定一切。

我曾经用一个比喻说明成功的原因。我说，成功是一把锁，上面有若干个钥匙孔，你必须同时拿几把钥匙插进去，才能使这把锁打开，缺一把钥匙都不行。

天涯过客2老师的说法，不但在理论上有缺陷，而且在实践上有很大害处。

既然关键在动力，学生如果成绩不好，显然就只是因为不努力了，所以你会发现老师们遇到学生成绩不好，总是责备学生不努力，这都成了公式了。事实上常常解决不了问题。

既然关键在思想，在价值观，那么老师该做什么呢？就是帮助学生提高觉悟，明确学习目的。所以老师们遇到学生成绩不好的时候，就总是讲那些"大道理"，这也已经成了公式了。效果如何，有目共睹。

既然关键在思想，那么老师的主要工作岂不应该是提高学生的思想觉悟？于是教师就都变成鼓动家了。我想这对教师专业素质的提高也很不利。

我自己的经验是，多数学生学习成绩不好，主要原因是非智力因素出了毛病。但是非智力因素不等于"思想"、"价值观"，非智力因素有很多方面，每个学生哪方面出问题是人人不同的，需要一个一个进行诊断。况且还有些学生主要问题不是非智力问题，而是智力问题、能力问题。智力问题也不是简单的"聪明"和"笨"的问题，而是包括"智力类型"问题，"智商"问题，记忆力问题等等，也是人人而殊，不可一概而论的。

总之，天涯过客 2 老师是把一个非常复杂的问题过于简单化了。

这类观点现在很流行。我觉得不是某个人的失误，它有很深的文化渊源。

我们的文化中历来有一种"抓主要矛盾"的思想，似乎只要抓住一个"关键"，一切问题就"迎刃而解"了。可能有些事情（比如战争）能如此爽快，但这种思路不可以到处乱套，否则我们会把什么事情都做简单化的处理，那样我们的头脑也会越来越简单，而且不需要科学了。

我们的文化中还历来就有一种"精神领先"、"动力挂帅"的思想，好像只要"鼓足干劲，力争上游"，就可以"多快好省地建设社会主义"，只要"抓革命"，就能"促生产"。这种思路的最大问题是夸大了人的精神力量，缺乏科学态度。我想这种思路一定是已经渗入我们的灵魂了，所以我们到处都可以看到人们慷慨激昂地鼓舞大家下定决心，努力奋斗，而冷静的分析相对地说就显得很薄弱。这恐怕是一种偏颇。

整体思维

整体思维就是总把事物看成一大团来囫囵应对，不会分析，不会切割，不会分类。这其实也是一种简单化的思维方式。须知分类是科学研究的基本方法之一，不分类，就无法区别对待，也就谈不到因材施教了。

经验告诉我们，当你面对问题束手无策的时候，把问题一切割，一分类，可能就有办法了。下面的案例都能说明这一点。

【案例52】摘　花

假设下面例子中的这位同学是你班上的学生，现在值班老师向你告状，你准备如何对这位同学进行批评教育？

学校为了美化校园，做出决定，摘一朵花罚款1元钱。有位学生摘了一朵花被值班老师发现了。老师叫学生交1元钱罚金。这位学生掏出2元钱交给老师，随手又摘了一朵花，并对老师说："不要找钱了。"老师气得讲不出话来。

——k12 教育教学论坛　寂寞孤萍

我会这样说

我只收他 1 元钱,然后我会很客气地对他说:

"罚款是对那些无意识犯错误的同学采取的措施。现在你的表现属于明知故犯,你的做法是想证明,只要有钱就可以为所欲为,这已经超出了罚款所能解决的问题的范围,属于另一个性质的问题了。请你等候另外的处理。"

此事决不能完。这个学生必须当众对自己的错误思想进行自我批评,他还必须向教师道歉。

我不知道按法律规定,学校有没有罚款权。如果没有,就不要再这样搞了,如果有此权力,那这个学生还要加重罚款,至少罚 100 元,而且钱一定要用在校园绿化美化方面。但这是另一回事。不管学校有没有罚款权,这个学生的错误思想都必须进行教育。此风不可长。

把事情切分成"无意犯错"和"有意犯错"两种,局面立刻就活了。

【案例53】20多个人没交作业

王老师,我发现自己开始学会您的这种分析方法,凡事先不问怎么办,而是找为什么,然后对症下药,再问面对这样的原因该怎么办。

今天英语老师问我:有 20 多个人没有交作业,怎么办?我就是这么思考的:首先,这 20 多个人中,有多少是"惯犯"。其他偶尔为之的学生究竟是什么原因不交？然后再建议英语老师可以先找这些学生出来聊聊，究竟是什么原因，并且提醒这些学生不要让一次的失误成为习惯，下不为例就行了。至于"惯犯"，更应该多与他们谈心，甚至可以专门给这几个人布置不同的作业，而不要纵容其不交作业的习惯。

我个人分析，原因应该是快要期末考试，部分学生效率不高，一个晚上无法做完九科作业。究竟该怎么办呢？我想教师该体谅学生，要求学生尽量完成的同时，调整自己的作业量，而我作为班主任，也应该协调好各科科任老师的作业安排。

——教育在线·班主任论坛　bnuwwx

事情就怕分析

很赞成 bnuwwx 老师的思路。

世界上的事情就怕分析。一分析，一切割，就可以一块一块地解决了，这样一来心情也要好得多。先拣容易的事情办，我也赞成。对那些"惯犯"，我建议再分小类解决。最后剩下几个确实解决不了的，您也不焦虑了，因为您解决了大部分问题，心里就比较踏实了。就怕眼前一大团黑糊糊的问题，脑袋里"嗡"的一声，干着急不知从何入手，很多老师都是这样。看来 bnuwwx 老师已经摆脱那种被动状态了。

封闭思维

封闭思维的主要特点是就事论事,思路展不开。遇到一件事,纵向,不问此事的前因后果,不能在学生成长史的大背景下观察此事;横向,不去全方位了解这件事、这个学生,不能在整个班级、各种人际关系、学生各方面表现、家庭情况甚至社会大背景下观察这件事。遇到一个问题,不能从多个视角加以观察。所以封闭思维也是一种孤立的、拘谨的思维方式。它是面对一个生活片段,面对一个"特写镜头",面对一个问题,想孤立地、单向度地搞清原因,并加以解决。经验告诉我们,这样想事常常会百思不得其解,而且往往根本想不下去。

下面几个例子可以从正反两面说明这个问题。

【案例54】 学生考试作弊被批评后报警

上午考外语,高一(5)班余×传纸条,被老师当场抓住。下课后余×不想交卷。老师把他喊到办公室,余×双手叉腰,说:"喊我来干吗?你想处分我!"老师说:"我要把你的情况了解清楚,你也要认识到自己犯错误了。""认识什么错误?你能把我怎么样?你到法院起诉我,我犯什么罪了?你去告我!"老师问:"传纸条之前你弯腰拿什么了?(他说自己是帮别人传的,其实是自己看的,他拾起纸条垫在自己试卷底下,但他不承认自己看纸条了)""我什么都没拿,也没弯腰。"年级主任过来,说:"你跟老师说话什么态度?"他拔腿就跑。年级主任说:"不能叫他跑了。"其他老师跟着追过去,年级主任打电话到传达室,说明情况,传达室关起大门。该生出不去,老师追上想拉他回去,他拼命挣脱,跑到校电话亭报警说:"老师非法拘禁我,老师恐吓我!"5分钟内警车到。警察了解情况,他说:"考试结束他们喊我到办公室非法拘禁我,他们这么多人追我恐吓我。我身心都受到伤害,警察叔叔你要给我做主!"警察详细了解情况,得出结论:1. 你考试作弊,老师有权处理。2. 老师喊你到办公室,是老师的权利,不属于非法拘禁。3. 老师追你是关心你,怕你跑了出事,不属于恐吓你。这件事仍然由学校处理。余×大急,大吵大闹。他母亲来了之后,问清情况,立即要求余×给老师道歉,余×坚决不道歉,并和其母大吵,气急推开母亲又跑了。余母大哭。

五一假后学校怎么处理余×?老师们都说这样的学生没法教,年级主任要求学校必须开除该生,校长认为给学校的声誉造成很坏的影响,要严肃处理,这个问题将由我来决定,同志们帮我想点办法,怎样做才恰到好处?

——k12 教育数学论坛 李易润

把思路展开

如果孤立地看余×在这一件事情上的表现,他完全是不可理喻之人，失去控制之人，无法接受教育之人。教育，对这样的学生，算是江郎才尽，无能为力了。

然而问题在于，教育者恰恰不能这样想事情。这种思维方式会把教育者引进死胡同，引向绝路。

请把思路展开，前后左右都想一想。

于是你就立刻会发现，这孩子不可能时时处处都如此蛮不讲理，他一定有相对通情达理的时候。

那他为什么在这件事上如此蛮横呢？

很可能他积累了长时间的焦虑（原因可能是多方面的，待查），考试前已经到了临界点，正好此事成了导火线。老师不小心撞在孩子枪口上了。

还可能这孩子本来并不是一个胆大的人，他这样做表面猖狂，其实出于恐惧。恐惧到极点的时候，人就会失控。从他拔腿就跑和向警察求援来看，他还可能是一个长期缺乏安全感的人。

这样，当我们把此事看作这个孩子整个心理危机的一个触发点，而不是一个孤立的"报警事件"的时候，我们的思路就能走出困境，我们的做法就另一样了。

只看到这孩子考试作弊还拒不承认，只看到他顶撞老师，只看到他无理取闹，只想到这种学生没法教育，不严惩无法压住他的气焰，无法教育其他学生……如果教师头脑中只有这类想法，那他就只是一个单纯的管理者，算不上一个真正的教育者。

而经验告诉我们，当一位教师自我定位成单纯的管理者的时候，他反而搞不好管理，他的管理会到处碰钉子，到处引爆炸弹，把自己炸得焦头烂额。这种事情现在越来越多，以后会更多。像这次"报警事件"，即使学校把余×开除了，其恶劣影响也无法消除，这会传为笑料的。孩子再不讲理，他只是孩子，事情只要一闹大，结果最丢脸的肯定是老师和学校。

所以聪明的办法应该是：

1. 尽量防患于未然。教师不能做单纯的管理者，他要同时做教育者和研究者，对那些心理问题严重的孩子，要提前做工作，予以缓解，避免其爆发。这样做并不算难，而一旦爆发，工作反而难做了，付出的代价和精力也更多。

2. 事到临头，不要硬来。作弊不属于突发紧急事件，没有必要跟学生较劲，立刻弄个黑白分明。学生作弊不承认，教师如果把此事先放一放，等孩子平静下来再处理，一点也不妨碍公正性和严肃性，却完全可以避免一场乱子。经验告诉我们，孩子有猛劲没长劲，许多事情都是冷处理为好。可惜许多老师和学校领导都特别莽撞，每天急赤白脸，还自以为这是"极端负责任"。呜呼！照我看来，这不是心理健康状况欠佳，就是思维方式僵化。

以上都属于今后要注意的，那么现在怎么办呢？

3. 事已至此，还是要冷处理。

要我处理此事，我首先努力说服所有领导和有关教师消气，对此事黑不提白不提，让孩子继续上课。语曰："穷寇勿追。"孩子正在气头上，现在的孩子非常脆弱，万一逼急了出个好歹，学校损失可就更大了。

至少一个月之后，查清此事，要让孩子承认错误，向老师和警察道歉，而且给予纪律处分。最好别开除，给双方都留点余地。

重要的是让全校老师接受教训，避免类似事件发生。

这些意见，仅供参考。

【案例55】"插嘴"同学的心理分析

我班有几个同学，思维很灵活，上课特别喜欢插嘴，而且屡教不改，很是头疼！在处理时都是从思想品德方面说服教育，让他们明白这是不文明的行为，而且影响了其他同学，但效果不好。我想，能不能从心理学的角度来找到问题的根源？该如何分析？如何处理？希望大家提出宝贵看法，谢谢！

——教育在线　余数1983

关于插嘴问题

建议多角度把思路展开。

第一要看插嘴的内容。如果学生插嘴的内容都与教师讲课的内容有关，不离题，这说明学生听讲很投入，是好事情。如果学生插嘴的内容与教师讲课内容没有关系，节外生枝，要贫嘴，那是要批评的。

第二要看插嘴的目的。学生上课插嘴，有的属于紧跟教师的思路，甚至有点超前，他把教师想说的话提前说出来了。这是很宝贵的学习热情和思维品质，即使有时候会影响其他同学思考，也只能引导，绝不可以打击。有的插嘴属于思路过分活跃，联想特别丰富而迅速，顺着老师思路的某一点飞出去了，离题了。这就有点害处了。但是这对于聪明的学生是难免的,我们不能要求学生的思维永远按老师需要的方向发散。这时候教师要比学生更聪明,巧妙地把他的思路导向教学方向,而又不打击他的思维积极性。有的学生插嘴另有目的,比如表现自我,逞能,甚至有意跟老师捣乱等等,他们的表现有明显的哗众取宠色彩,这是需要批评和帮助的。批评最好在课下,但如果学生在课堂上过于张扬,近乎挑衅,也可以给他几句,让他难堪一下,有所收敛。

第三要看教师的个性和能力。教师的个性如果比较外向,比较活跃,应变能力强,语言表达能力强,辩论能力强,可以放开让学生插嘴。对于这种教师,学生插嘴不但不是麻烦,反而是一种教育资源,没有学生插嘴,他反倒会郁闷的。如果教师内向,应变能力较差,嘴皮子功夫不硬,那为了维持课堂纪律,为了保持教学思路的完整性,只好对学生插嘴进行较为严格的限制。可以对学生这样说:"我知道很多同学接老师下茬是学习积极性的表现,但是一个老师有一个老师的讲课风格。我对你们接下茬不适应,拜托你们在我的课上忍一忍。你们只要注意听就行了。想说话的,等我提问的时候,再显身手不迟。"

【案例56】那一年我去教历史

那是毕业从教的第二年(1989年),由于当时教师紧缺,学校安排我除了教两个毕业班的物理之外,还兼教初二两个班的历史。物理是我的专业,可历史我只是在初中和高中学过点皮毛,让我教历史真成了"赶鸭子上架",没办法,只好服从领导的安排了。好在领导跟我解释说,历史是小科目,不用太在意。

因为物理是个"大科目"而且是毕业班,听说考好了还有奖金可拿,我当然格外重视,至于历史这个"小科目"就必然受冷落了。不过课还是要上的。

上历史的第一节课,我拿着课本,走进教室,尽管也做了充足的准备,可真要讲课了,脑子还是一片空白。没办法,板书了课题之后,开始了"读课文"。这历史课文用我标准的家乡话一读,我发现学生在偷着乐呢。我也顾不得学生乐了,一边读,一边让学生画着我认为的"重点",大都是历史事件发生的背景、年代、简要的过程、历史意义什么的,因为我的记性不好,加上对历史的外行,只得依靠教材和学生了。为了让学生学到一点东西,我总在给学生想个记忆的办法,一节课下来,一个学生跟我说:"老师,你的历史课挺有意思,我喜欢。"我问:"那你们上课笑什么呢?""虽然没有语文老师读得标准,可你读得有趣。"学生这样一说,我愧对学生的同时也有了一点自信的感觉,现在想想,因为自己的外行,无形中和学生的距离拉近了,不是我读得好,可能是我没有居高临下地对待学生。

第二节课,我索性把老底袒露给学生,我说历史我不懂,咱们一块学怎么样?谁有好办法尽情发言,谁想出一个记忆的好办法,我们就用他的名字命名"某同学记忆法"。那节课我读得"神采飞扬",学生学得"热情高涨",我认为的重点学生竟然都记住了。一下课,学生高兴得手舞足蹈,纷纷走到我跟前显摆他们的小发明呢。我顺口丢下一句:"把你们的想法告诉你们的组长,下节课评比,好吗?"

随着课的行进，学生开始争着"读课文"了，记忆的妙法层出不穷！比如太平天国的领袖：洪秀全、杨秀清、肖朝贵、冯云山……学生利用谐音联系我班学生"杨小山"的名字，竟然一句话"杨小山开会洪秀全"就都记住了，下节课一提问，百分百的成功率，那学生的兴奋劲儿，我看着，"美"！

一段时间后，我干脆把学生记忆的妙法"规则"化了。谁想出一个妙法，我就在他的考试成绩中加上一分。为了鼓励合作学习，我又分了学习小组，每组四人一块学习，哪组想出好办法，就在班上参加评比，被评为最好记忆法的小组，每人记一分。到了半期考试的时候，考试成绩加上平时得分，就有20多人突破了满分。我想反正我这里有的是分数，学生学得起劲最好不过了！

半期考试过后，我利用一次出差的机会，买回两本《中国历史歌诀》，偷偷发给两个班的课代表，告诉他们，不要说这是我给你们的，如果有学生问，你就说这是你自己买的。不久，这本书就在班上传抄开了，随后上课用"没事偷着乐"来形容我那时的感觉有点夸张，不过上历史课真是享受！

期末统考，一个小时的历史试卷，学生半个多小时都退场了。监考老师惊问：这是谁教的学生？

成绩公布了，平均分89分多（满分100分），我教的两个班分列一二名。惊喜之余，我暗地里做了学生的试卷，得分76！

我教历史仅一年，以后再也没有教过，但留下的回忆绵绵，一直留到今天。现在看来，或许是我的无知给了我一个走进学生的机会？

我的思考：

1. 当年的历史教学表面看是成功的，其实更多的是解决了一个记忆的问题，由于当时的出题大都是死记硬背的题目，再加上我学科知识的不足，并没能使学生得到很好的发展。

2. 到底什么是教师的专业技术能力？爱心很可贵，但肯定不是，那么教师对学科知识的理解和掌握属于专业技术能力吗？给学生处理一个学科问题属于专业技术能力吗？

——教育在线·班主任论坛　wubsen（吴宝森）

这个案例给人的启发不少

wubsen 老师提供的这个案例很有趣，耐人寻味，包含的信息量不小。我的初步解读如下：

1. 外行有时是好事。物理老师去教历史，当然外行，可是正因为外行，也就没有框框，反倒给历史教学吹进了一股新风。可想而知，如果 wubsen 老师本来就是教历史的，只不过接一个新班，那他一定会按照原有的思维定势驾轻就熟，困难减轻了，挑战没有了，创新的机会也减少了。

这就启发我们，不妨去干点外行的事情，或许可以激活自己沉闷的思想，起码也要听听外行者的声音，有助于打破自己的框框。所谓树挪死，人挪活，可能有一个重要原因就是，新的挑战激活了人的潜能。

2. "轻视"带来宽松，重视过火反而容易陷入困境。

wubsen 老师之所以取得如此不俗的成绩，还有一个重要原因，历史是副科，领导不重视。经验告诉我们，领导重视什么，他就会在那里把你管得死死的，很少给你留创新的余地。领导重视的科目要取得好成绩，主要靠拼体力，下笨功夫，你若想使巧劲，提高科技含量，领导可能会禁止，因为他不放心，他怕改坏了，他输不起。像 wubsen 老师这样新颖的教学方法，领导会允许他在物理课上试验吗？难。这就是为什么主科改革常常不如副科，课内改革常常不如课外活动改革，重点学校的改革其实未必如普通学校改革。哪里应试抓得越紧，哪里离教育改革越远。

这就启示我们，抓改革，最好从应试任务不重的学科入手，逐渐扩散。还启示我们，上级领导若总是如此重视应试成绩，教改难免被绞杀。

3. 自负与民主难相容。

wubsen 老师历史是外行，这就迫使他不得不谦虚，"咱们一块学"，于是学生的积极性就被空前地调动起来了，可见谦虚容易导致宽容和民主。很多老师总是自以为比学生强得多，这种居高临下的态度恐怕就容易导致独裁。这地方也可以看出认知与态度的关联了：错误的认识往往会导致错误的态度。因为我不行，所以才要"咱们一块学"，要是我懂你不懂，那当然"你给我好好听着"就是了。

这就启示我们，教师要发扬民主，先要克服自己的学科骄傲。承认自己无知，才会热爱民主。我在网上观察，自视甚高的网友，说话容易武断，即使嘴里满是民主的词汇，也掩盖不住行为的霸气。

4. 单纯应试不需要教师多少学科知识，也考不出学生什么真本领。

wubsen 老师以如此的外行取得如此骄人的应试成绩，证明我们为应试而进行的教学，其实对教师的学科专业水平要求并不高。那些考试主要考的是记忆，教师能想法帮助学生记住要考的东西就行了。这种考试能考出历史观念和历史感吗？恐怕不能。这种考试能考出任课教师的学识来吗？恐怕更不能了。

5. 专业能力的重要内容：引导能力。

但是，从另一个角度看，wubsen 老师以如此的外行取得如此骄人的应试成绩，也说明教师的专业能力绝不单纯指他的学科知识。教师之所以为教师，主要并不是因为他们有学科专业知识。数学老师的数学知识一般是不如数学家的，数学学科知识并不是数学老师的安身立命之本。中小学数学老师超过数学家的地方是，他善于把数学知识教给小孩子，他更明白小孩子的心理特点和认知特点，他的能力是一种引导能力，这种本领数学家可不一定有。wubsen 老师缺乏历史知识，但是他不缺乏教育知识和教学知识，他有引导能力。正是这个专业能力，弥补了他历史学科知识的不足，所以他作为一位临时的历史老师，居然也还算合格。

这就启示我们，所谓教师的专业知识，一方面指他的学科知识，另一方面（有可能是更重要的方面）指的是教育知识和教学知识，也就是他的引导能力、指导能力。

6. 提倡灵巧的应试策略。

wubsen 老师的教学，并没有摆脱应试主义的框架，但是他的应试策略却有特点。这种应试策略比较突出学生的主体性，它是灵巧的、高效率的。我一向主张，鉴于目前我们根本打不倒应试教育，我们只好先退一步，反对教师中心的、拼体力的、笨拙的应试教育，而提倡 wubsen 老师这种民主式的、高效率的、灵巧的应试教育。这样又能减轻教师、学生的负担，又能提高成绩，何乐不为？走了这一步，再逐渐转变观念，过渡到素质教育，可能就比较自然了。

应试教育也有好坏两种，现在坏的应试教育触目皆是。连这都不想改，也太顽固了。不是保守，是顽固。

物理老师教历史，给 wubsen 老师提供了一个打破封闭、展开思路的机会。

wubsen（吴宝森）：

感谢王老师的点评。这段教历史的经历，我一直感觉很有趣，经您点评，我明白了许多。我从教先后教过物理、历史和数学，教数学是我自己的选择，因为喜欢。现在我对数学教育有些痴迷了。

短线思维

短线思维就是"近视思维"。看得太近,没有长远打算,没有应变的准备,没有预案,匆忙上阵,冒险进攻,结果往往败得很难看。必须竭力避免此种事情发生。毛泽东说过:"不打无准备之仗,不打无把握之仗。"愚以为这话班主任应该铭记在心。

【案例57】学生不让检查录音机

今天我去盯宿舍,突然想起我允许一个学生带复读机,但说好要检查的,因为我们这里宿舍不让有录音机。我说:"把你的录音机拿来我检查一下。"他神态傲慢地说:"不行。"接着就去洗袜子了。我等到他洗完袜子,说:"我们说好的,我破例让你带录音机,但要定期检查。你为什么这样?你是学生,凡事要讲个理。"他说:"我的东西凭什么让你检查?"我说:"并不是你的东西就不能检查,你如果带刀子,我就得检查,录音机也是不允许你带的。我允许你在宿舍听就算照顾你了,你怎么不让我检查?"他说:"我就是不让你检查。"我说:"你是受过教育的人,得讲理。"他说:"我保持沉默,法律都允许保持沉默。"最后我说如不让我检查，就把他送政教处，我拨打手机时，在其他学生的劝解下，他气冲冲地把复读机给了我。我为了不影响学生休息先离开了。

这个学生历来不听话。老跟我讲反理，有一次在班上和我嚷。他的家长说也不听。我知道他不服我，他老找我的错误。我该怎么办才好？我是一个干了十多年的班主任，总治不了这类学生，我的工作方法应如何改进呢？

——教育在线　我心有约

答我心有约老师

我不大明白老师为什么允许这个学生特殊，也不清楚老师要检查什么。

如果老师不得不给这个孩子开辟"特区"，又害怕他用录音机听音乐或者干别的事情，那就不但应该事先跟他约定检查的内容和时间，而且应该约好对方拒绝检查的惩罚措施。既然这是一个"历来不听话"的学生，老师为什么不多留几个心眼？碰了钉子临时想办法，就被动了。所以我总是说，教师教育问题生，要准备一些"预案"。像这个学生，如果跟他约好拒绝检查则没收录音机，拒绝没收则直接报政教处，约定之后照章办事，教师就完全不必跟他废话，也就不会碰钉子干生气，学生也未必有这样嚣张了。

我心有约老师碰钉子，首先不是方法有问题，而是思维方式有问题。问题生教育是一个个"系统工程"，要周密策划，多想出几步棋，才能取胜。恕我直言，我心有约老师是"短线思维"，只能想出一步棋，

【案例58】 赶学生出教室，学生不走

廖××是我们年级有名的调皮鬼，成天惹是生非，而且是典型的吃软不吃硬。每天我都用些花言巧语在哄他，今天他点燃了我心中的导火线，让我压抑了很久的愤怒发泄出来。

"背上书包，出去！"全班同学都被我的怒气吓住了。

可是他，却一声不吭地背上了他的书包。

"你现在马上给我出去。"

"现在班车还没来。"他反驳道。

我无语！

这件事情导致的后果是下午我花了更多的精力去哄他。

——第一线·班主任论坛 彩霞飞

要有预案

如今什么都讲科学，应对紧急情况，都要准备预案，而且不止一套。

同样道理，教育学生也会遇到很多突发情况，如果没有预案，不多准备几手对策，很难不打败仗。彩霞飞老师的情况就是如此。

彩霞飞老师明知道廖××不是个省油的灯，不做多种准备就贸然出击，结果自己闹一个大窝脖，降低了威信，以后工作更难做了。我们只觉得这像一个普通的成年人忍无可忍向一个孩子发了火，完全看不出这是一个搞教育的专业人员在教育学生。这里没有科学，也就没有专业技术。把人从屋子里赶出去，这一招是不需要专业培训的，是

人就会。

有些学生是不可以当众赶他出教室的，你赶不出去，硬赶只能自己出丑（我年轻的时候就干过这种傻事）；有些学生是可以把他赶出去的，但是要用别种语言和方式；更多的学生没有必要把他赶出教室就可以解决问题。都要具体分析。

我怀疑彩霞飞老师同时犯了两个极端的错误：一个极端是"哄孩子"，这太软了，另一个极端是发脾气，这又太硬了。而正因为开始对他过于迁就了，才会导致忍无可忍的时候失控发火，前者是后者的基础。越是溺爱孩子的家长反而越容易对孩子施暴，就是这个道理。他把孩子惯得无法无天，最后骑到他脖子上拉屎来了，他能不急吗？

廖××的具体情况我不清楚。但如果彩霞飞老师平日另有教育方法，今日发动进攻之前有几种估计，准备好几种预案，恐怕就不至于这样狼狈了。

事已至此（学生说"班车还没有来"），还有办法吗？有。

一种是硬办法往前顶："我给你打一辆车！"

另一种是软办法下台阶："你到教室外面去等车。"如果他还不动，说："那你到后面去站着。"总之教师要想办法取得一点小胜利，不可全线败退。

我要是校长，我就组织教师讨论常见的课堂突发事件及对策，矛盾僵化时下台阶的策略。讨论出几种预案，印发全体老师。这也是一类教育科研。这比每天用评比压老师、用下岗恐吓老师有意思多了。教师有几个不敬业的？本来就已经战战兢兢的了。教师需要的不是雪上加霜的恐吓，而是实实在在的帮助。

彩霞飞：

　　谢谢斑竹能给我这次讨教的机会。更感谢王老师能给我这样中肯和精辟的点评。您的一字一句都让我觉得汗颜，战战兢兢地看完帖子，鼻尖沁出了一层汗珠。也正像斑竹说的"一语惊醒梦中人"。受教了！

　　真的很谢谢您！

君子涵：

　　"我要是校长，我就组织教师讨论常见的课堂突发事件及对策，矛盾僵化时下台阶的策略。讨论出几种预案，印发全体老师。这也是一类教育科研。这比每天用评比压老师，用下岗恐吓老师有意思多了。教师有几个不敬业的？本来就已经战战兢兢的了，他们需要的不是雪上加霜的恐吓，而是实实在在的帮助。"

　　正想做这样的事情，可是害怕自己的分析不能真正对老师有帮助，害怕我们讨论的预案无法全面而且有科学性。能否请王老师指点如何培训老师？

答君子涵老师

　　非常高兴您能做这件实实在在的事情。

　　我建议您先组织教师讨论，把可能遇到的问题都摆出来，然后排排队，筛选出最急迫的几个，最先研究。研究的问题是：

　　1. 事件。

　　2. 这个事件可能向几个方向发展。（根据以往经验）

　　3. 各有什么对策。（注意每个发展方向都要准备不止一种对策，以供不同风格的教师选用）

有了这些预案，老师就可以不打无准备之仗了。

您不要怕这些预案不全面不科学，它会逐渐完善的。

问题的关键不在于立刻找到答案，而在于找到通往答案的道路。

如果您愿意，我希望您把教师讨论的预案发到网上来，我愿和网友一起给您出主意。

这是真刀真枪的事情，最能打破一切花拳绣腿，最能提高大家的专业水平。

叙事思维

叙事思维主要体现在教师写的总结和文章中。其特点是：有叙事，无研究。有的完全是叙事，有的则是在叙事的头尾贴一个"理论"标签。现在教师写随笔比较流行，网上文章很多，有的还成系列，动辄十几万字，其实细看，里面事实多于思想，无非是记录了自己经历的一些事情。我觉得这些老师还不如踏踏实实研究几个专题。写单纯叙事型的文章太耗费时间和精力了，对提高专业水平意义不大。

【案例59】教育深度叙事写作的误区

请问：深度叙事研究有些什么误区呢？敬请大家帮忙，有何误区说实话我也没有切身的感受，帮帮我！

先谢谢！

——教育在线·班主任论坛　红袖

什么是教育叙事研究（资料）

与注重科学主义的量化研究相比较，现在的教育科研方法更注重的是人本主义的质的研究。

叙事就是陈述人、动物、宇宙空间各种生命事物身上已发生或正在发生的事情。它是人们将各种经验组织成有现实意义的事情的基本方式。这种方式向我们提供了了解世界和向别人讲述我们对世界的了解的途径。叙事普遍地存在于文学艺术作品和我们的日常生活、工作当中，是人们表达思想的有力方式。

叙事研究又称"故事研究"，是一种研究人类体验世界的方式。这种研究方式的前提在于人类是善于讲故事的生物，他们过着故事化的生活。"叙事"是人类基本的生存方式和表达方式。叙事研究是以"质的研究"为方法论的基础的，是质的研究方法的具体运用。所谓质的研究，是以研究者本人作为研究工具，在自然情境下采用多种资料收集方法对社会现象进行整体性探究，使用归纳法分析资料和形成理论，通过与研究对象互动对其行为和意义建构获得解释性理解的一种活动，叙事正是这样完成的。

叙事研究被作为教师的研究方法运用于教育领域，是20世纪80年代的事情，是由加拿大的几位课程学者倡导的。他们认为：教师从事实践性研究的最好方法，是说出和不断地说出一个个真实的故事。目前，这种研究方法已引起了广泛的关注，并被逐渐运用于教师的教育教学经验研究中。这样的教育叙事研究，是教师了解教育和向别人讲述其所了解的教育的最重要的途径之一。它比较容易被一线教师和研究者所掌握和使用。

关于教育叙事研究

看了红袖老师关于教育叙事研究的介绍，感觉教育叙事研究有一个"死结"——"叙事"与"问题"的关系非常难处理。

研究的灵魂是"问题"，任何研究都是为了弄清或解决某个问题，而且问题必须集中，一项研究通常只能解决一个问题。

叙事的情况则完全另一样。叙事很可能"跟着感觉走"，叙事可以记录"事件流"和"意识流"，而不一定提出明确具体的教育问题；然而叙事中却又可能隐含一大堆"剪不断，理还乱"的"问题"，这两种情况都容易导向"非研究"，而不是"研究"。

所以你就会看见，教师的大量"随笔"基本上都是"有叙事，无研究"。有人洋洋洒洒写了很多随笔，都是记叙文，外加一些教育理论标签，既不像文学作品，也不像研究论文，很是尴尬。写来写去，无非是在低水平上重复自我。

研究很难在叙事中进行，因为叙事与研究思维方式不同。叙事，在提供研究资料方面的作用可能大于研究作用。

那么，叙事与研究就绝对无法结合吗？

也不一定。但这对研究者的水平要求甚高，他得兼有文学素养和科学素养。

可以有两条思路：

一条是问题挂帅：我只记录与我要研究的特定题目有关的故事，让事实为问题研究服务。问题是完整一贯的，故事则不一定是完整的生活画面。这种研究文章，我很少见到，实在难写。

一条是故事挂帅：我在故事的叙述中，敏感地触及各种需要研究的问题，打"遭遇战"。故事是完整的，而我的研究则显得零散。铁皮鼓老师的《冬去春又来》类似这种研究方式。

综上所述，愚以为，对于广大中小学教师来说，当务之急并不是提倡"叙事研究"，而应该是提倡"问题研究"。我们从教师们的随笔就可以看出，强调"叙事"很容易造成大量低水平的"讲故事"和抒情，它给教师带来的主要是一种似是而非的满足（我在研究，我有成果），而不是专业水平的真实提高。

红袖老师参考。

外因思维

外因思维是"埋怨思维",把责任都推给外部环境。这种思路非常普遍,这类文章网上多极了。带有明显的情绪性,有的甚至有"愤青"之风(如愿老师下面的文章算是很平和的)。应该承认,这类文章中说的很多话都是事实,也确实应该有人发出这种声音。但是我们也应该听听背景声音。据我所知,世界上很少有国家的民众对教育是满意的,到处都是批评之声。我国百姓对中小学教师的总体素质并不满意。所以我想,教师一方面固然可以批评他人,另一方面也不妨反思反思自己,有批评也要有自我批评,这才全面。据我观察,优秀教师多是侧重提高自身水平而不大爱埋怨的人。他们并不是当了优秀教师之后才嘴软的,正相反,他们是因为把别人埋怨的时间都用来提高自己了,所以才成为优秀教师的。愚以为这个经验有参考价值。

【案例60】读王老师《今天怎样做教师》有感

今天下午我很荣幸地看了王晓春先生的《今天怎样做教师》,给我的感觉是这本书很精彩,其中一个最大的闪光点就是对于我们如何做好老师，如何胜任班主任工作有很强的指导意义！

我平时很少看书的，除了备课。可今天看到王晓春老师的书，用了一个小时的时间细细品读了50页，让我受益匪浅！

1. 首先，很佩服王老师的机智与热情，对于一个60岁左右的老人来说，还能坚持在网上用心回答每一位老师的疑惑，真的难能可贵！

2. 其次，王老师看问题的角度很独特，分析得既通俗又精辟，想班主任之所未想，让人有一种耳目一新的感觉！

3. 王老师多次提到要"对症下药"，强调深刻分析问题的原因，而不能绕开原因直接进入"解决问题"这一环节，真是切中要害！

想与王老师商榷的是：

当你解决一个个呈现在你眼前的鲜活案例时，你是否考虑到当事者老师的心情？所谓"当局者迷，旁观者清"。你看问题时很冷静，可作为当事者有时候很难理智科学地解决问题，可能这就是因为教师都有一个成长的过程！当然，你提出班主任老师要加强专业化知识的学习，我感觉很有必要，可有时候教育环境的影响加上学校领导的要求，教师很难把自己良好的愿望付诸实施！我只是希望王老师在分析案例时，能设身处地为我们身处一线的老师想想！你也呼吁关注老师的生存状态，可现实教育中真正关注的人有多少？能提高教学质量、升学率就是最根本的！教师的生活谁关心过？哪个老师不希望最大限度地、科学地解决学生的问题，可有时候限于外界、内在的原因很难达到！正因为这样，我们要改变自我主动地适应环境，使学生因为我们的存在而更有生气和活力！

我不想多说，对王老师的指点我感谢至极！只是希望王老师能够切身地为我们身处一线的老师考虑一下，那样，你在分析问题时会对我们老师解决问题的方式多一份理解，多一份宽容！当然，我们都会朝你所指的专业化、科学化的方向去发展！

如有不当之处，请王老师赐教！

——教育在线·班主任论坛 如愿

答如愿老师

感谢如愿老师的关注和批评。

我早已脱离第一线教学，所以我说的很多话，都可能有"站着说话不腰疼"的问题，这我是知道的。

那我为什么还要这样做呢？

因为诉苦型的文章，埋怨型的文章，控诉型的文章，网上已经够多了，我说不出更多新意。无非是说体制给我们多大的压力，应试教育如何摧残师生，校长如何拿教师当打工仔，传媒如何对教师不公，现在的学生怎么这样，现在的家长怎么那样……等等。这些话需要有人说，但我不必再凑热闹，我站脚助威就是了。

这些话说完了又如何？起作用吗？我觉得没什么作用。因为社会的发展、教育的发展，有它自身的规律性和阶段性。教育搞成现在这个样子，并不是某个人决策的失误，也不是某个人（不管他有多大权力和能力）所能扭转。现在确实做不到的事情，谁喊也没用，更何况我一个无职无权的人？我当然要尽可能发出声音，以期影响有关决策者，但是我同时还要节约自己的精力，尽量少做无用功。所以我只做我能做的事情，我也希望老师们做自己能做的事情。

而且恕我直言，那些诉苦的文章，不但没有多大好作用，还有麻痹作用，我觉得可能有害。因为人们看了诉苦的文章之后，会有一种似是而非的满足感，好像谁给自己出了气一样。然而回到现实生活中，还是碰钉子，会更痛苦。再说这种东西容易引导教师把责任推卸给环境和他人（不怪我），于是他们就不在提高自身素质上下功夫了，这种思路严重地阻碍着教师专业水平的提高。在下思来想去，觉得自己最好不做这种事。既然给老师送糖果的不乏其人，我还是送点苦口的东西吧。中医告诉我们，苦口的东西往往能去火。

我选择了这样一条路：在无奈中寻找"有奈"，帮助教师在可能的条件下提高自身素质，提高自己的工作质量和生活质量。

我认为教师的生存空间虽然被挤压得够呛了，但还有缝隙，教师虽然常常没有办法，但是许多时候仍然有办法。改变不了环境可以改变自我，而改变了自我，势必促进环境的改变，虽然这种环境的改变可能很微小。人多了不就不微小了吗？

不怕没有路，就怕没人走。

我就是环境的一部分，我就是环境。

我重点在有可为的地方做文章，不可为的地方暂时置之不论。愚以为这是一种现实的、科学的态度，也是一种乐观的、阳光的态度。

教师骂谁，我也跟着骂，这当然很痛快，但这恐怕不是对教师的真正帮助。冷静可能招人不满，但我坚信，当老师们回味我的文章的时候，一定会明白我的心：我是在干实事，不是在煽情。我不用美丽的辞藻哄人，我也不骗自己。我帮不了老师多大忙，帮一点是一点。

如愿：

荣幸至极！

王老师能身体力行、设身处地为一线的班主任回答工作中的困惑，让人感动！

我想说的是，王老师，我并没有批评之意，只是一种理想的希望，也许我太感情用事了！从你的言语中我体会到你对班主任的真真切切、实实在在的帮助与关心！

所谓"良药苦口利于病，忠言逆耳利于行"，相信你的"忠言"一定会促使更多的一线老师向专业化、科学化与智慧型、研究型教师转变！

漂浮思维

漂浮思维就是跟着感觉走，跟着情绪走，被眼前发生的互不关联的事情牵着鼻子走，打遭遇战。思维没有明确的指向性，思考不能围绕一个确定的问题。采用这种思维方式，表面上也可以"解决"一些问题，正是这种表面现象蒙蔽了许多老师，使他们得到一种朦朦胧胧的满足——我在努力工作，我做了不少事情。但从研究的角度看，这是一种没有成果的耕耘，没有产品的生产，头脑在空转。

【案例61】 学生要求换座位

班长婷过来找我，说求我一件事，要换座位。她说，同桌的飞老欺负她，经常用一些贬义词说她，而且上课经常说话，让她听不好课。

我说知道了，会处理的，因为情况没了解到位，我不能立即表态。

飞是一个男生，刚入学我就注意到他，比较内向，比较敏感，与班里其他同学相处得一般，刚开始只有一个好朋友，是他初中的同学，叫正。

期中考试飞考得很差。据他的母亲说，飞到高中阶段没有重视学习，而且提不起兴趣。家里现在已经管得很严了，每天都过问他的作业情况。

飞是班里的电教委员，工作做得一直很认真负责，他自己对电脑也很感兴趣。

现在他对现任班长这样，我周一要先了解一下原因：

1. 是飞与婷的个性相差太大，而导致他看不惯婷？
2. 是婷无意间伤害过他，从而报复？
3. 是他自己无聊？
4. 其他什么未知的原因？

飞是我要关注的一个问题生了，虽然他性格内向，纪律方面并无太大危险，但由于初高中过渡得不太成功，无论在学习还是生活上，他都没适应过来。

我在开学之初找过一个机会跟他聊过，问他有什么特点。他说没什么特点，平时不爱与人交往，爱自己唱歌，但不能算太好，只能是不走调。

下周要与他家长详细调查一下情况。

备课如下：

1. 飞在初中是什么样的孩子？
2. 老师与同学们对他的评价如何？
3. 他平时的学习习惯是什么样的？
4. 在家里，生活是被怎样照顾的，对孩子的要求，家长一般是怎样满足的？
5. 学习上家长是如何关心的？

6. 他的家庭关系如何？
7. 孩子平时的爱好是什么？
8. 家长对孩子学习的要求是什么？

——k12 班风小论坛　无刀有剑

答无刀有剑老师

请您注意，调查除了了解最基本的情况之外，其他问题都是有指向性的，也就是"带着假设的调查"。

比如这个飞，我会到同学中去调查一下他和女生的关系，因为还有一种可能，他其实是想通过这种行为与女班长套近乎。青春期的男孩子，常这么办的。

我先做几种假设，然后用调查来验证，一样一样排除，最后找到一个比较合理的解释，再行治疗。调查绝不是漫无目的的什么都问，那不但浪费精力，而且可能把自己的思路搞乱。

无刀有剑：

今天飞的爸妈都来到学校，是我约的，目的是了解孩子的一些成长史。

家长说飞在小学是很聪明出色的，初中进入到一所相对较好的学校，考进实验班。由于竞争激烈，孩子对自己失去信心，而且开始对学习不感兴趣，进入逆反期。母亲用了一种简单粗暴的办法对待，双方很对立，一度关系搞得很差，现在倒是好多了。我又细问了些问题，得知飞现在的学习基本是家长给安排，包括周日的补课，用孩子的话说"您要是问我的意见,我不愿去上这补习班,但您要是给我报上名了,我也会去上,而且会好好上。"这话怎么听着总感觉有很大问题。

家长说飞现在成了滚刀肉,说的时候"是是是",过后仍是没改变。

我初步诊断飞是早期教育过猛,学习上的事总由家长包办,按家长的要求学习,满足家长是飞学习的一个主要目的。导致他对学习渐渐不感兴趣,最终变成现在的应付式学习。

我给他家长开了一个方子,感觉没开到位,但又不知如何补充,请王老师指点,谢谢!

我的方子:

1. 让家长认识到了当务之急是要培养孩子的学习兴趣;

2. 利用孩子的正在变为成人的时期,教育他对学习要负责,建立学习的责任感;

3. 对孩子的学习适度放手,不要每天都陪着他读到很晚,作业由他自己完成,停止一切由家长安排的补习与学习;

4. 对孩子由"看管盯"转为帮助孩子在学习上的困难,信任孩子,反复告诉孩子,学习是他自己的事,他是大人了,要自己独立。

另一样,是关于他总打扰同桌的问题,我今天找了飞的好朋友,他的初中同学正反映,飞在初中就爱跟别人开玩笑,有时开得过分,就会造成矛盾。

然后婷今天跟我说,不用换位子,她已经找到对付他的办法了。我倒是不知她这办法是什么,还保密,呵呵。

我什么时候找这个飞谈合适,谈些什么呢?

答无刀有剑老师

感觉您的思路在漂移。

开始您主要想解决的问题是换座位（和同桌班长闹矛盾）的问题，而跟家长谈话的时候，好像您已经忘记了这个问题，而侧重了解的是他的全面情况，尤其是学习问题，最后您给家长出的主意几乎全都是冲着学习去的。

于是我就要问：您想解决的问题到底是什么？我觉得您没想清楚。

您不可能一揽子解决学生的所有问题，饭只能一口一口地吃。

所以直到现在，这个学生和同桌发生矛盾的真正原因，您还是不清楚，即使这个问题解决了，您的专业水平也没有得到提高。

这就是教训：处理学生问题时，一定要先把"问题"想清楚，没有问题，就谈不上研究。您现在之所以不知道该跟学生谈什么，主要是因为您没有谈话方向（没有主题）。

我也不知道您该跟学生谈什么。这个谈话方向决定于：您到底想解决什么问题。比如您想治某人的胃病，您一定会向他询问有关吃饭消化等问题，而不会过多关注他是否有骨质增生。谈话方向是由问题决定的。

所以最好先别谈，您想清楚再谈不迟。

无刀有剑：

王老师可谓一针见血，谢谢提醒，我是一直没跟这个飞谈话，正是感觉没找到合适的谈话主题。

就说与同桌闹矛盾的事吧，一是因为同桌婷已经找到解决问题的办法，不再向我投诉飞，也不再要求换座位。二是这个飞也好像没有闹得那么厉害，了解情况时开始可能有些偏差，后来这个婷也说，飞是主要在学习上不明白问她，是在上课时问她，她就烦这个。

与飞的家长谈话，主要不是要处理飞与同桌闹矛盾的事，这个事太小了点。而是想通过飞的家长了解飞的成长史，找到他入高中后学习不在状态的原因，找到他学习出现大幅下滑的原因。

可以这样说，我这边的学生除了学习是没有什么其他大问题的。

我的思路漂移的原因可能是原本要处理的事已经不在了，我的注意力也就漂移了。

问题转换与思路漂移

比如我打算解决学生的某个问题，了解情况的过程中却发现了这个学生更重要的问题或者更根本的问题，我的想法随之发生变化，重新锁定问题，重新确定研究方向（重新确诊）。这叫做问题转换，不是思路漂移。

问题转换的特点是我始终知道自己在干什么，想干什么，我也很清楚地知道自己的问题指向什么时候变的，为什么变的，怎么变的，朝哪个方向变的，一切都在我的掌控之中。我既知己，又知彼。

思路漂移则不然。思路漂移者从一开头就没有想清楚自己到底要面对什么问题，调查什么问题，解决什么问题。他的工作是糊里糊涂地跟着事件跑，这件事如果淡化了，他就被另一件触目的事件吸引过去了。这种情况有点像小孩逛大街，哪儿热闹往哪儿冲，漫无目的。

确如有的网友所说，缺乏整体构思。我觉得还缺乏整体构思下锁定一个个具体目标的诊断能力。

为什么许多老师每天忙忙碌碌疲倦不堪，静下心来一想却感觉头脑空空？基本原因之一是他们的思路总处于漂移状态。也就是说，他们不能每时每刻都清醒地意识到自己在说什么、干什么，他们的工作不处于"自觉自主"状态，那是一种被动的、盲目应付的、不假思索的"干活"状态。

愚以为这种情况在中小学教师中极为普遍而且非常严重（无刀有剑老师并不是其中严重者），值得大家反思。

非逻辑思维

说话不合逻辑，经不起推敲，经不起追问，经不起反驳，这种现象太多了。偷换论题，概念混乱，前后矛盾，思路不清，推理缺乏依据，事实与结论之间没有必然因果关系……网上此类文章比比皆是。说得通俗点就是，我们写的多属"不讲理"的文章。说明我们这些老师从小就没有受到很好的逻辑思维训练，愚以为这是我们基础教育的很大缺陷。一些同志有鉴于此，主张对教师重新进行逻辑思维培训。我想这可能不大现实，还不如结合案例讨论，梳理大家的思路，或许能有些效果。这正是本书的写作目的。

【案例62】几个孩子总爱聊天

我在深圳，教初一。班上有几个女孩子，成绩都是中等，情况各异，但整天聚在一起。两个人都长得很胖，同病相怜，而且都有一种被家长冷落的心理：一个是父母离婚，双方都再婚，都又有了孩子；一个是家长觉得这个孩子不很理想，又生了一个。还有三个是独生女，家里以为女孩子不会让家长操心很多，于是管得也就很少。她们不喜欢学习，喜欢聊天。只要一有时间就聊。中午，其中三个女孩子偷偷留在教室，关严了门窗聊。我总是想，几个孩子老聚在一起，谈论的话题总是一些八卦的新闻，对未成年的孩子来说是不合适的。我一直试图转变她们，结果适得其反，我越是找她们谈话，和她们交流，越是糟糕。那天我说想把她们和她们的家长聚在一起座谈一次，她们很紧张，也很不开心，我也就放弃了。她们不会在班上形成什么气候，不会影响别人。

面对这样的几个孩子，我的做法是不是错了？是不是我操之过急？是不是我要求她们的太多？我曾经让她们当中的四个做过班干部，但她们没什么改变，感觉就是扶不起来。

——k12 教育教学论坛 红舞鞋

答红舞鞋老师

这几个孩子爱聊天，若言不及义，当然不是优点，也应该帮助。问题是先得一个个搞清她们为什么如此喜欢聊天，为什么偏偏她们几个聊得如此投缘（酒逢知己千杯少，话不投机半句多）。

红舞鞋老师也提供了一点背景资料，可惜我看不出这些内容和她们的表现之间有明晰的因果关系。长得胖不一定爱聊天，父母离异的学生也未必都爱聊天，独生子女也不能成为爱聊天的理由……到底是什么东西把这几个人凝聚在一起，恐怕我们并不清楚。连原因都不清楚，如何教育？那只能是一般化的说教，没有效果是完全可以理解的。

我希望红舞鞋老师不要急于干预，还是调查研究要紧。等到红舞鞋老师把每一个人的行为都解释得合乎她自身的性格逻辑、经得起反驳的时候，就可以对症下药了。

学会逻辑地思考，太重要了。

红舞鞋：

现在我的困难就是把握不好她们的行为背后到底是什么心理。她们对学习没什么兴趣，但作业也能天天完成，只有一个的作业差一点，懒惰可能占了很大的成分，加上她们的成绩在年级应该是中下的位置，学习的动力也不足。

在深圳，像我们这样的普通学校，而且又是普通班，都存在着学生的学习动力缺乏的现象，我一直也没找到解决的办法。学生的家境相对好些，生活较为安逸，学生根本不会做什么，很多都是有保姆带着，喝水都要保姆端来，学生根本不肯辛苦做事，整天怨声载道，整天想逃避，只要不在老师和家长的眼前，他们就开心。他们都是不得不写作业，好像作业都不是给自己写的，是给家长写的，我现在所在的这个学校，学生作业都要家长签字，有的学生就模仿家长签名。抄作业的现象又非常普遍。因为老师总是要家长在作业上签名，所以学生每天关注作业远远胜过关注老师讲的什么课程，似乎每天来学校就是交作业和记下当天的作业。他们不怕老师批评，怕的是老师叫家长。

答红舞鞋老师（2）

上次您说的是几个学生聊天的问题，这次又说到了学习动力缺乏、不愿辛苦做事、抄作业等问题。请问您到底想解决什么问题？莫非您想一股脑解决所有这些问题？虽然这些问题互相之间有联系，但是毕竟不是同一个问题，也没有一种办法能够"纲举目张"地解决它们。

恕我直言，您是越说越乱。这不像讨论问题，倒像闲谈，只不过谈话内容与工作有关而已。

所以在我看来，您的当务之急并不是解决学生问题，而是自身学会清晰地提出问题，然后围绕这个问题进行合乎逻辑的思考。否则您尽管说呀说呀，其实并不知道自己在说什么。这种现象在中小学教师中很常见，令人忧虑。

【案例63】不要用提问来惩罚学生

课堂上，老师正在精神抖擞地讲着，突然看到在教室后排左边的一个学生与同桌小声说话，不禁生气道："××，站起来回答问题！"××自然回答不上来。于是一阵暴风骤雨向这个同学劈头盖脸袭来。

这种情形，相信我们课堂上并不少。一些有经验的老教师还会将此作为治理课堂说话的"绝招"、"秘诀"传给青年教师。事实上，这种方法有时也确实能起到一定的作用。

但是，这是不是意味着这种方法就值得"借鉴"和"维护"呢？非也。

第一，作为一种惩罚手段，提问并不能引起学生对学习的兴趣，反而可能使学生更加厌恶学习。

第二，当学生回答不上来时，可能会因受到其他同学的嘲笑而自我感觉更差。这显然与教师惩罚他们的初衷是相背的。

第三，教师如果仅仅将提问作为惩罚违纪学生的手段，就大大降低了"提问"在课堂教学中的重要作用，使之变成一种无意义的控制学生的行为，而不是一种有意义的课堂教学行为。

——k12 教育教学论坛　流光 a

变质的提问

流光老师的意见很值得注意。

提问，本来是教学手段，可是有些老师却把它变成了管理手段。这样，提问就变质了。

课堂提问的作用，主要是启发学生思考和检验教学效果。如此提问，教师的身份确实是教师，但是当教师以提问为手段维护课堂纪律或者"修理"学生的时候，教师就像官员或经理了。

惩罚式的提问，降低了提问的学术含金量，增加了学生对思维的反感。大家都知道，学生年级越高，举手回答问题的人越少，这可能是一个重要原因。

如果回答老师提问的时候有一种类似等待审判的感觉，谁还愿意答题？

如果教师提问谁，谁就可能是"不注意听讲"的"犯罪嫌疑人"，谁还愿意被教师提问？

所以，我坚决主张把教学提问和维持课堂纪律这两件事分开。提问就是提问，不要说什么纪律。如果某学生确实因为不听讲而答不上问题，我当时也只说问题本身，至于纪律问题，课下再说。我可以批评他不守纪律，但是我明知道他可能答不上问题，就不会刻意以问题让他出丑。经验告诉我们，让学生出丑，多半只会增加学生对学习、对教师的厌恶，长远来看，弊大于利。这是一种短期行为，明显含有一种"控制欲"。

流光老师的文章还告诉我们，对很多长期流行在教师中的"高招"、"秘诀"，必须从教育理念上加以审视，否则谬种流传，青年教师还以为这是"先进经验"呢！

把提问作为管理手段，无可厚非

姜元杰

有的老师在学生回答不出问题的时候，给学生难堪。问题出在这个"给学生难堪"上面，而不是"把提问作为管理手段"上。

我们知道，当学生上课不听课的时候，怎么把他的思路拉回来？最好的方法就是向他提问，提醒他跟上班级的学习进程。有经验而爱护学生的老师会做得很巧妙："哦，请你坐下，好好思考，认真听同学的发言。相信你会搞清这个问题的。"

流光老师反对的是把提问当作惩罚手段。具体分析一下，我们就会发现：做惩罚手段的不是提问，而是跟着提问而来的批评、讥讽和嘲笑。如果我们把这些批评、讥讽和嘲笑去掉，提问作为管理手段，就会不但是合理的，而且是巧妙的。

关于教学中使用管理手段，甚至是批评手段是否合理，教学手段是否必须和管理手段分开等问题，暂且不议。

以提问为管理手段是下策

锤子是用来砸的,钳子是用来夹的。如果我用锤子用惯了,需要夹的时候(比如起钉子)我也锤,左锤右锤,钉子活动了,我把钉子起下来了。于是我就说:"用锤子当钳子用,有何不可?"

学生不听讲,我用提问方式,当然也可以起到提醒作用,但如此我的问题本身已经变味了。它不再是对于问题的探究,而成了一个"警铃"。问题本来是对事的,我现在拿来对人了。这样,我就给学生做了一个坏榜样——我的语言的真实含义与表面意思是两回事。恕我直言,这不真诚。而且对于知识,这是一种不敬。以后我再提问,学生就得多一个心眼:老师这个问题到底是让我们探究知识呢,还是用来"修理"谁呢?显然,这是让学生分心,对教学没好处。

教学问题,只能引导学生进行知识性的思考,不能用来提醒学生遵守纪律,否则就是拿锤子当钳子用。这是一个概念是否清晰的问题。

其实用提问促使学生听讲和用罚抄促使学生努力学习,二者的思路是一样的——想用业务手段解决非业务问题。这叫做"德育的智育化"。

提醒有多种方式,何必非用提问?这种提问,即使你面带微笑,即使你毫无批评,学生也明白你是什么意思。我要是学生,我会想:您还不如直接批评我没注意听讲呢!绕什么弯子?

至于那些确实听不懂的,或者确实不想听的学生,用提问法就更无效了。

所以我主张,知识问题用知识手段解决,纪律问题用管理和教育手段解决。二者混用,必互相损害。

伪思维训练

这是附带谈的一个题目,但也很重要。如今社会上流行耍贫嘴,以油滑充幽默,拿肉麻当有趣。很多电视剧的基调就是油滑,而很多人误以为是聪明。其实这种东西并不是智慧,只有消费性没有生产性。作为消遣倒也无可厚非,但我们必须明白它的负面作用,小心它损害孩子的智力和人品。

【案例64】关于脑筋急转弯

有的家长觉得"脑筋急转弯"里面都是成年人的东西,不科学,不适合孩子。

比如这样的题:"倾国倾城貌是什么意思?答案:大地震!""中国最早的姓氏是什么?答案:姓'善',人之初,性本善。"

我也听到很多家长说:挺好的,可以让孩子思维发散开来,起码比天天背诵老师给的死答案强。

比如这样一些:"3+1什么时候等于5?答案:在错误的情况

下。""青春痘长在什么地方不发愁?答案:长在别人脸上。"不仅能让我们摆脱思维定式,还妙趣横生,难怪孩子们会喜欢。

——地球女儿

所谓"脑筋急转弯",多半是练习耍贫嘴

我所见到的脑筋急转弯问题,很少有能切实提高孩子智力的,事实往往正相反,它在毁坏孩子的智力。脑筋急转弯里面,通常没有知识,没有逻辑,没有智慧,更没有科学。有的只是最浮面的简单联系,或者纯属废话,或者最低水准的诡辩。

我们来看上面几个例子。

1. "倾国倾城貌是什么意思?答案:大地震!"

这显然是把"倾"字和"地震"生拉硬扯地联系在一起了。请问孩子做了这样的"脑筋急转弯"之后,是增加了知识,还是提高了智力?什么也没有。说不定还更糊涂了。把两个表面不相干的事情内在地联系到一起,这是智慧;而把它们外在地扯到一起,则最多只是油滑而已。

2. "中国最早的姓氏是什么?答案:姓'善',人之初,性本善。"

这就属于强词夺理了。它是利用"性"与"姓"两个字音似做的文章。这种思路很可能是从相声《歪批<三国>》之类学来的。《三国》中周瑜有"既生瑜,何生亮"之叹,于是相声演员就说,可见周瑜母亲姓"既",而诸葛亮的母亲姓"何"。这其实是一种玩笑话。用这种思维方式引导孩子,莫非想把智力教育相声化?我想,孩

子学了这种"急转弯"之后，可能更分不清"性"和"姓"两个字了，而两个字的区分是很重要的。

3．"3+1什么时候等于5？答案：在错误的情况下。"

这是愚蠢的废话，不过哗众取宠，博人一笑而已。

4．"青春痘长在什么地方不发愁？答案：长在别人脸上。"

这就不止是废话了，它还包含着对别人的缺点幸灾乐祸的意思，潜移默化中进行了冷漠自私的教育。

可能有人会说我太吹毛求疵了。

我其实并不想和这种东西较劲。春节晚会上不是也有一些这类语言吗？作为一种生活的润滑剂，它们也有某种价值，有点也未尝不可。但是现在有人在较大规模上把这种东西向孩子们推广，而且还居然打着什么"开发智力"、"发散思维"的旗号，作为教育者，我就不得不说几句了。

您没看见有不少孩子贫嘴贫舌，外表显得很机灵实际上什么本事也没有吗？我认为现在流行的所谓"脑筋急转弯"，就是在帮助造就这种"小油条"。这是一种社会浮躁，必须进行适当的抵制。

下篇

涵养科学精神

本书的主旨是通过案例分析讨论教师的思维方式。上篇主要剖析了教师的各种常见不良思维方式，重在"破"；下篇则主要是研讨和推荐作者认为比较科学的思维方式，重在"立"。

科学的思维方式是以科学精神为前提和基础的。你会发现种种不良思维方式有一个共同点——缺乏科学精神。所以下篇从涵养科学精神说起。

【案例65】再说科学精神（摘要）

教师的专业化水平和教师的社会地位存在密切关系。如果教师只是一种谁都可以从事的职业，而不是不可替代的专业，那么谁还重视教育？谁会尊重教师？面对教育现状和教师境遇，拯救教育、拯救教师的唯一途径就是：加强教师专业化建设，使教师早日步入专业化轨道。

牢固树立教育科学观。教育是科学，从事教育和评价教育的人，需要具备相应的学术背景，接受专门的职业训练。和其他专业不同，教师的学术背景由两部分组成，一是学科学术背景，二是教育学术背景。实践中，人们常常重视前者，忽视后者，教育学术被掩盖在学科学术的背后，导致人们形成这样一种错误认识：只要具备某一学科相应的知识，就可以成为某一学科的教师。随着教育普及程度的提高，这一观点几乎发展到"人人可以当教师"的地步。

教育是一项专业性极强的工作，绝不仅仅是肯卖力气、多搭工夫就能做好的。教育需要建立一整套规范的专业技术。教育理论和教育实践之间存在一条鸿沟。教育理论与教育实践的脱节，为社会诟病教育留下口实，教育者自己也常在此处迷茫徘徊。因此，需要架设一座桥梁，把教育理论和教育实践紧密联系在一起，这座桥梁就是规范的专业技术。没有规范的专业技术，理论就无法转化为实践；教育工作和对教育工作的评价，就会因此陷入困境，或带有强烈的随意性；教师因此演变为想怎么干就怎么干、怎么干都可以、谁干都行的职业。这样，教育效果就无法保证，教师地位就无从谈起。

——k12 教育教学论坛　平谷小李

实实在在地把教育作为一种科学技术来研究

小李老师说："和其他专业不同，教师的学术背景由两部分组成，一是学科学术背景，二是教育学术背景。实践中，人们常常重视前者，忽视后者，教育学术被掩盖在学科学术的背后，导致人们形成这样一种错误认识：只要具备某一学科相应的知识，就可以成为某一学科的教师。"

其实无论教育还是教学，我们基本上都不曾本着科学精神，作为专业技术研究过。它们都是被当作"工作任务"来对待的。教研部门应该是研究教学的吧，你去看看教研部门，他们的主要工作是行政性质的，还是学术性质的？他们推动教学，主要靠权力（布置任务、检查、评比），还是靠自身的学术水平？他们到学校去，给教师的感觉，主要像个"领导"，还是像个学者？恐怕都是前者。

在我们这里，学术只是点缀和外衣，重要的是权力。

教学尚且如此，教育就更甭提了。恐怕历来就没有什么部门是专门研究教育专业技术的。甚至作为一个教师，到底哪些是他必备的教育专业知识，我们都不清楚。教育学会多如牛毛，可不知他们在忙什么。班主任工作主要是行政工作还是专业工作？不明白。给人的感觉，班主任是一个落实校长指示的代理人，根本不是一个独立的专业技术人员。医院里，院长也是医生的顶头上司，但这只是行政关系，在给病人治病的问题上，院长就不能乱插嘴了，因为医生是专业人员。我们的校长则无所不能。他可以完全不经过任何科学论证，就主观地规定你的班级平均分要达到多少，你还必须做到；他说没有教不好的学生，你就必须把每个差生都转化过来。医院院长有命令医生必须把每个病人都治好的吗？没有。因为他还懂得尊重科学，尊重医生的专业人员身份。

在一个不尊重科学的氛围里，很少有人会认真研究专业技术的。中小学教育界的现状大抵如此。

但是，谁不尊重科学，谁肯定要碰钉子，所以说到底，这些人早晚还得屈尊请教真正懂专业的人，因为教育教学毕竟需要专业技术，教育绝不是手里有权有钱就能做好的事情。

所以，现在必须有一批不计名利得失的教育工作者，沉下心来实实在在地把教育作为一种科学技术来认真研究。这是社会发展的需要，这是教育发展的需要，这是广大教师的需要。那些官气十足的人也会变的，形势会迫使他们一天比一天更尊重教师的主体地位和专业人员身份。比如及格率、优秀率、升学率这些东西，总有一天需要开听证会才能确定，而听证会又必须有教师参加。这才符合科学发展观。校长一拍脑门就拍出个"伟大战略部署"的"大跃进"时代已经过去了。

【案例66】"怎么管"的第一步（摘要）

昨天晚上，在QQ上和朋友聊天。她对我讲：通过你的文章能够发现问题，但是无法解决问题。她说，读过《除了说教，我还能做什么？》这篇文章后，意识到"不会管"的现象的确存在，但如何管呢？文章没有提供切实可行的解决办法。朋友的话让我颇觉汗颜。一直以来我致力于教学实践的研究，最大的希望是给阅读这些文字的朋友提供一些实实在在的帮助或启示。真的没有想到，作了很大努力，还是没有跳出"说空话"的窠臼。反观自己的这篇文章，的确存在朋友所说的问题。于是再次拿起笔，就"如何管"谈一些具体的看法。

很快我便陷入思考的困境。教育过程中我们遇到的问题千奇百怪、学生各种各样，每个问题的处理方式好像都不一样，每个学生的教育方法好像都不相同，每个教师的工作方式各有特色，似乎并不存在一种规范的、标准的方法和模式。然而科学教育观让我执著地相信,无论问题多么复杂,即使千头万绪杂乱无章,它的背后一定隐藏着某种普遍性的规律,找到这种规律,并按规律办事,一定能建立一种较为规范的、标准的解决问题的方法和模式。这就是教育技术。

"如何管"是一个大话题。有的时候它表现为手到病除的具体方法,有的时候它表现为分析问题的思路和解决问题的模式。首先澄清一个概念,这里所谓的"管"不单指管理,而是教育和管理的综合体。这样写只是为行文方便,特此说明,以免引起大家的误会。

很多教师在孩子犯错误的时候习惯性地问一句"为什么"。比如孩子迟到了,老师就问:"怎么又迟到了?"孩子没完成作业,老师就问:"为什么没写作业?"遗憾的是,相当一部分教师在问为什么的时候,不是询问的语气而是训斥的口气,句尾不是问号"?"而是叹号"!"。也就是说,教师并不是在探究现象背后的原因,而是在训诫学生。这种情况下,学生无需回答。事实上教师也不希望学生做进一步的解释,只要老老实实低头认罪、引以为戒下不为例就行。这将导致孩子向两个极端发展:一部分更加"聪明",见风使舵、顺情说话、表里不一;一部分更加"倔强",故意作对、找茬、狡辩、师生关系紧张。不管走向哪一种极端,他们当时提供的信息都是不准确的,老师因此做出的归因分析也不是客观的。行为可能得到暂时的控制,但问题依旧存在。有些孩子"屡教不改",有些问题反复出现,症结常在于此。

"如何管"的第一步是"为什么"——问题归因分析。此时教师最重要的是保持心平气和,给孩子创造一个较为宽松的环境,让他们讲实话、真心话，以保证教师获得准确的信息。教师向学生询问情况时，句尾一定要用问号不要用叹号。

时机的选择也非常重要。有些教师常常犯急躁的毛病，看到学生出现问题立即火冒三丈，非要弄个水落石出。这样做常常事与愿违。因为孩子出现问题后，出于自我保护立刻在心里设下一道防线，准备与即将到来的批评和责难进行抗争。此时教师向孩子"进攻"，正好落入孩子的"圈套"。于是他们便把已经准备好的自以为冠冕堂皇的借口摆出来，让教师处于被动。

要用普遍联系的观点看待孩子身上出现的问题。归因分析时切忌把目光聚焦于特定情境和特殊事例。要从多个视角、多个层面观察分析，在更广阔的背景下和更大范围内思考问题。"就事论事"常常把我们带入死角，让师生间结成"疙瘩"。

保持平和的心态，选择恰当的时机，用普遍联系的观点探究现象背后的原因，是实施"怎么管"的第一步。

——k12 教育教学论坛 平谷小李

个案处理的两个前提

小李老师这篇文章很精彩，既有理论概括，又联系实际。

小李老师提出的三点——保持平和的心态，选择恰当的时机，用普遍联系的观点探究现象背后的原因，都很正确。我来补充点内容。我认为，教师要处理好个案，需要两个前提。

1. 要有科学精神、科学态度和逻辑的思维方式。

比如有的与老师发生冲突的学生，教师会认为他无情无义，成心捣乱,这种判断失误首先不是因为老师没有认知能力,而是因为缺乏科学精神,他们太主观了。科学精神要求人们在认识研究对象的时候,尽可能排除主观色彩。比如我要研究地震,我每天讨厌它,还怎么研究?这些老师如果有科学精神,他们就会承认,这个孩子和老师作对,肯定有他自己的逻辑,正像你碰地雷它就会爆炸一样,地雷是不会因为你骂它它就不敢爆炸的。所以问题的关键不是判断他行为的是非,而是搞清他为什么会这样。

主观地、情绪性地对待问题,就没有科学了。

不分析,不推理,不论证,不给学生的表现一个合逻辑的解释,只作道德判断,这太省事了,也就没有科学了。

科学是讲道理的,你必须详细说出个前因后果来,而且要经得起质疑和反驳。

科学精神、科学态度和逻辑的思维方式是应该从小培养的,教师已经是成人,要重新养成这样的习惯,实事求是地说,不容易,他们往往都太习惯不动脑筋地、主观地、情绪化地下结论了。需要有一点战胜自我的决心,才能过这一关。

2. 脑子里要有一个"参考图"。

正如小李老师所说,遇到问题,处理之前,先要进行分析归因,也就是我常说的诊断。但是要进行诊断,恐怕需脑子里要先有一个"参考图"。比如我看到一个学生爱跟老师作对,我脑子里应该立刻能展开一张"参考图",图上标明这种症状可能的几种病因,每种病因的症状特点有什么不同,每种病因的"常用药"是什么。这样,我就可以通过调查和询问,排除不相符合的项目,初步锁定病灶和病因,然后开药方试治了。这种"参考图",就是教师必备的一般专业技术知识。脑子里没有这种"参考图",诊断是很难进行的。就是说,即使教师懂得了诊断的重要性,他遇事也往往还是不会诊断,因为他摸不着门。从这一点来看,许多老师遇到问题上来就问"怎么办",也是可以理解的,他不具备诊断问题的专业知识,又想解决问题,只好向你讨招。

我们不能要求每一个教师都独立完成这一系列"参考图"的构建。应该有一些人专门从事这种工作,构建"教育诊断学"的体系,供教师参考。当然,在实际教育活动中,每位教师脑子里的"参考图"都应该有自己的个性特点,正如一个人的知识结构与另一个人不会雷同一样,但是它们却完全可能有大致相似的结构,就好像同是内科的医生会有大致相似的专业知识结构一样。

愚以为,构建这个教育知识结构"参考图",是一件很重要、很有意义的事情,它一定会对广大教师有所帮助。而拙著《问题学生诊疗手册》,就是构建这种"参考图"的尝试。

【案例67】个案研究三要素

为什么要进行个案研究?简单地说,因为个人和集体、局部和整体是相互影响的。通过集体可以解决很多学生的问题,但是不能解决所有的问题,有些学生的问题还需要个别解决。把个别学生身上发生的事情,研究好、处理好了,有助于集体的正常发展;把集体中局部的问题解决好了,有助于集体整体的提高。

的确，个案研究是很耗时间的。但是，磨刀不误砍柴工。作为教师，研究是利己利人、利国利民的事业。研究可以带动思维方式的变化，研究可以带来心态的改善，研究可以促进师生关系的和谐，研究可以促进效率的提高。

个案研究有三个要素：

1. 锁定问题表现形式。解决"怎么样"的问题。通过视觉、听觉等感官，调查、访问等渠道，掌握尽量详尽而关键的材料，明确问题的表现形式是怎样的。好比医生用望闻问切、透视拍片等手段确定病症。

2. 分析问题出现的原因。解决"为什么"的问题。这里用得着胡适提出的"大胆假设，小心求证"的分析方法。多提出几种假设，然后不断地反驳这些假设，推敲这些假设，力求找到问题出现的真正原因。这好比医生分析病因。这一步需要有教育学、心理学的专业知识，需要有社会阅历做支持。我们应该在这些方面不断丰富自己。

3. 探索问题解决的对策。解决"怎么办"的问题。现在有各种各样的理论和方法，有些甚至是严重对立的，它们之间会有争论。这很正常，三教、诸子至今在争论。八仙过海各显神通。要在实践中选择适合自己的理论和方法，找出解决问题的途径。这好比医生开处方。

当前，从网上一些老师的个案研究来看，存在的问题有：

1. 对问题表现形式即"怎么样"的问题，有的表述得不够简洁，有的缺乏逻辑，有的掌握材料太少；

2. 没有认真问一问"为什么",没有认真地假设和求证。只是感到困惑、震惊,急于知道解决办法,没有独立地思考问题的原因。

3. 缺乏教育学、心理学专业知识和社会阅历做支持。

但是,一般经过三四个月认真的学习,就会有明显的进步。

——k12·班主任论坛 zhangxiaoz

学会思考

非常感谢 zhangxiaoz 老师的精彩概括。

其实我在这个专栏(指 k12 班主任论坛·班风小论坛)里给自己规定的主要任务并不是帮老师们"支招",而是引发老师们思考,和老师们一起学习。

我发现有不少老师没明白我的初衷。他们把这里当成了一个装妙计的"锦囊",遇到麻烦就来讨招,讨回去就用,用了管事就盲目高兴,用了不管事就盲目埋怨,管事不管事他都没弄清所以然。这种老师,很难有较大进步,弄不好会始终站在门外。

《三国演义》中关于诸葛亮锦囊妙计的描写贻害无穷。它鼓励对神人的盲目崇拜,鼓励人们做不动脑筋的单纯执行者,泯灭人们的主体性和探究精神。我相信这种描写与中华民族的集体无意识有关,我也相信这种东西更加固化了此种集体无意识——培养"不思维"的思维方式,培养思想上的盲从。你会发现至今许多学校出台某种措施的时候仍然很少进行论证,执行者也很少质疑,"上面说,下面做",上下都没有认真思考。

所以,我们研究个案的主要目的并不是"解决这个问题",而是通过这个问题的分析和处理，学会探究的、分析的、逻辑的思维方式，学会自己动脑筋。

首先是学会正确地提出问题。

老师们在我这个专栏里提出的问题有两类：一类是"应激性"（反射性）的问题，一类是"探究性"的问题。环顾其中，满眼都是第一类问题，第二类很少。

所谓"应激性"问题，是没有任何学术色彩的生活化的问题。也就是说，我把我遇到的麻烦陈述一遍，然后问"怎么办"。提出这种问题几乎不需要任何思考。你会发现有些老师叙述问题非常杂乱，不用说问题的梳理、排队、筛选，就连事件经过的叙述他都没有什么整理和梳理，很多帖子我看到最后都不知道学生几年级，作者到底想要解决哪个问题。作者似乎完全不知道什么信息是必须掌握的，什么信息是应该了解的，什么信息是可以忽略的，什么信息是真实的，什么信息是可疑的，他只是把自己的见闻往你面前呼啦啦一摊，然后就问："怎么办？"我真的看不出这里有什么专业色彩。这和普通老百姓发牢骚、聊大天有多少区别呢？

问题是研究的灵魂。如果不能正确地提出有探究价值的问题，研究根本无从谈起。

所以，要成为研究型教师，首要的任务是学会提出问题。

为什么身为教育者，却连提出问题都不会呢？

这正是我们教育的恶果。我们的教师从小受到的教育，从来都不是鼓励提问的教育，我们的教育只是"答题教育"，而且你还必须按照规定的答案来答题。经过多年的这种教育，不但人们提问的能力无从发展，就连提问的动机都退化了。不但不会问，甚至不想问了。除非自己遇上了麻烦才会去问，而这种问法，与其说是提问，不如说是求助，难以导向思考，却容易导向"接受"。

上月我到某区给一个教师培训班讲课，主持人告诉我，听课教师有一半是研究生学历，其他至少是本科生。我心里想，研究生，总该喜欢研究吧？我就鼓励他们随时打断我的讲课提问，而且说特别欢迎反对的意见。结果发言者寥若晨星。呜呼！

黄铭钢：

上面 zhangxiaoz 和王晓春老师的对话有一定道理，但忽略了几个问题。

一、理论者和实践者的区别。作为一线教师，身负重重困境和压力，把这归结为集体无意识有一定道理，但不可否认还有很多老师有思想，有研究精神和研究方法，只是还没有充分的时间和阅历上升到理论的高度。同时一线教师往往身心疲惫，迫于现实的压力往往寻求最直接的手段，不问"为什么"直追"怎么办"，这就很好理解了。

二、思维的发展有一个过程。可能不是三四个月的学习所能形成的，而要在思考和运用中形成。或许要一年甚至更长时间。

个人观点，请批评指正。

答黄铭钢老师

思维方式是人们长期形成的思考习惯，与本人是否是理论工作者并无必然联系。有些搞教育理论的人，让他去当班主任，遇到具体问题，他的应对思路，也完全可能是错误的，未必比一线教师高明。

思维方式与压力大小、时间充裕与否也没有必然联系。寒暑假期间，教师的时间应该是比较充裕的，压力相对也较轻，可是你看教师寒暑假写的文章，思维方式与平时并无二致，他还是他。

思维方式甚至与年龄都没有必然联系，有些学生的思维方式，明显比教师强。

思维方式其实是人性格的有机组成部分，形成是不知不觉的，改变起来很困难。

愚以为，目前多数教师的思维方式问题很大，主观、混乱、缺乏逻辑性，简单点说就是"不会想事"。要改变这种局面，需要大家长期艰苦的努力。至于具体到某个教师，他能够用多长时间改变自己（如果他有改变之愿望的话），那很难说，因为人的悟性是不同的。学生不也有聪明的和不够聪明的吗？教师也是一样的。

全面了解情况

要解决问题,先要了解情况。了解情况需要有正确的态度和一些技巧,否则情况了解不上来。了解情况要全面,片面的情况会导致错误的判断。所谓全面,一个是要纵向了解问题的过去和现在,一个是要横向了解有关方面的情况,特别是反面情况。了解情况要有假设做引导。因为所谓"全面"是没有边界的,你不可能把什么事情都问清楚,你必须有个提问的方向,你是沿着某种思路进行调查的,不是漫无目的地乱问。当然,有些常规项目总是要问的。比如处理学生个案时,性别、年级、家庭基本情况都要问,如同医院里量体温、血压一样。

【案例68】班有"怪"女

今天是个重要的日子——期末考试。我和学生们一样紧张,一大早就来到学校。督促学生复习了一会儿,我发现程某竟然还没来,而这时已经是七点半了!我急急地给她家里打了个电话,得知她头疼要晚些来。可到了八点钟,还是不见人,又打电话催,她奶奶的回答很不肯定,我干着急,离考试的时间越来越近了!

说到程某,老师、同学都觉得她怪。一年级到五年级,她没唱过歌,没做过操,也从不愿意参加集体活动。老师若一定要到她家去家访,她肯定会眼泪汪汪。班里她只有一个朋友,而这个同学也不理解她为什么如此孤僻!随着年龄的增加,我发现她越来越"怪",这学期甚至不愿参加计算机考试!

但发生今天这样的事情,是以前从未有过的。我等到八点半,语文考试开始了,她还没来,我估计她不来了,也许是怕考试。

没想到快九点时,程某被她妈妈带来了,眼睛红红的,一副不情愿的样子。到了考场,哭着赖在门口,使劲地摇头,拽着她妈妈的手臂不放,不愿进去。不管我们怎么劝导,她就是倔得像头牛!最后,她妈妈硬是把她背进了考场,她才只好考试了。

然而,考完试发生的事情更怪:她待在考场里看书,不愿回教室里复习其他两门课。我不好勉强她,就由她吧!

午饭的时间到了,我留意到她没下来排队,叫她的好朋友去喊她,结果她不愿意去吃饭,说是吃不下。她还是一个人坐在考场里。

吃过午饭,我不放心,就把自己带的饼干和番茄送给她吃。开始她摇头,在我的劝说下,她点头答应吃些饼干了。过了一段时间,数学老师开始和同学们复习数学了,我又去考场里找她,发现她把我给她的东西都吃了,可当我要她回教室听老师复习重点时,她依旧倔强地不肯去。我怎能勉强?

考完数学,她才"正常"地回到教室,和其他同学一起了。

说实话,我很担心她的成长,她妈妈只是觉得她特别"倔",而我觉得她有严重的心理障碍，所以把此事记录下来，想寻求解决的办法。希望得到帮助！

——教育在线·班主任论坛　没懂

能问几个问题吗？

1. 这孩子是谁带大的？家庭教育风格是怎样的？父母的职业是什么？
2. 她父母二人关系如何？
3. 她在家里的表现与在学校有何不同？
4. 孩子学习成绩一向如何？
5. 她在班里唯一的朋友性格有什么特点？
6. 她在幼儿园时表现如何？
7. 能不能在她放松的情况下问问她本人："你为什么不爱考试？为什么不想唱歌？为什么不爱参加集体活动？为什么不喜欢和更多的人交朋友？为什么你只喜欢和一个人交朋友？她什么地方让你喜欢？"

要解决问题，先要分析问题；而要分析问题，就必须把思路展开。光盯着孩子眼前的表现，那是什么也想不出来的。

没懂：

首先感谢你给我的建议，使我一下子发觉自己的工作做得还不到位！

我是去年接她这个班的，已五年级了。开始时，她总是坐在位子上，很少说话，很少站起来，既不参加活动，也不和同学吵闹。唯一的课余活动可能就是和她的朋友姚某聊天。姚某也很文静，属于乖巧听话的那种。她们两人在一起时，似乎她很有话说。

因为觉得她"怪"，我决定去家访，但我想先得到她的同意。我把我的意图告诉了她，她一个劲地摇头，眼眶红红的："我家里没人的！"她断然拒绝我。为了不伤害她，我没有勉强。

我暗做调查，发现她也有一个正常的家庭，只是爸爸妈妈工作时间很长，很晚才回家，她奶奶也要到下午五点多才下班，所以家里到五点多才有人。她几乎天天不愿早回家，在学校里做家庭作业。

说到她的"怪"，可能很小时就开始了，用她妈妈的话讲，是从小脾气特倔，没人能勉强她做她不愿做的事。有学生告诉我：三年级时，她为了逃避音乐考试，竟钻到了桌肚里。我也多次领略了她的"怪"：学校组织五年级学生去春游，她不愿参加，硬要父母在这天带她去看牙病；"六一"节，学校里搞活动，她又没来，不愿和大家一起玩。唯一不怪的就是她能自觉遵守纪律，自觉完成学习（这次考试是个例外）。

作为班主任，我很在意她的表现，也经常想和她聊聊，可她就是"拒人于千里之外"，或许她真的有自闭症？

反射性问题与研究性问题

我先说说我上次为什么提那几个问题。

1. 这孩子是谁带大的？家庭教育风格是什么？父母的职业是什么？

因为孩子形成这样的"怪"性格，无非三方面原因：遗传原因，家庭教育原因，幼儿园学校原因，而其中家庭原因是主要的，尤其是6岁前和谁在一起，非常重要。所以我先问她是谁带大的，家庭教育风格是怎样的。为什么要问父母职业呢？因为经验告诉我们，家长几乎总是不知不觉地要把自己的职业习惯思维迁移到家庭教育中来，对孩子影响很大。

2. 她父母二人关系如何？

如果这个孩子的主要问题是情绪问题，那很可能来源于父母紧张的关系，这种例子很多。

3. 她在家里的表现与在学校有何不同？

如果她在家里和学校差不多同样"怪"，那可能孩子的个性就是如此；如果在家里并不如此，那就可能是在学校受挫折造成的。这两种情况是不一样的。

4. 孩子学习成绩一向如何？

如果她学习成绩不好，那她这种"怪"就可能是自卑心理；反之，就要寻找其他原因。

5. 她在班里唯一的朋友性格有什么特点？

看人观其友。朋友是人的一面镜子，我们研究一个孩子跟什么人交朋友，可以更准确地了解她的性格。

6. 她在幼儿园时表现如何？

如果她在幼儿园的时候就这样"怪"，那可能是个性特点；如果那时尚好，就有可能是小学教师的某些失误造成了孩子的退缩。

7. 能不能在她放松的情况下问问她本人："你为什么不爱考试？为什么不想唱歌？为什么不爱参加集体活动？为什么不喜欢和更多的

人交朋友？为什么你只喜欢和一个人交朋友？她什么地方让你喜欢？"

这是最重要的。"怪"只是别人的感觉，"怪"孩子自己是不会感到自己"怪"的，她不过率性而行就是了。比如你觉得她逃避音乐考试很奇怪，她自己却可能觉得，要是去考试了，倒是很奇怪的。关键是我们要找出她的标准，她的价值观，她的思路，才能正确引导。

总起来说，我不是漫无目的的提问，我的提问是有方向的，有假设的，我是用提问来验证我的某些想法。这种问题，我称之为"探究性问题"。

可是我发现很多老师遇到学生的问题，他们的提问却完全不是这样。他们把自己看到的表面现象带着感情（或厌恶，或震惊，或迷茫，或愤怒）叙述一遍之后，就问："这样的孩子怎么办？"他们在提问之前没有思考，没有假设。我把这种提问称之为"反射性问题"，像条件反射一样。这种问题的含金量太低了。

我们拿医生和病人来比方。比如我头疼，我就去找医生问："怎么办？吃什么药？"我这属于反射性的问题，其中没有丝毫的科技含量。

医生又问了我不少问题。问我什么时候开始头疼，以前有没有过头疼的历史，哪个部位疼，怎么个疼法，头疼是否伴随发烧……。他这些问题可不是随便问的，他在问之前就有多种假设，他是在通过提问验证自己的假设，以便确诊。他的问题是探究性问题，科技含量高。

许多老师的提问都属于病人式的提问，而不是医生式的提问。可是教师是专业人员呀！你有专业职称证书呀！专业人员竟然提不出专业性问题,这就有点名不副实了。

愚以为这是我们师范教育和继续教育的失败。

我一直以为,许多老师提不出专业性问题,是因为缺乏质疑的习惯,不爱动脑筋,不能独立思考,不爱问"为什么",现在看来,不光是这个原因。要提出专业性问题还要有一个前提——他需要有适当的专业知识储备。比如上面说的医生,他必须得知道头疼可能由几种病症引起,哪种病症的头疼有什么特点,然后才能提出具体问题。如果他没有这些专业知识,不能做出几种假设,他也只能乱问。

同样道理,如果一位老师发现学生很"怪",他能依据自己的专业知识提出几种(不是一种)假设,那他就可以继续研究以验证自己的假设了,这是科学研究的常见方法。可惜大部分教师都缺乏这样的专业知识和专业习惯。

没懂老师这次又提供了一些材料。恕我直言,这些材料还是印象式的、见闻式的、反射式的东西,其中看不出系统的、逻辑的思考。这其实和聊天差不多。我希望没懂老师试试用专业的办法分析一下。

这个孩子的问题,依据没懂老师的材料,我有了几种假设,但现在很没把握。我特别希望没懂老师能回答一下我的问题7,这是最重要的。

如果没懂老师愿意,我们可以继续研究这个孩子。

王晓春注:

后来没见到没懂老师的回复,这个问题就放下了。

那么这个孩子到底怎么回事呢?至少有以下几种可能:1. 社会化

障碍（尤其是人际关系障碍）；2. 学习失败造成的自卑；3. 生活能力低下造成的退缩行为；4. 家庭缺乏关爱（或者父母关系不好）造成的情绪问题；5. 遗传性的特殊个性。材料不足，不敢轻易确诊。

【案例69】他为什么会这样？

高一学生甲，经常在教室里看小说，学习成绩很差。问他，说没心情考试。平常老师跟他谈话，他好像很可怜、很虚心的样子。同学反映，他在寝室里经常会讲一些成人话题。家长对他学习成绩要求不高。很长一段时间，感觉他这个人很忧郁。

我曾怀疑他是否在男女关系上有什么问题，但是了解了一下，好像没有。家长说跟以前的一位女同学关系比较好，但那位女生是在另一学校，成绩很好，平常也没有说单独出去，就偶尔通通电话。

为什么会这样？班主任该从哪几个角度跟他谈话？

——教育在线·班主任论坛　wxc

答 wxc 老师

wxc 老师这些话全都是自己的所见所闻，看不出学生这些表现的内在逻辑。这种情况说明我们对这个学生根本不了解，那就先不要"教育"他，否则可能白白浪费时间。

很多老师以为只要看见学生在我眼前的表现就算了解学生了。要是这样，了解一个人也太容易了。

真正的了解，是把学生的个性和思维方式搞清楚，把他的言行合乎逻辑地串联起来，再深刻一些的了解是能够准确预报学生的言行。这才算有点科学性。科学是研究规律的，研究规律的目的是为了预报，为了运用规律达到人们的预期目的。

这个孩子可不可以找他谈话呢？可以。但谈话的主要内容应该是询问（调查，检测）而不是说教。不了解对方就加以干预，这只是管理（而且是低水平的管理），不是教育。我希望 wxc 老师详细了解一下这个学生家长的情况（职业、文化程度、夫妻关系），再询问一下这个孩子的成长史，再听听同学对他的看法。没有上述背景资料，我无法判断他为什么会如此，目前我连假设都提不出来。

追问"为什么"

科学研究就是不断的追问"为什么"。教师遇到一件事情,一定要刨根问底,假设多种原因,一个一个排除,最后锁定的那个原因一定要能较好地解释所有的疑问,合乎逻辑,这才接近于正确答案。有些问题即使已经解决了,也还是要问"为什么",因为你很可能碰巧办对了,歪打正着,不搞清为什么,你的专业水平事实上并没有提高。要追问"为什么",教师本人必须有一种求索精神、认知冲动,如果见到一个简单答案就满足,不加怀疑,那就没有追问了。

【案例70】一个攻击性的学生

这学期重新接手一个班的班主任工作,上学年我教这个班的语文。R是我在该班第一个"打交道"的学生。他的父亲常年在外地打工,母亲赋闲在家,他则常年被寄养在外婆家,只有爸爸回家时才可以回到在同一厂区的自己家。父母关系在他看来,除了父亲性格比较软,对母亲有些过分忍让外,还比较正常。

班上许许多多的人在上学期就反映R爱打人,而且常常是无缘无故的。那时我没有当这个班的班主任,无力去管他,这学期才一星期,便有许许多多的人控诉他。

两次谈话,了解他各方面的情况。发现他的其他情况都很正常,只有妈妈是他最脆弱的神经,一提到妈妈他就忍不住流眼泪。妈妈不工作,不管家,不管他,而他很希望自己的妈妈同别人的妈妈一样工作,照顾家,同自己的孩子生活在一起,而不是把孩子扔在外婆家不管不问。

他想引起妈妈对他的重视吗?可他对妈妈的评语是:不抱任何希望。是对父亲软弱性格不满的发泄吗?可他对父亲充满了爱,在做"假如你是自己的父亲"这道题时,他选择对待母亲的态度是"好好讲道理"。

他承认打人也有看别人比较弱因而挑衅的欲望。他需要强者快感的刺激吗?可他每次打人就那样似开玩笑非开玩笑地重重给别人一两下,并不恋战。

孩子挺聪明。成绩也还可以,但在班上一直得不到老师和同学的重视。他想引起老师和同学对他的注意吗?可平时又感觉不到他有那种强烈的表现欲望。

连续两次谈话后,孩子的某种委屈的情绪似乎通过眼泪得到了倾泻,打人的毛病不治而愈了。

但他那奇怪的行为的原因到底是什么呢?他是无聊吗?对他那样看重的妈妈竟然选了"不抱希望"这样一个词。一个觉得没有希望的孩子很可能感到无聊。

第三次谈话的主要内容是:觉得自己快乐吗?如果快乐,是在什么情况下感受到快乐？如果不快乐又是为什么？对自己的未来有想法吗？

孩子的答案是觉得自己的生活还算快乐，快乐的时候是在学校与同学们玩乐的时候。在家里呢？在其他方面呢？他想想，摇头！至于对未来的想法，他也摇头，似乎从没想过这个问题。问他无缘无故打人是不是觉得无聊，故意逗别人生气，他恍然地直点头。我将话题转到他妈妈身上，让他接受现实，不要再去想自己的妈妈如何地让他不满意，因为想也没办法改变现实。多想想自己的未来，因为虽然无法掌握自己的童年，但有机会创造自己的美好未来。因为提到妈妈，他边流泪边点头。

——火狐

看火狐老师怎样探究

火狐老师不但有探究精神，而且有探究思路——假设种种可能性，然后一一加以验证，这正是科学家的思维方式。

麻烦的是许多老师面对一个问题，往往拿不出几种归因假说来，当然也就无法往下探究和验证了。还有些教师情况更严重：他们面对问题，根本就不想知道原因，上来就"管"。怎么"管"呢？无非是简单化的、老一套的习惯手法。

所以我们现在培训教师，首先要帮他们养成遇事追问"为什么"（归因）的习惯。疑问是研究的前提，没有"为什么"，教师就永远被关在科研的大门外。但有了这一步还不够，还要帮助教师掌握一些基本的专业知识。比如学生早恋了，教师如果具备一定的诊断常识，知道早恋大致有多少种类型,常见治疗方法有哪些,他就可以把思路展开,考察眼前这个孩子属于哪一种了。

我们的师范教育失误就在于,既没有培养学生问"为什么"的习惯,也没有告诉他们一些最基本的诊断知识。这样,遇到问题,很多人完全不想探究,有些人虽然想探究,却又没有基本的诊断常识做起点,思路无法展开。

火狐老师的经验很宝贵。这样下去,火狐老师就可能成为一位研究型教师。

我建议火狐老师调查一下这个孩子母亲和外婆的关系,以及这位母亲的生活方式,还有,孩子的同学是否有人议论他们家里的事情,他打人有没有比较稳定的对象。

我现在还不敢断定这孩子的攻击性来源何处,但是,只要我们研究下去,一定能找到原因,对症下药。如果我们只是告诉他:"你打人不对。你要和同学团结友爱。你再打人我就处理你。"那就看不出专业水平来了,完全是简单化管理,而很多老师多年来就是吃简单化管理这碗饭的,这碗饭在今天恐怕要吃不下去了。

火狐:

谢谢王老师。

这件事我走到这里,自我感觉是前进了一段后,却又不知怎么办了。孩子的问题就如野草一样,我只是用剪子剪去表面部分,根部还在土里,不时地悄悄探出头来,我却找不出可以挖掘下去的部位。王老师的指点让我终于注意到了我眼睛扫来扫去却一直不在意的部位。

谢谢王老师！我一定要加紧学习专业知识！

火狐：（这是一个月之后的后续研究）

他四岁左右，外祖父母将其接在身边照顾。他父亲长年在外地工作，工作性质不是很稳定。住在同一厂区的母亲在孩子被外祖父母接管后，整天以打麻将等娱乐方式打发时间，对孩子的事情很少过问。孩子外祖母以前是做教师的，老夫妇是自愿接管孩子的教养任务（从孩子的口中探得，未向家长证实）。孩子的母亲同孩子的祖父母关系为此出现矛盾。孩子父母的关系也比较正常，不正常的是孩子对自己的母亲有抱怨情绪，似乎很委屈，一提母亲就流泪。孩子最喜欢和崇拜的人是父亲（同时孩子认为父亲的性格比较弱）和外祖母，最反感的人是母亲。

孩子崇拜智慧，从不招惹班上那几个在智商方面表现比较出色的同学和一位教师的女儿，至于身材高大的，有一定权力的班干部则不太在意，对于"普通大众"，则是肆无忌惮。孩子也承认自己攻击的对象是以智慧的原因来区分的。他说，他迟迟没有对一位新来的女生发起攻击，是因为他发现这位女生在几次课堂发言中表现得很聪明。然而最近进行了一次测验，该女生的成绩中等，不知是不是这个原因，昨天 R 对该女生发起了第一次攻击。

孩子自我智商估测是中等偏上（同老师的私下看法一致），对亲人的智商估测分别是：父亲和外祖母上等，外祖父下等，母亲中上。

为了搞清孩子的心理，我向自己正在另一所学校读二年级的儿子做了"咨询"。无独有偶，发现他们班也有一个类似学生，从小由祖父母教养，崇拜智慧，除了智商出色的，其他的都是他的"下饭菜"。不同的是该孩子性格外向，已经挑明要做"老大"，招罗"手下"，伙同"手下"欺负他人，他又肆意欺负"手下"。

是孩子的家人家庭地位悬殊造成的影响吗？（还没有来得及求证）。

期待王老师的指导！

答火狐老师

我觉得您的分析有道理。这个学生，我的初步印象是，他的攻击性是认知原因和情感原因共同造成的。

所谓认知原因，就是您说的，"崇拜智慧"，看不起不聪明的人。施暴于"愚蠢"的同学，是表示自己对他们的藐视，同时也就从反面证明自己是个不愚蠢的人、聪明的人。

我估计他的这种看法和他外祖母有很大关系。这位外祖母可能从小就持续不断地向他灌输了只有聪明人人生才有价值的观念，她可能对不聪明的人说过很多刻薄的话，造成了孩子对低智商者的深深偏见。小孩不像大人那样知道深浅，心中的藐视就可能用施暴的方式公开出来，他把外祖母的理论付诸实践了。然而这是一种不平等理论。由此可见某些教师（这位外祖母原来是教师）缺乏平等观念。

所谓情感原因，我觉得可能来源于母子不合、孩子母亲在家中地位低下造成的孩子的焦虑。我猜这位母亲不但文化水平不算高，而且为人没有什么城府，甚至可能在家中受气。孩子在理智上佩服外婆和父亲这一方，学他们的样，瞧不起母亲；可是在感情上，却又依恋母亲。理智和感情发生剧烈冲突，孩子会很郁闷，向同学施暴，可能就是一种发泄方式。我估计他对母亲的态度是"恨铁不成钢"。他多么希望自己的母亲又聪明又有身份啊!

所以总的来说,这孩子可能是被外祖母错误的价值观和虚荣心给熏陶坏了。

您可以跟孩子外祖母谈谈,劝她改正自己的价值观。但此事很可能劳而无功(教师有很多是相当偏执的),那就只好退而求其次,劝她至少在口头上不要再攻击不聪明的人,不要再贬低孩子母亲。如果还做不到,那火狐老师只好在学校做文章了。可以找孩子谈谈,指出他的价值观的错误。这孩子对教师可能有敬畏感,所以您说话估计有些作用。还可以找一个他敬畏的学生,狠狠训他一顿。还可以表扬那些智商很高却平等待人的学生给他看。其实如果孩子母亲长点志气,不再去打麻将,干出点成绩,对孩子帮助是最大的,可惜不知这位女士能不能做到。

与此同时,对这孩子的施暴行为不能宽纵,该批评一定要批评,需要处理的要处理。

以上意见,供火狐老师参考。

火狐:

经过一段时间的观察,现在可以宣布此孩子的问题解决得很有成效。谢谢王老师的指点。

以前我常被学生的问题搞得焦头烂额,对班主任工作几乎彻底丧失信心,现在信心又回来了。很庆幸在这里遇到王老师。我会继续努力的!

【案例71】男生骚扰女生，女生不依不饶

我是农村初中的一名班主任，最近我班一名男生在夜晚与一名女生送本子给英语老师，途中为要本子看，男同学趁势在女同学乳房部位按了一下。女同学哭着把这件事遮遮掩掩告诉了我，一口咬定是故意的，而男同学却说是无意中碰了那地方。我相信女同学不会无中生有的，但怎么处理却让人很头疼。报告家长，怕影响两人名声；报告派出所，怕把事闹大，于事无补；勒令退学，是否合适？我重重批评了男同学，男同学已经在女同学面前赔礼道歉了，在家长的陪同下还向女同学下跪了。我责令男同学回家深刻反省。过了几天，女同学觉得这样处理不能接受，又找了校外高中同学揍了该男生。现在女同学还没有告诉自己家长，不想让家长知道。我请问各位，作为班主任现在该怎么做？王老师看应如何处理？

——教育在线·班主任　一个教书匠

我的疑问

当务之急是搞清这个女同学为什么不依不饶，她到底想要什么结果。

我怀疑这个女生是想趁机讹诈，或者她背后有人出主意也说不定。因为按照常理和我国国情，这种事情，一般道歉也就完事了，女生尤其不喜欢张扬这种事。现在女方不依不饶，而且一个女生，能调动校外高中生为自己打架，高中生若不是她的亲戚，则她恐怕不是等闲之辈。

我要是老师，我会问她："你要什么样的结果才算满意？"如果她的要求过分，我会告诉她："那我们只好把此事通知你的家长，然后交给学校处理了。请你注意，在学校尚未把此事处理完毕的时候，你私自找人打了对方，你犯的错误已经不比对方小了。如果对方是性骚扰，那你就是校园暴力。如果学校处理，恐怕这两件事都要处理，不然不公平。何去何从，请你自己选择。"

我估计她可能"撤诉"。

如果她不知深浅还要闹，那就报学校，处理双方。

告诉男孩，不要轻易答应赔偿她什么。

对得理不让人的人，要警惕。

一个教书匠：

感谢各位专家同仁对我苦恼的事情的关注，帮助我答疑解惑。说实话女生是个较任性的孩子，不好教育，喜欢自作主张，优点就是成绩在班上是前十名。对她的遭遇我很同情，也理解她的痛苦，毕竟是个小小侮辱（假设事情如她所言），但她不听我的安慰，找人报复。我很生气。我在她打人后，找到她，告诉她打人的后果。她竟说："我承担一切，大不了死而已。"我知道她是在气头上说的话，真要为这点小事而去死，估计也不会。我一方面安慰她，一方面对她说："这次你找人打架，性质很恶劣，谅其事出有因，但绝不能出现第二次，如果有下次，我将报告学校，找你家长回来处理（家长在外做买卖，孩子属于奶奶带的"留守学生"）。这女生竟说："动不动就找我家长！"说完竟独自跑了，然后一下午没来上课，估计躲到校外散心去了。我了解这女生的脾性,做了冷处理,没有打电话给她家长,让她自己思考,还好晚自习她自动回到教室了。现在我尽量不惹她,让她自己明白事理,说多了她还嫌烦,挺叛逆的性格。我想这样的女生,各位高手不知可有妙计挽救她迷惘的心灵?为什么教育人这么难?

我的看法

这个女生如此不依不饶,至少有两种可能:一种是乘机讹诈,另一种是要出气。上次我的发言只估计了第一种可能,不全面。从教书匠老师提供的新材料看来,也有第二种可能性。如果从此她不再追究此事,可能是这口气已经出得差不多了,也可能是害怕老师追究她找人报复的事情,自己收手了。总之我觉得教书匠老师采取的冷处理方法是对的。

但是我总有些疑惑。我感觉教书匠老师对这个学生了解得不够。

能找来高年级男生替自己出气,平时没有点"路子",恐怕是做不到的。所以我建议教师匠老师过一段时间暗中调查一下,她找的什么人,为什么那些人如此"仗义",是否有回报。还应该仔细调查一下她的成长史,她的周边关系,搞清她到底怎么回事。

我还有一点疑惑是,如果一个女生一贯对男生很正经,男生是不敢造次的,除非那个男生"二百五"。我不知那位肇事的男生平日表现如何,如果平日并不轻浮,那就值得深思了。

我还主张先不要急于给她做"迷惘"的结论,她的主要问题不一定是"迷惘"。说不定"迷惘"的还是我们呢?

情况不清,就不要忙着"教育"。

提出假设

思考往往从假设开始,研究往往从假设开始。假设也叫假说,有了它才好继续往下探究。遇到一个问题,能不能拿出几种(不能只是一种,最好两种以上)归因假设,这是教师专业水平高低的重要标志。有些老师问我:"为什么您能提出多种假设,我就想不出来呢?"这是因为我脑子里有一些现成的专业知识和经验,一遇到问题,它们就会像电脑上的文件一样,在脑子里一条一条弹出来。愚以为这是教师的基本功。这种东西当然要靠生活积累,但是有些最常见的假设,是应该而且可以作为专业知识传授给教师垫底的。可惜我们的师范学校和教师继续教育单位都没做好这件事。

【案例72】捐钱要不要奖励

我校一位老师患病,我们班的学生进行了捐献活动。我没有料到的是,平常看起来比较冷漠调皮的孩子们捐的钱很多。

我想奖励他们(也就是些本子之类)。现有两个思路:一个是根据钱的多少来奖励;另一个是不管钱的多少,给予相同的奖励。

我的第一反应是前一种思路,但考虑之后,又怕有些负面效应,现在倾向于第二种思路。但还没拿定主意,想听听王老师的看法。

——教育在线·班主任论坛　hwg

捐献与奖励

我觉得最好不要奖励。若根据捐钱多少来奖励,恐怕就更不妥了。孩子是不挣钱的,他们捐钱,无非是表达一种爱心,这种爱心很难用钱数来衡量。

但我赞成给予表扬。

我感兴趣的是,为什么"平常看起来比较冷漠调皮的孩子们捐的钱很多"?

我猜想,大概有以下几种可能:

1. 其实他们并不冷漠,冷漠只是老师对他们的误解。他们可能只是对于学习、对于应试比较冷漠,对老师最关心的某些事情比较冷漠,实际上他们在老师看不见的地方对人是很热情的,甚至可能侠肝义胆。现在老师有病,他们慷慨捐赠,并不是变了一个人,而是显露了平时老师没有注意到的一面。

2. 这是一种歉疚。俗话说,爱哭的孩子吃糖多。教师们对于冷漠调皮的孩子总是关注较多,教育较多,费心较多。孩子虽然可能屡教不改,但是心非木石,让老师操这么大的心,他们心中有数,怀着歉疚。教师有病,捐钱较多,可能是这种歉疚心态的反映,孩子在用钱来"赎罪"。他们明白,用好的考试分数回报老师当然是最好的,无奈做不到,只好出此下策了。我们常常发现在学校和老师严重对立的学生毕业后对老师特别热情有礼,就是这个道理。

3. 不排除有的孩子用这种方式表现自我。有些孩子在我们通常的教育框架和评价体系中是无法出风头的,他们几乎永远是失败者,有劲也使不上(这是我们教育的缺陷)。捐钱这件事比较特殊,既不需要考试分数名列前茅,也不需要纪律评比成绩优秀,只要拿钱就行了,拿钱就光荣。有这样的机会,为什么不"光荣"一把?慷慨解囊,也可能出于此种心态。

掌握了学生的心态,才能正确对待他们。

经验告诉我们,学生的表现出乎我们意料之外,很少是因为他们自己出了问题(他们的行为总是符合他们的性格逻辑),恐怕最大的可能是我们教师的认知出了问题,我们不了解学生。

hwg:

谢谢王老师的指点!

有些事我没有说,因为原本以为这些无关紧要,现在看来应该一起说的。

首先这个老师并不教我们班。其次,班上的部分学生起初对捐钱是不太在心的。因为学生的不在心,我在班会课上很自然地就提到了这个话题,还顺便提到了日本和中国的问题,但学生的反应实在不像话!我于是以少有的严肃和他们讲了很多事,学生终于静静地坐在那里,呈现思考状。

班会课后,不少同学都到我这里来"加钱"——他们已经捐了,但还来捐第二次。

但有一个学生,平常在我们看来属于那种不太关心集体的学生,却在我上班会课之前就出人意料地捐了比我想象中要多的钱。还有好几个调皮的学生在第二天捐来了比我想象中要多的钱。

我同意您说的第一种可能;估计不可能是第二种可能;第三种可能性估计也不大,因为他们完全有理由只"意思"一下,不需要出风头的。

我决定采用第二种思路,同时我觉得这也是一个很好的契机,至少要让那些平常看来比较调皮这次又慷慨解囊的学生能更好地融入到群体中来。

【案例73】

zhdl2004：

学生对班级规定无所谓,该怎么办呢?

——教育在线·班主任论坛

答 zhdl2004 老师

我不知道 zhdl2004 老师是否站在学生的角度想过,他们为什么会对班级规定采取无所谓的态度。

据我估计,至少有以下几种可能:

1. 我认为这个班级规定是不民主的,没有征得多数人同意,我用"无所谓"的态度表示我的反对。

2. 我认为这个班级规定的某些条款是不合理的,我用"无所谓"

的态度表示我的反对。

3. 我认为这个班级规定的某些条文实际是冲着我来的，我用"无所谓"的态度表示反抗。

4. 我根本就不想遵守什么规定，我希望自由自在，而且我觉得即使我不遵守，你们也拿我没办法，于是我用"无所谓"的态度表示对规定的蔑视和挑战。

5. 我同意这些规定，我认为规定得有道理，可是我已经习惯了散漫，我实在控制不了自己，我失去信心了，于是我用"无所谓"的态度来表示我的无奈。

6. 我是个老实胆小的学生。我遵守班级规定，老师也不会注意我；不遵守，我又没那个胆子。所以班级规定爱规定不规定，和我没什么关系。于是我用"无所谓"的态度表示我的漠不关心。

……

可见，笼统地问"学生对班级规定无所谓，该怎么办"是没有答案的，要具体分析属于哪种情况，才能对症下药。

如果以后 zhdl2004 老师遇事不是开口就问"怎么办"，而是先问"为什么"，则幸甚！

【案例74】学生不断犯错，事后马上诚恳地认错，下次继续犯

我们班有一个女孩子，事情特别多，几乎所有的老师都对她不满意，但是又说不出来哪里不好。每天上课她也不说话，就发呆。无论和谁发生矛盾，都一定会吵起来，事后却又在第一时间认错。和老师

也是这样，往往是老师还没发火，她先很生气的样子，事后却又会马上和你道歉。和她好好谈，她态度很好，也好像很诚心的样子，但是依然会犯同样的错误。光这个学期，同一个错误就犯了两次了（上课手机响两次，熄灯之后用手机打电话一次）。作为班主任，我觉得好难处理，有时觉得她似乎在挑战班主任的权威。

昨天收了她的手机，果然今天早上她就来找我道歉了。和她谈了很久，似乎是心服口服了。很想相信她，因为除了相信她，我别无他法，但是如果下次她再犯，我该如何办呢？

——教育在线·班主任论坛 forest1939

答 forest1939 老师

一个学生不断犯错，事后马上诚恳地认错，然后继续犯错，这是什么原因呢？

至少有以下几种可能的原因：

1. 她想通过犯错引起教师的关注。这种心态叫关注饥渴。

2. 她想通过犯错引起同学的注意，引起男生的注意，甚至某个特定男生的注意。这是青春期问题。

3. 她没有什么具体的目的，只是觉得生活十分无聊，这样制造点事端，可以来点刺激，点缀生活。这种学生的整个生存状态一定很不好。

4. 她没有什么目的，也知道自己这样做不好，只是控制不住自己，非要这么做不可。如果是这样，那可能她心里有郁闷需要发泄，也可能从小就散漫惯了。

5. 挑战教师。那她就是对班主任有意见或者对所有老师都有成见。

要先搞清这个孩子属于哪一种情况，才谈得到采取措施。

我说过，遇到问题，假设多种可能，是教师的基本功。可惜，多数老师似乎根本没有这种思路，甚至不想建立这种思路，可是他们却急切地要解决问题。

forest1939老师好像不是第一次和我讨论问题了，恕我直言，问题的问法仍然不像专业人员。不问为什么，先问怎么办，连学生的基本情况（例如几年级，学习成绩，各方面表现，家庭基本情况）都不交代，别人很难分析。什么时候老师能有一点研究意识和思路呢？

如果老师们承认改变自我如此艰难，那么面对学生的屡教不改，也就大可不必发脾气了——我们并不比学生高明，甚至可能比学生更顽固。

forest1939：

王老师，您的点评真的很精彩。初为人师，总会有很多需要改正的地方，能有像王老师这样的老师给我坦白地提出来，让我不断地反省自身，我才可以不断地进步。谢谢您！

我们并不比学生高明，甚至可能比学生更顽固。——我将永远记住这句话。

反　驳

为什么很多文章经不起质疑和反驳？因为作者根本就没有被反驳的思想准备。学理科出身的文学家王小波说："数学家证明了什么，总要把自己的证明写给人看；物理学家做出了什么，也要写出实验和过程。总而言之，科学家声称自己发明、发现了什么，都要主动接受别人的审查。"（《王小波杂文随笔全集》，时代文艺出版社1998年12月第一版，第212页）这是最起码的科学态度。可是我们许多老师完全没有此种态度，他们写文章时，心态和领导做报告一样，以为下属听完了唯一的任务就是照我说的去贯彻；其心态又像站在讲台搞"传道授业解惑"一样，认为听讲者的任务就是记住我说的话。有人喜欢反驳别人，但不能同时设想别人会如何反驳我。更多的人则习惯于对反驳做人际关系角度的理解，以为反驳谁就是和谁过不去。这些都是缺乏科学精神的表现。

科学进步的基本方式就是猜想、实验与反驳。你在博士论文中经常看到对某种观点的"讨论"，所谓"讨论"，其实就是审查和反驳。科学家是老实人，他们在拿出一种见解的时候，往往不用等别人来反驳，自己就先从各种角度反复驳斥自己，直到驳不倒了，才拿出来。或者他们干脆就把不同的意见同时摆出来，供大家讨论。这种文章经过反复锤炼，你的反驳意见人家早就考虑过了，如果你拿不出新鲜意见，你就驳不倒人家。

我们现在缺少的，就是这种文章。

【案例75】当科代表不敢领读时

王×是高二由外地转到肖老师班里来的。当时她的学习成绩只有外语比较突出，其他功课都处于中等水平。她来班时正赶上高二年级分班，班干部和科代表要进行调整，班主任肖老师便指定她当了英语科代表。

刚来的王×不爱讲话，天天低着头进出教室，上课时也常埋着头。日子一天天过去了，她曾多次找肖老师表示想辞掉英语科代表职务，好省下心来用在其他科目上。肖老师鼓励她说："再干一段时间好吗？你有这个能力。"随后，肖老师特意安排她每周二、四早读时间带领同学读英语，她勉强答应了。

周二一早，肖老师来到教室外，没有听到朗读声。走进教室，看到同学们都在无声地看书，王×红着脸、低着头坐在椅子上，像是没看见肖老师⋯⋯

面对这种情况，肖老师有几种选择：

A. 非常生气　　　　　　B. 撤换科代表

C. 用语言加以鼓励　　　D. 其他方式

只见肖老师平静地对同学们说:"可千万不能学成哑巴英语呀,一定要读出声音来。这样吧,每周二、四的早读,就请科代表领读好不好?"大家用掌声表示了赞同。

实际上,肖老师是当众将了王×一军。王×很不情愿地站了起来。

"上讲台来!"肖老师示意她到前边来。

"那好吧,就从上周学的课文开始吧。"王×拿着书、低着头、红着脸走到讲台前,教室里传出了王×那带着颤音的领读声。

几个星期过去了,早读就这样持续了下来。一天早晨,肖老师又一次来到教室,看到王×正在讲台前用英语回答同学们的问题。那落落大方、充满自信的样子,还真像个小老师呢。

几个月过去了,王×已经能出色地驾驭每周两次的英语早读了。有一次英语老师有事没来上课,王×竟把班上的同学分成几个小组,在课堂上举办了一个英语辩论赛。当快要上肖老师的物理课时,同学们的辩论赛还未结束,个个都显出意犹未尽的样子。

高三时,王×这个原来连科代表都不想当的人,竟然竞选上了班长,并协助肖老师搞了好几项活动。毕业后的王×给肖老师的第一封信上说:"谢谢老师让我上讲台。它虽然离我的座位只有几步之遥,可它在我人生的路上却是一道至关重要的台阶。站在讲台上,我学会了自信,我敢抬头说话了,我觉得我一切都能做好!"

肖老师的当众一激把王×"逼"上了讲台,使她在漫长的人生路上迈出了成功的第一步。如今王×已是北京大学的学生了,她经常给肖老师写信,几乎在每封信上都写着这样一句话:"谢谢老师让我上讲台。"王×的成功就是肖老师的成功。从那以后，尽可能地鼓励学生上讲台，已成了肖老师的一种习惯了。

肖老师之所以大胆地鼓励学生上讲台，是因为他深深懂得像王×这类学生，他们不乏领读的实力，只是胆小、内向或不自信等种种非智力因素导致了他们宁可被动地等候老师的点将，也不愿主动表露。因此，在这种情况下，他们最需要的莫过于老师的鼓励了。

——第一线教育论坛 主旋律

我的看法

肖老师采用"逼上梁山"的办法使王同学发现了自己的潜能，进而找到了自信，改变了人生。

这显然是个好办法，此类成功的案例我们见过不少。

我更想知道的是：为什么同样的办法，其他老师用，常常就不灵呢？要是这位王同学仍然胆小，扶不起来。怎么办呢？

不是我要跟人抬杠，科研人员必须这样不断"攻击"自己的观点，才能进步。

而且事实上确实有很多老师用这种"逼上梁山"法并不成功，我们应该面对这个问题。

写文章至少有两种态度：一种是"典型发言"的态度，一种是研究的态度。典型发言是介绍经验的，被领导认可的，它的主要特点是回避反对意见，不讨论，没有你来我往。它是要向你宣讲一些东西，要求你"虚心学习"的。你用了管事，证明他的经验先进；若不管事，那是你自己没有学好。总之学习者和宣讲者是不平等的。

研究的态度则不然，它是谈个人看法的，它不但不回避，而且欢迎不同意见，因为如果没有不同意见，就不叫讨论，而成了"贯彻"了。既然是个人意见，当发现别人用了不管事的时候，研究者就不会片面责备对方"没有学好"，而承认另外的可能性。比如"我的经验是特例，难以推广"，"我的经验没说清楚"，甚至可能"我的经验总结不符合实际"。

像主旋律老师这篇文章，如果单从"接受"的角度来看，自然是好文章。人家成功了，难道不值得学习吗？但是要从研究的角度看，我就会提出异议。愚以为，刨根问底的态度其实才是真正的"学习"态度，因为学习的本质是真正搞明白，消化了再运用，而不是记住对方说了些什么，或者照搬。

文章中说："肖老师之所以大胆地鼓励学生上讲台，是因为他深深懂得像王×这类学生，他们不乏领读的实力，只是胆小、内向或不自信等种种非智力因素导致了他们宁可被动地等候老师的点将，也不愿主动表露。因此，在这种情况下，他们最需要的莫过于老师的鼓励了。"现在我想知道的是，肖老师根据什么材料和推理锁定王同学属于这种类型呢？如果我要像肖老师那样学会诊断，我也就不会生搬这种"逼上梁山"的办法，于是我的成功率也就能提高了。

我还希望主旋律老师的文章不致造成误会，让读者以为"B 撤换科代表，C 用语言加以鼓励，D 其他方式"都是不可取的。具体情况恐怕要具体分析，确实该换人的时候，换人也许是最明智的选择。

经验告诉我们，教师只有具备诊断能力，而且口袋里有多种方法可供选用的时候，才能真正把工作做好。

【案例76】怎样让他改掉说脏话的习惯？

有一名男生特别爱讲脏话，我刚接这个六（4）班时，他甚至在课堂上也口出脏言，课后就更不用说了。我曾经找他谈过，他告诉我说是在四年级时看一些港台电影学会的，他也知道说脏话不对，让全班同学讨厌，可他就是改不掉。我一方面转移他的注意力，在课堂上引导他多思考，多发言，不给他讲脏话的机会，一方面在他讲过脏话后进行严厉的批评。

后来，他的确进步很大，不再经常说脏话了，可是好景不长，他又开始了！

王老师，我现在对这个问题很头痛，希望得到您的帮助，谢谢！

——第一线教育论坛·管理论坛　木木可可

答木木可可老师

他说他的脏话是从港台电影学会的，恐怕不是这样简单。许多孩子都看过同样电影，为什么不骂人？可能还有其他原因。

1. 请您关注一下他的情绪是否有问题。学生如果被家庭问题、人际关系问题、学习问题搞得很郁闷，或者很自卑，有的人是要用骂人来发泄的。他骂完了，心里痛快。果真如此，解决了他的情绪问题，让他看到自己进步的希望，才能挖掉骂人的根子。

2. 请您查一查他的家庭教育。如果家长管得过严（用骂人发泄），或者管得过松（为所欲为），或者家长本人就爱骂人（上行下效），孩子都有可能骂人。如果有这种情况，做做家长的工作。

3. 请您仔细调查一下班里是否还有其他人和他一样爱骂人，只不过比较隐蔽。如果有这种情况，那他骂人就有土壤。解决了土壤问题，有助于纠正他的骂人现象。

4. 请您观察一下他骂人时的表情。如果他是想通过骂人来吸引什么人，特别是女孩子，从表情上是看得出来的。果真如此，您去做做那个或几个女生的工作，让她们在此生骂人时作木头人状，效果会很好。

我劝您别再批评了，虽然您的批评可能很正确，但是若不起作用，就要想主意、换办法。

比如您可以和他约定，每当他当众骂人时，您就一声不响递给他一块餐巾纸，让他擦擦嘴。

比如您可以建议他每天抽一个时间找一个没有人的地方冲着一面墙大骂特骂，直到尽兴。

比如您可以把他骂人的话录下来，让他自己耐心听下去。

这些办法可能比您的严厉批评给他的印象更深刻。您可以试试。注意不要把孩子搞得太难堪。有些人骂人的毛病与年龄也有关，最好一边教育，一边等待。

【案例77】"我捡到一元钱该怎么办？"
——对追求教育有效性的思考

放学路上，儿子突然问我："妈妈，如果我在路上捡到一元钱该怎么办？"这一问，让我不由得想起从小就唱得顺口的儿歌《一分钱》。"我在马路边捡到一分钱,把它交给警察叔叔手里边。叔叔接过钱对我把头点,我高兴地说了声:叔叔再见!"

可是,真会有人捡到一分钱然后跑去交给警察叔叔么?警察叔叔真的得到了这一分分的钱又该去交给谁呢?由此,我在想,这完全脱离现实的教育有真正的价值吗?我们对孩子的教育是否也该思考它的有效性与实际意义?

想着这些,我不假思索地说:"儿子,如果你在路上捡到一元钱,你完全可以自己支配了!"儿子一听我这话,满脸都是疑惑。他怎么也没有想到我作为妈妈加老师会对他说出此种话!我接着对他说:"你想想,如果谁丢了一元钱,会不会影响他的生活?"儿子仍然满脸疑惑地说:"应该不会吧?""是的,谁丢了一元钱都不会因此影响生活的继续进行。如果你捡到一元钱后去费时费劲地寻找失主,找半天说不定还一无所获,所以我觉得你可以自己支配了。但是,我们想想,如果你捡到的是一个大皮箱,里面装了许多贵重物品或者重要证件,你该怎么办?"儿子听我这样说也不假思索地说:"如果是这样就一定要寻找失主!一个人丢了那么多贵重的东西一定会非常着急的,所以一定要找到失主!"听了儿子的话,我知道儿子是一个能为别人着想的孩子。我对他说:"是的,丢失很多东西就一定会影响他的生活,所以我们一定要想方设法找到失主!"

一路上,我和儿子继续轻轻地聊着。我告诉儿子,人,就应该实实在在地活,没有必要去虚假,更没有必要去虚荣。

一直以来,我都在思考着我们的教育是否有着"伪圣化"倾向?无论是老师还是家长,总期望用说教去改变学生,让那些"光辉"的思想渗入学生的骨髓。然而，我们也总是发现孩子当着咱们的面时是那样的乖巧懂事，一旦脱离了老师或者家长的眼睛，便真的犹如脱缰的马儿，行为也好，言语也罢，都有出乎咱们意料之处。于是，有老师有家长会疑惑：怎么了？乖孩子怎么也这样？甚至有年级越高学生表现越糟糕的倾向。我们不由得追问：教育的价值体现究竟在何处？难道教育时间与教育效果成反比？

其实，在家长或教师疑惑孩子有不真实的表现的时候，我们有没有思考过孩子耳濡目染的教育是否是真实的呢？

就拿学校教育来说吧，试问，我们的假难道逃过了孩子的眼睛吗？

全国某次关于校本课程开发会议上，主办单位向与会者推出一节关于"名人"的主题活动课。老师把当地的一位名人请到了课堂上，首先把事先制作好的关于该名人生活片段和艺术成就的 VCD 播放给学生看，看后让学生谈感受。学生的感受说得既流畅又颇具文采——估计一般高中生也达不到这样的水平。接着老师请学生和名人对话。对话过程中，学生所提的问题尖锐、深刻、很有专业水准。连顺序也和老师在说课时讲的一模一样。一堂课，学生与老师"自然地配合着"，心照不宣地上演着一场戏。

再说说学校面临的各项检查吧。上级来学校检查本无可厚非，但是当学校为了应付检查而去做虚假之事时，这虚假就不仅仅是检查的项目了，这虚假已经进入到了孩子原本纯真的心灵。

静下心来想想，让教育远离虚假并非难事，只要我们站在学生生命发展的高度，真正为学生一生发展负责，真正做教育改革的践行者，不求完美，但求真实，那么，我们的教育也许真的有一天能成为学生生命自由成长的天堂！我国著名教育家陶行知曾说过："千教万教教人求真，千学万学学做真人。"是的，求真，应该是做教师最起码也是最崇高的追求。可悲的是，有些老师常常明知作假却"将假就假"，这就不可原谅和饶恕了。哲学家、教育家罗素说过："制订教育计划的人常常重犯的罪过之一便是认为假话具有教诲作用。我个人认为，只有那些具有坚定的决心，决心在教学过程中不隐瞒真理的人，才能成为优秀的教师。以避开实情而培植起来的美德是脆弱的，它一接触现实就不复存在。"因此，我们教师要敢于面对现实，着眼未来，向教育教学领域中的假大声地说不，让我们的学生保持说真话的秉性。

求真的教育也许并不完美，但是它直面生活，比所谓完美的教育要有价值得多。

——k12 教育教学论坛　阿常转贴　李俊淑

我的看法

我看这位李老师的意思是：捡到一元钱，若交公，就属于虚伪；若自己支配，就是真实。为什么？因为一元钱太少了，不值得一交。

那么究竟多少钱才值得一交呢？谁来界定这个数目？

比如学生在校门口捡了十元钱，他"自己支配"了。老师若询问，他可以这样回答："丢钱的人可能是大款，十元对他来说连一分钱都不算，再说我也找不到他，真找到了，还给他，说不定他还嫌我啰嗦。可见最好的办法是我替他消费这十元，利国利民利他利我。"

按李老师的逻辑,这个学生活得很真实。

李老师的逻辑问题在哪里呢?

问题在于,她把道德完全功利化了。单纯用"他丢的钱是否影响他人的生活"做标准衡量道德是不够的。道德还有一个意义:自我完善。古人云:"勿以善小而不为,勿以恶小而为之",这是有一些道理的。有些小孩可能很认真,他觉得即使一分钱,留在手里也不踏实,愚以为这是一种可贵的道德心理,不能轻易认为是"虚伪"。当然,他若随手把这一分钱扔了,或者装兜里了,我也不认为他就"缺德",一个人品德如何,要综合评价,只看一件小事是不行的。

所以我对学生施教的时候,原则上还是要提倡"拾金不昧",而不会说:"拾金可昧可不昧,要看你拾到多少钱。"那样教育,愚以为欠妥。

我这样说,是因为李老师把处理儿子捡钱的事情推广到学校教育上来了,已经变成一般原则了,那就要谨慎了。至于李老师怎样教育自己的孩子,我不打算过问。不过我儿子若遇到此种情况,我会建议他把一元钱交老师的。我还会告诉他,不必关心老师如何处理这钱,人有时候只要对自己的良心负责就行了。

李老师反对道德虚伪我很赞成,只是感觉她把事情太简单化了。

而且,她后面所批评的教育造假(这种批评我赞成)与前面的儿子捡钱的案例并不是一回事,此种联想有些牵强。

知己知彼

教育科学研究的内容不外乎两个方面：客观世界的研究（教育规律的认识、教育对象的认识等）和主观世界的研究（教师的自我认识）。应该说这两个方面的研究都比较薄弱，而第二个方面尤其薄弱。我们的教师普遍缺乏反思意识，很少有"解剖自己"的认知冲动，其结果就是严重缺乏自知之明，不是夸大就是贬低自己的作用。有一个著名的口号："认识你自己。"愚以为这个口号深入人心之日，才是教育走向科学之时。本书的宗旨其实主要就是从思维方式角度切入，和老师们一起，学会"认识自我"。从一定意义上可以说，这比了解学生还重要。

【案例78】学生的怪异举动
——对追求教育有效性的思考

事件大约发生在一个月前，孩子是四年级的学生。

中午我走进教室，当时正在午唱。班长举起手，陈述了下面的情况：A无论是晨唱还是午唱经常发出怪声，在座位上扭屁股跳舞。等大家都看他的时候，他就说："看什么看，看帅哥吗？"上副科时，经常接老师的话茬，还故意在老师的背后做怪动作。

班长坐下后，其他孩子马上叽叽喳喳地帮着补充和证明。以往我碰到这类事的第一个反应就是发火或者做出发火的表示，可这次我什么也没说，就盯着A看。孩子们很安静，我想他们一定是以为我在积累愤怒，紧接着是狂风暴雨。其实我此时因为受王老师的影响，脑子里正高速地转着"为什么"。孩子们的安静对我也是一个压力。大约一分钟后，我心平气和地开口了："A，你是为了引起大家对你的关注才这样做的吗？是因为你坐在最后，平常大家的视线都是朝前的，你怕大家忘了你，才故意做出这些奇怪的举动，吸引大家都注意你，让他们都知道你有多帅多神气吗？"（许多人在笑。我观察了一下A，他脸红红的，有些不好意思，眼睛里没有什么特别的表示。）我又接着说下去："其实你大可不必这样做，同学们怎么会忘记你呢？上课时同学看不见你，可是能听到你读书的声音，你回答问题的声音；下课时同学们仍然在同你游戏；运动场上，只要你愿意，同学们会看到你奔跑的身影。老师也不会看不到你，老师站在讲台上最容易注意的地方就是教室后面了，如果你有兴趣，哪天你来当当小老师试试，就知道老师没有骗你啦！老师把你的座位调在最后，没有别的意思，一是因为你实在太好动，容易影响其他的同学，不适宜坐中间，二是因为你经过上学期一学期的坐在老师眼皮底下，接受老师敲敲打打的监管，进步不小，现在可以离老师的距离远一些。老师理解A的特殊心情，以后在早唱或晨唱的时间，如果A想发出特别的声音或做点舞蹈动作，大家就容忍他吧，大家也不要像看动物一样看稀奇，就把它作为正常情况处理。当然，上课对老师不尊重，影响大家的上课，这是绝不允许的，如再发生我也会以特别的方式来处理的，那处理当然不会让你轻松的。"这时同样坐在最后的 B 脸红红的举手，得到允许后站起来说："老师，我也像那样做了。"我对他点点头说："我对 A 说的话你都听见了？""我知道错了"。

当时洋洋洒洒说的那番话，全是即兴之作。下来后我又仔细考虑了各方面的情况。据数学老师（从一年级开始跟这个班上的一位老教师）介绍，这个班的传统就是将那些不喜欢学习的学生全安排在教室的后面坐。上学期我刚接手这个班时，先是按高矮顺序派座位，后在数学老师的强烈要求下，逐渐将原来那些坐前面的学生的座位调在了后面。A 因为其巨大的破坏性，他的座位在上学期被放在了最前面，而且是单座，这种安排倒与以前的老师不约而同。这学期把 A 调在最后，是因为觉得 A 经过一学期的监管，可以离开那个特殊的座位，让给一位更适合那个座位的女生。座位是在开学时某个"很自然"的情况下排的，A 也没有什么特别的表示。B 本来是坐中间位置的学生，最近因为三番五次地违反课堂纪律，是在老师生气的情况下才把座位调到后面的，同 A 一样，也是单座。是不是 B 的座位调动，在一定程度上刺激了 A，让他产生了同 B 一样的被冷落感。B 来自单亲家庭，经常一个人在家，在这方面比较敏感，那 A 的情况又是怎样的呢？

经过调查，我了解到：A 是外地人，三岁左右随父母到本地生活，上学前是由外婆带的，比较受外婆宠爱，一年级则外婆回老家。平常父母忙生意，父亲对他表示关注的基本方式是催催他完成家庭作业和给零花钱，母亲对他表示关注的方式除了生活上的基本照顾，就是有时散步带着他。也许他真的像 B 一样，对关注潜意识里有一份渴望。

我基本上肯定了我的即兴判断后，没有做更多的事，只是同 A 的母亲简单地谈了几句，让她和丈夫平时多同孩子聊天，再就是悄悄地更多给了后面同学一些目光，更多地在不同的场合提到了他们的名字。

接近一个月过去了，A 和 B 的那些"怪异的举动"似乎真的成了过去。那次，我真的下药下对了吗？心里还是有些没底。

——火狐

帮学生认识自我

火狐老师有两个关键点把握得非常好。一个是当学生捣乱的时候，先不去判断是非，不批评学生，而思考"他为什么这样"；另一个是明明教育学生很见成效，却继续问自己："为什么见了成效？我真的下药下对了吗？"

这说明火狐老师正在变成研究型的教师。

如果我们多数老师都能用这样的方式思考问题，则他们的专业水平就能得到真实的提高，我们的学校就会是另一种局面了。

现在我根据火狐老师提供的材料来分析一下，火狐老师是不是开对了药方。

孙子曰："知己知彼，百战不殆。"这句话谁都会说，但是到具体问题上真能运用，可就不容易了。我发现有大批的老师，他们工作的基本特点就是"既不知己，也不知彼"。自己专业水平到底如何，自己的强项和弱项是什么,不知道;学生心里到底在想什么,更不知道。这样做工作,充满了盲目性,当然难免碰钉子。

你深入研究学生,就会发现,其实他们犯错误的时候,常常也不知道自己为什么要这样,鬼使神差一样就做了。这时候老师如果批评他说:"你错了!"基本上属于废话。因为他知道这是错的。哪个学生不知道上课违反纪律是错的?那么他所不知道的是什么呢?他不知道自己怎么会明知故犯,他不知道是一股什么神秘的力量在推动自己犯错误,他不知道自己为什么就不能控制自己。教师能从这几方面点拨学生,他才能"悟道"。

这样做的前提是,教师要比学生本人更了解他,要把他自己也没有意识到的思维方式分析清楚,并且展示给他本人。教师要像魔镜一样,照出学生的心灵。

下面就好办了。当一个孩子看到自己的真实心理之后,他就不好逃避,也不好掩盖了。既然老师已经把我心里的秘密说穿,我就只有两条路可走了:一条,恼羞成怒,跟老师拼了;还有一条,只好收敛,或者改正。

火狐老师的学生A、B可能就属于第二种情况。火狐老师的药方,估计是开对了。注意,孩子年龄越大,年级越高,越要小心他恼羞成怒。年龄大的孩子最好私下谈,不要当众"剥去他的外衣"。

所有的心理病人、犯错误者,基本特点都是高度地缺乏自知之明(不清醒),他根本不知自己在说什么,做什么。故此心理治疗有一个基本的方法,就是"把你的思路理清给你看"。帮助病人搞清自己的思路,是最好的治疗方法。这与我们老祖宗说的"知己知彼,百战不殆",真是殊途同归。

可见,要帮助学生改正错误,最重要的并不是指出他错了,然后迫使他下次不敢再错(我们老师一般都是这样做的),而是帮他自己搞清楚这个错误是他的性格和思维方式的合乎逻辑的结果,帮他自己调整性格和思维方式,这才能从根本上解决问题。而要这样做,教师不懂心理学、缺乏生活经验,没有研究气质是不行的。

火狐老师的路,我觉得走对了。

【案例79】如何控制纪律

我是刚工作一年的女教师,毕业于一所非师范的综合性大学,虽然好像并不是很想成为一名教师,但阴差阳错,最终走上了教师的岗位。既然干了,我就希望能干好。去年带了一年的初三化学,虽然总的来说成绩不差,但心情是很郁闷的,到了后期一点儿也不想上课,甚至害怕上课。我想这应该算是失败的教学。就像王晓春老师所说,没有找到感觉。因此今年我带高一化学,想从头开始。好的开始应该是成功的一半。总结第一年的工作,可能是经验不足,对学生的心理把握得不好,不能有效地控制课堂纪律,特别是一些面临毕业又根本是在混日子的调皮学生,更是让他们影响了我的情绪和上课的思路。我的性格是属于较温和的那种,不太爱说话,第一年还经常被学生气哭,有时真怀疑自己的性格是否能成为一个好教师。如何才能控制好课堂纪律,把握全局呢?听老教师说,第一年管不好学生,那么高中三年都管不好。各位有经验的老师,我如何从一开始就做好,能够把学生"镇住"？这儿真是一个教师交流的好地方，我想今后如果在教学过程中遇到一些具体事例，在这儿请教各位老师，好吗？请大家帮助我快快成长起来，好吗？多谢各位前辈！

——k12 教育教学论坛　小叶子516

答小叶子老师

控制课堂纪律，不但要看这是一个什么样的班集体，而且要看你是一个什么样的老师。

班风淳朴或者踏实的集体，纪律没有什么问题；班风浮躁散漫的集体，控制纪律就比较难。这是大家都知道的。

我要说的是，同一个班风不够好的班级，为什么有的老师就头痛，有的老师就不怕呢？这里就有个策略选择正确与否的问题了。

然而，用什么策略，还要依据教师自己的风格来决定。

教师可以分为"强势教师"、"弱势教师"和"混合型教师"三种。

强势教师伶牙俐齿，反应迅速，论辩能力强，三言两语就能把捣乱的学生"闷回去"。他往那儿一站，不怒而威，学生不敢造次。这种教师，适合用"先发制人"、"下马威"的策略。一开始就把学生拿下，后面就好办了。只要教师后来没有大的失误，不激化与学生的矛盾，纪律局面就可以维持下去。

弱势教师语言能力一般较弱，话跟不上，或者话说得不是地方，对付学生的招数也不多。这种教师要注意尽量避免上课时和学生正面冲突，如果学生上课捣乱，当时不要发脾气，然而课下要和他没完没了（注意掌握火候）。这样做的目的是给捣乱生传达一个信息——这老师并不好惹，他有后劲。还有一点要注意的是，这种弱势教师课下要经常和一些学生聊天，拉住班上的基本群众，只要大局不乱，几个捣乱分子不怕。他如果闹得无法上课，就请他去政教处，然后教师若无其事地继续讲课（别生气），只要他没闹到教师无法说话的程度（这种情况其实是很少的），他自己爱学不学，教师不要管他，继续从容讲课，照顾大多数。可能这是弱势教师所能采取的比较正确的策略。弱势教师千万不要轻易采用强势教师的强攻策略，那可能会出丑的。

我比较赞成混合型的教师，该硬就硬，该软就软，两种办法我都会，酌情使用，但是这对教师的素质要求较高，不是每个人都能做到的。

我尚不能准确判断小叶子老师是哪类教师，只希望小叶子老师明白，兔子靠耳朵，狼靠牙齿，狗靠鼻子，乌龟靠硬壳，每种动物都有自己的生存之道，这是大自然教给我们的智慧。我相信只要搞清自己的特点，发挥自己的优势，每个教师都能有所作为。千万不要盲目学别人，要自己琢磨和试验。

小叶子老师，我这些话有用吗？

小叶子516：

看到晓春老师的留言，真是"听君一席话，胜读十年书"呀！我的性格特点可能属于您说的那种弱势型的老师，看到一些老教师滔滔不绝地能把一些大个头学生讲得流眼泪，真很羡慕他们。可我好像嘴皮子功夫还没修练好。我想在今后的教学过程中能否以情动人，主动去关心、帮助他们，课下与他们聊天，打成一片，但又怕太亲近他们最后没了威信。当教师真是有很多艺术在里面，为人处事的艺术，管理人的艺术。与人打交道的工作真难，特别是与那么多尚未成熟、家庭背景各异、行为习惯尚未培养好的半大人，真得好好下工夫。生气时我甚至宁愿自己面对的是几十台机器，只要用心，我一定能把它们琢磨透，但是学生，我可就不敢说了。在今后的教学过程中我还希望能得到晓春老师的指点与帮助。多谢指点。

【案例80】有一梦请大家解

我和小陆在食堂吃中饭的时候听说晚上要开联欢会。我们说要去买一件漂亮的衣服，同事杨说她也去，让我们去的时候到她家叫她一声。小陆说，我们骑自行车到杨家，然后，让杨开着自己的轿车送我们去。到了同事杨家，才知道她不去，是她女儿去。我们三个只好骑车上街。我们进入一幢很高的楼，同事杨的女儿说那上面是健身房，过去一看却关着。然后，那小姑娘突然不见了，剩下我和小陆。我突然发现周围一盏灯都没有，而这里分明是宾馆，感觉每一个没有灯光的房间里都在进行着色情的罪恶。我们快步往楼下走，我走在前面。可当我走到楼下的明亮空间里边时，突然不见了小陆。我在外边等，感觉对不起她。后来，终于看见里面出来一个老女人，我问她可看见小陆。她说还没有完事。我想：小陆完了。忙打电话给她。这时，眼前出现了一个忙碌的画面：小陆站在很多的蚕架中间，蚕宝宝很大，桑叶也很大，小陆在接我的电话，她的前面还有许多蚕宝宝要喂，同事杨的女儿也在这时打电话给她。

提供一点相关的背景：小陆是我最要好的朋友。我们比较谈得来，经常结伴上街购物。可前几天我们有一次不小的争执。同事杨有一辆私家车，小陆很希望自己有一辆车。前几天，校长要我参与做一个语文课视频案例，我让小陆去了。害得她星期六都没得休息。我感觉自己并不很喜欢语文，在这门学科上也不会有好的发展，心里想着要把这个语文教研组长推给小陆做。我感觉这些情况跟这个梦有关，就是理不清楚，请各位大侠帮忙解个明白。

——教育在线·心理辅导　工作着是美丽的

我的猜测

愚以为工作美丽老师这个梦的主题是内疚。

工作美丽老师打算把自己不喜欢的语文教研组长职务推给小陆（己所不欲施于人），心里有些不安，刚与小陆老师吵完架，心潮未平。这个梦可能就是这种复杂情绪的反映。

梦中，去开联欢会，是"替我当语文教研组长"的隐喻。说"我"和小陆一起听说要去开联欢会，并没有说"我"鼓动小陆去看联欢会，这是为自己开脱。梦中"杨"答应用自己的私家车送他们去联欢会，也是"我"为自己开脱之词，因为生活中的小陆也想自己有一辆私家车。这两个开脱之词的意思是说，去联欢会（当语文教研组长），那是你自愿的，不是我逼你的。这个情节可能还有一个隐喻是："我跟你吵架，责任不在我。"

梦中宾馆里发生的事情象征"我"把小陆推进了火坑，小姑娘突然不见，说明小陆的厄运完全是"我"的责任，无可推脱。这是自责。

为了安慰自己，后面出现了小陆喂蚕的画面，意思是说，小陆没有出事，她很好。我没害她。

因为工作美丽老师刚刚跟小陆老师有过争吵，所以看得出这个梦交织着爱与恨，但是总的还是充满友情，对于自己想把不喜欢的工作推给好朋友，对于自己和好朋友吵架，梦中透出了内疚。

工作着是美丽的：

谢谢王老师，帮助我基本上理清了思绪。

内疚是这个梦的主题，我觉得很对。小陆为我牺牲了星期六的休息，我为此内疚。因为是好朋友，我知道她最不喜欢在休息天回校工作。而推语文教研组长一事，毕竟还是一个未成事实的想法。可能反映了我自己的一种担忧：我这样是不是害了她，虽然她还没有评到中高职称，当教研组长也是愿意的。吵架一事应该说没有留下什么怨恨，后来小陆曾婉转地告诉我她有个缺点：做事为自己考虑得较多。我理解成这是她对前番争执的认识。事实上，争吵以后我们还是像过去一样喜欢在一起交谈，而且，我发现她对我是敞开心扉的。就在前天，她还把父母一辈非常隐痛的事告诉我，可能正是因为如此，越发加深了我的内疚感。

就是不清楚，为什么梦中会出现同事杨的女儿。她应该是年轻的象征吧？还有健身房，应该是娱乐、健康之类的隐语吧？那些蚕宝宝很大,快结茧了哦。是作茧自缚的隐喻吗?还是有辛苦马上就要有收获的意思呢?

答工作美丽老师(1)

梦中出现同事的女儿,可能也有推卸责任的意味。直接拉同事杨去做这件事(推小陆进火坑)等于又对不起了一个人,若是她的女儿跟去,毕竟就隔了一层,而且年轻人跑起来比较方便,这样就可以减少做梦者的责任了。既然有了一个年轻人,那么上健身房就可以理解了,这是年轻人和小孩子爱去的地方。其实这也是推卸责任,意思是,这个火坑不是我带小陆去的,是孩子引导的。

养蚕的比喻,可能既是安慰小陆,也是安慰自己:我没有推你进火坑,我是送你去了一个很有收获的地方。蚕茧可能象征收获。

这个梦给我的印象是:工作美丽老师平日可能是一个对"谁负责任"比较敏感的人。有这种思路,会活得比较累的。

工作着是美丽的:

非常佩服王老师,我想我就是这样想的。

梦中其他的情景我现在都可以盘通了,这种感觉真的很棒。谢谢王老师!

为什么我和小陆会是去开联欢会呢?那跟我几天前跟教研员的一次聊天有关。我们准备搞一个班主任沙龙,我极力怂恿她到茶室去搞,希望搞成那种既高质高效又比较有情趣的聚会。这在梦中就演变成了联欢会。同事杨不仅是因为她有一辆小陆希望的私家车才出现在我的梦中,更主要的是她曾经也是个语文教研组长,后来辞掉不做了。她的女儿其实应该是接替她做组长的那位年轻的女教师。所以,杨本来也是要去参加会议的,后来改成那女孩子去了。健身房关了门,意味着做了那个倒霉的组长,女孩子很忙,没空去娱乐了,身体也受到了影响(事实上那位女教师生了病,开了刀,我还去探望过她)。每个房间里似乎都发生着色情的罪恶,意味着女性意志遭到"强奸"(对不起,我找不到合适的词汇)。这跟我对各种各样低效无趣的会议的痛恨有关,意味着每一次会议都是对到会者的强迫。特别是我们学校期末的教研组长会议,像懒婆娘的裹脚布,又臭又长,可是,我却不能拒绝参加。我终于走到了楼下的阳光里,意味着有一天我终于摆脱了当组长,但让我内疚的是,我很可能要把小陆推到那个"火坑"里去了。然后,我就自我安慰,她还没有评到中高,当组长会给她带来收获的。把蚕茧比作"作茧自缚"也说得通,小中高职称就是那个茧,为了它,小陆愿意受到很不喜欢的组长职务的束缚。我曾经也痛恨这个组长职务,可是,还没有评到的时候就缺乏这种破茧而出的勇气。女孩子为什么给她打电话呢?哦,她们都是组长,一定是有事情需要商量的。

梦是现实生活曲折的反映,梦是把意识的东西转化成了潜意识。请您帮我看一看,我这番解释是不是还有漏洞。

答工作美丽老师(2)

感谢工作美丽老师纠正了我的很多错误判断,例如关于那个女孩的判断,关于联欢会的判断,关于健身房的判断,于是我对这个梦也理解得更清晰了。我觉得现在的解释可能比较圆满了。

说明一个道理：一个人的梦，最终还是要自己来解释，没有人比你自己更了解自己的心思。特别是细节，别人是无法知道的。但是别人提供点思路，有时也有帮助。

工作着是美丽的：

非常同意您的观点。虽然说，一个人的梦，最终要自己来解释，可是，解释梦是需要方法的。我第一次写下这个梦的时候找不到一个清晰的思路，后来，在你的猜测的启发下，我一点一点找到了自己的梦境呈现出来的意义，这是我第一次释梦，好有趣的一件事。如果以后我迷上了它，你就是我的启蒙老师。谢谢老师。弟子给你行礼了。

我的解梦体会

这个体会是我依据自己学习心理学的心得和解梦的实践经验写出的。

1. 意识与无意识可以对流，梦是对流的通道。

梦游走于意识与无意识之间。它可以把人的无意识提上来，显现在梦境中，也可以把人的意识沉下去，显现在梦境中。

所以梦既可以表现人的无意识，也可以表现人的意识。

2. 做梦时，你还是你。

人在梦境中并不是另一个人，你还是你。记得这好像是阿德勒的观点。

也就是说，你梦中反映的思想感情，尽管可能扭曲，但必定事出有因，必定合乎你的性格逻辑。

梦不是外部加于你头脑的东西（所谓"托梦"是迷信），梦是你自己头脑的产品，这个产品的生产方向、质量、包装，源于你自己的灵魂。

梦中你可能穿着别人的衣服，但骨子里还是你；梦中你可能在照哈哈镜，但模特还是你自己。

3. 梦是灵魂的窗口。

弗洛伊德认为性是梦的核心内容，我不这样看；我认为梦可以涵盖人生活的各个侧面，不光是性。

弗洛伊德认为梦是人的愿望的满足，我觉得不仅如此；梦可以反映人各种各样的心情，有许多梦只是抒发了做梦者的某种情绪，记录了做梦者的某种经历。梦不是有计划有目的的行为，梦是人的心态在非控制条件下的自然流露。

4. 帮人解梦，不替人圆梦。

解梦的主体应该是做梦者本人。我们帮人解梦，而不是替人圆梦。我们只提供一些猜测，一些思路，供做梦者参考，千万不要妄下结论。

因为梦非常复杂，它指不定从做梦者人格的哪一个小侧面节外生枝，演绎成章，也指不定被生活中的哪一个细节所激发，夸张成画。这些细节，旁人是绝对无法搞清的。解铃还需系铃人。

5. 解梦的目的是帮助做梦者了解自我。

解梦不是游戏，解梦也不是占卜。通过解梦，人可以更深入地认识自我，可以缓解压力。解一个梦常常像解一个心结。

我们通过分析学生的梦境，可以了解很多他们灵魂深处的东西，这些东西他们自己甚至可能都不曾觉察。这可以作为教育的重要参考。解梦对于教师和学生，是重要的教育手段，也是重要的心理保健和心理治疗手段。

应对疑难问题

世界上并没有包治百病的灵丹妙药，无论多么正确的教育方法都要因时制宜，因地制宜，因事制宜，因人制宜。下面是几个疑难问题的处理建议。请注意：我的思路和做法绝不是标准答案，供参考而已。

【案例81】学生说我虚伪，学生说我偏向

王老师，我是一名新教师，现在走进教育工作的一个低谷了。我很热爱教育，也会不断地为之努力。

我所在的学校是一所职校，学生也都是十七八岁的孩子，成绩都不是太好。我带了一个高一女生班。一个学期下来，班级管理表面上似乎过得去，也取得了很多荣誉，但是很多学生总是觉得我这个班主任很虚伪，我不明白为什么。

我兢兢业业，一学期下来，没有在教室里大声地骂过人，也从来不要求学生像重点高中的学生一样用功读书。我组织过很多活动来培养学生各方面的能力，自认为我已经试着平等地对待每一个学生了。

可是似乎每一个学生都觉得我是在偏向其他学生，比如 A 会觉得我偏心 B，B 会觉得我偏心 C……慢慢地，我觉得我怎么样似乎都做不好，多少有些受打击了。

这跟我们班是女生班级有关，还是我的工作中存在什么特别不科学的地方呢？请您给点意见好吗？谢谢！

——教育在线·班主任论坛　forest1939

答 forest1939 老师

两个问题：一个虚伪问题，一个偏向问题。

虚伪问题，您可以个别谈话或召集座谈会问问学生，他们指的是哪些事情？空说没用，要有实例。有了例子，就好分辨了。是您的错，您改正；不是您的错，您解释。

偏向问题，永远不可能完全解决。只要班里绝大多数人承认您公正就行了。最好班里民主制订一些"法规"，遇事照条条办，学生就没法说老师偏向了。哪里有人治，哪里必然有争宠之风，而且难免有很多"偏向"的抱怨。

您参考。

【案例82】学生不让老师进教室

我校有个班主任，前几天晚自修课间值日时，来到自己班级。同学唐马上将教室门锁上，老师敲门，他还将窗帘也拉上了。这位班主任看到包括学习委员在内的一些优生也在起哄，顿时非常生气。过了大概一分钟，门开了，他进了教室后将同学唐大骂一通，然后问："你为什么要关门？"

同学唐回答说："我在赶蚊子。"

班主任回到了办公室，情绪很激动，之后就打通了我的电话，要求处分这个学生。我当时在外，就叫副级长处理此事。当晚副级长就向学生了解了情况，并要求唐同学写了保证，同时也进行了批评教育。

第二天，副级长向我反映此事，我们一致认为学生应公开道歉，可班主任不依不饶，说要上升到学校，因为自己的威信受到了打击。真是无语啊。我想，一件这样的事要上升到学校，又是处分又是批评的，学生心里会想班主任也太没有度量了。当天中午，我和这位班主任谈了谈管理班级的思想，他反而觉得级组没有站在班主任的立场上，情绪更是激动。

晚上，我将此事向德育处做了汇报，德育处要求星期一的班会课上，唐同学当着全班同学的面公开道歉。星期六，我又找到了唐同学，进行批评教育，并让他写了一份检查准备在星期一检讨，同时也和班主任交换了些许意见。

星期一的班会课，是由副班主任组织召开的。在班会课最后十分钟，我和副级长及德育处的一名领导来到了该班，进行了尊师教育，并且要求唐同学向班主任公开道歉。班主任无任何的表情和话语。感觉效果很不好。

感悟：时代在变，学生在变，老师的思想也要变。本来是一件很普通的事情，班主任硬是拽着学生不放，同学会怎样想？班主任太没气度了，班主任的威信不升反降。学生在成长的过程中犯错是难免的，我们要给他们机会啊。现在真是担心他的领班方式和方法。同时我也感觉我处理此事好像太在乎班主任的情绪了，而没有尊重教育规律。到目前为止，班主任仍然没平静下来，我们也不太好在这个时间找他谈班级管理的问题。请各位支招啊。

——教育在线·班主任论坛　徐荷马

答徐荷马老师

此事有点蹊跷。

本班学生有意把班主任关在教室外，是很少见的。据我的经验，有两种可能。一种是，班级相当一部分同学已经对班主任意见很大，班主任威信已经很低，唐同学不过是大家的"枪"而已。还有一种可能是学生在干一件无论如何不便让老师知道的事情，正好班主任来了，只好把班主任关在门外。

事情发生以后，班主任很气愤，这是可以理解的：年级和学校领导侧重批评处理学生，保护老师的威信，这也是对的。但是，要真正解决问题，还得搞清事情发生的原因，否则就是治标不治本。可惜我发现无论班主任还是年级领导，都没有注意这个最重要的问题。教师想的只是出气，领导想的只是赶快息事宁人，恕我直言，目光都有点短。

我建议徐老师先把此事放一放，拖一拖，等到班主任初步冷静下来，再告诉他："严刑峻法只能一时把学生压下去，提高不了教师的威信，解决不了根本问题。学生想来是对您的意见不小，而且已有时日。只有好好和学生沟通一下,听听他们的意见,做到互相理解,才能真正解决问题。如果您觉得不方便,我们可以帮您到学生中去调查一下,把意见反映给您。"

徐荷马:

　　王老师说的在理,我们当时只是想着稳住班主任的情绪,所有重心都放在批评学生身上去了,问题是找到了,但没有想办法从根子上去解决,非常感谢王老师的及时雨。

【案例83】学生投诉老师

　　下面是我校论坛上的一个案例,特别想问一下您对这样的事情的观点!

一个六年级学生写给校长的投诉信

　　这是一封真实的、原汁原味的、写给校长的信件,内容是要投诉我的。尽管很伤我的心,但我还是要发出来给校长和各位同事思考:我们究竟做错了什么?在成绩中下的学生的眼中什么样的老师才是好教师?以下是信的内容:

尊敬的叶校长:

　　我是六年级某班的李某某,我要向你投诉我们的数学老师张××,投诉理由:

1. 数学老师上课体罚我,星期二的第一节课罚我站了2分钟;
2. 数学老师干涉我的课余时间,中午时间总是让我们做数学题;

3. 数学老师很霸道，下午第三节数学辅导课时只让我们学数学，不让我们出去玩；

4. 数学老师太严厉，经常批评我；

5. 数学老师烦，从来不会忘记给我们布置家庭作业，就是去打吊针也要跑回来布置，烦、烦、烦。

先投诉这些吧，望校长好好批评他。（某些错别字我做了修改）

该生的家庭背景：该学生是我校六年级的一名学生，很少做家庭作业，很喜欢打游戏。去年"十一"假期，语、数、英三科作业均一字未写。家里开小店，由于在校在家表现都不太好，父母不太重视他。去家访时，我们问他父母假期7天时间他都在家里做什么，他爸爸却说：让我们想想。

这封信是在数学课上写的，被我看到了，尽管我很伤心，也很气愤，但我还是和他谈了很多。

1. 上课站2分钟在他看来就是体罚。证据确凿。

2. 中午他来得很早，却到校外的小店打桌球，我很多次经过小店，就让他到学校做作业，却干涉了他的课余时间 。

3. 下午的第三节数学辅导课我认为当然要学数学，却被投诉很霸道。

4. 他经常不交作业，不做作业，却不可以严厉地批评。

5. 那天我感冒发烧去医院打吊针，学生都认为今天不会有数学作业了，但我打完后刚好赶回来了，也就布置了。

最后他看我很伤心，就说：算了，那就不投诉了。

校长和各位同事：我感觉自己越来越不会教书了，越来越不能理解学生到底在想什么。他们到底喜欢什么样的老师？什么样的老师才是学生眼中的好老师？

——k12 教育教学论坛　studentsgw

给 studentsgw 老师的建议

我若是 studentsgw 老师，会这样做：

我把这学生请到办公室，和蔼可亲地说："你的投诉信我看到了，写得不错。受你的启发，我也写了一份投诉信。请你过目。"

我的投诉书

尊敬的叶校长：

我投诉我班学生李某某。投诉理由：

1. 该生很少完成家庭作业。例如去年"十一"假期，语、数、英三科作业均一字未写。这严重违反了学生守则。

2. 该生经常中午到校外的小店打桌球，为了教育他，多次耽误我中午休息。

3. 他的投诉书是在数学课上写的，严重违反了课堂纪律。

4. 该生经常惹我生气，迫使我不得不惩罚他，造成了我超出正常工作量的精神损失。

鉴于以上理由，我要求学校给予该生纪律处分，并要求家长赔偿我的时间损失和精神损失。

班主任　张××

然后我就对这个学生说："我建议咱们两个一块把这两份投诉书

交给校长,听凭校长处理,你看如何?我觉得这样很公平。"

如果这个学生同意,就这么办。校长自会解决。

如果这个学生打退堂鼓了,想"私了",我就和他谈判。我告诉他,我可以不罚你站,可以允许你中午去玩,但是你必须写作业。开始可以少写一点,但过一段时间,就要跟上同学。

这是一种"黑色幽默"的教育方式。

教师遇到前所未有的问题,不要摆出一副挨打的架势,不要做令人同情状,要想办法。

办法总是有的。这么大的人,怎能斗不过小孩子?

【案例84】我当着学生的面撕毁自己的画作

今天上午第三节,是二(3)班的课。我没想到在这堂课上,当着全班同学的面,我亲手撕了自己辛辛苦苦画出来的两张对开大的作品。

上午,我满怀希望地迎来了学生,全班大概到了四分之三(约有四分之一被选去参加艺术节排演了),学生一进教室就在不停地大声叫嚷,满屋子乱跑、追逐。一上课,就有七八个孩子在玩"摔大炮",任我怎样表扬、奖励、批评,任我怎样哄、怎样吓、怎样组织,教室里还是不时地传出噼里啪啦的"摔大炮"声。我的心感到一阵紧缩,无法言喻的痛楚突袭全身,看一看几十双明亮的眼睛,我无言以对。玩世不恭的几个孩子此刻依然在玩着他们的大炮,我没想到我竟然"冷静"地对他们说:"你们的大炮声已经打扰了我们的课堂,我想你们一定很不欢迎我这个老师(学生无语),我感觉这是我这个老师的失败。我只能以这样的方式来惩罚我自己：这些是我辛辛苦苦画出来的作品，放在教室里是给你们欣赏的，现在还要它们何用?!你们要是再'摔大炮'，我就撕作品，撕我自己的作品，你们摔一次，我就撕一张，作品撕完了，我就撕画纸……"话音未落，教室里又传出摔大炮的声音。此刻的我只感到一种从未有过的羞辱，我不知自己是怎样颤抖着拿起自己的画，也不知自己是怎样让一幅画顷刻间化为碎片的，我不知自己是怎样又走上讲台的，我还没回过神来的时候，只听"啪"的一声，随即有个学生报告："又有人摔'大炮'了。"我也没抬眼看是谁摔的，随手又废了一张作品，我的手机也被我摔出老远。

那一刻，我感到是我做教师以来最失败的一刻。那一刻，我感到我是多么的可怜。那一刻，我感到我是多么的愚蠢。那一刻，我感到我是多么的渺小，我感到艺术已离我而去。那一刻，我只觉得我的血在往上涌。那一刻，我的泪在眼圈里直打转，我真的想哭，但我没哭。那一刻，我的心在颤抖。无法形容的痛苦将我孤立地抛在那三尺讲台上，我感觉那仿佛不是讲台，而是茫茫大海中的一小块礁石。那一刻，我感到我是多么的无助。我有火只能往肚里咽，我知道我不能打孩子，也不能大声斥责他们，我只找到属于我自己的东西——我的作品，来作为我的发泄对象。那一刻，我感到我已失去了人师的尊严。那一刻，我感到我还不如一个孩子。那一刻，学生被我的举动震惊了。那一刻，我感到很迷茫。那一刻，我不知道我的学生心里是怎样的想法，我只知道我自己已经快承受不住了。

那一刻以后，我还是重新稳定了情绪，继续为他们上课。

——教育在线·体艺论坛　七彩斋

莫用学生的错误惩罚自己

教师走上讲台得不到安静,这种情况并不新鲜。常见的对策有以下几种:

1. 站在讲台上不动不响,眼光扫视学生,直到基本安静下来再上课。
2. 离开教室,藏在外面,听里面安静下来再上课。
3. 发动一部分守纪律的学生连续喊:"请安静!请安静!"
4. 拿一个能引起学生兴趣的物品挥舞,把学生注意力吸引过来。
5. 做一个强烈动作或说一句出学生意料的话,把学生注意力吸引过来。
6. 让班长去请班主任或学校领导。

七彩斋老师采用的是"强烈动作法",不是不可以,但是撕自己的画没有必要,生这么大的气就更不必了。

孩子有时兴奋起来,会忘乎所以的,这可以理解;我们成人的情绪有时不也会失控吗?如果事先有预案,事发时冷静一点,这种事其实不算难解决。

七彩斋老师,不要着急。多动脑筋,一切都会好起来的。

不要用他人的错误惩罚自己。

【案例85】 学生请老师买车票

今天公交车停在学校站头,上来一位教师和一群背书包的中学生。一名中学生大大咧咧地对老师说:"老师,把我的也买了吧?"老师一愣,很快反应过来:"几个人呀?"

在我们学生时代,能够给老师买上票,会感觉非常荣幸的,现在的学生怎么这么大胆,居然叫老师买票?并不是钱的问题,而是学生和老师的关系发生了某种微妙的变化,让你感觉有些东西变味了。

如果你是这位老师,你将怎么做?

——教育在线　玫瑰香风

建议这样试试

这种学生也许是不懂事,缺乏教养,没大没小,也许是有意给老师出难题。

无论哪种情况,教师都比较为难。如果顺从他,给他买了票,那实际上就是放弃了教育者的责任,而且事后教师心里会很不是滋味,这对心理健康不利。如果直接拒绝,则学生可能会宣传老师小气,事后教师心里也会很别扭。

所以必须找到一种办法,既能尽到教育者的责任,又不失教师雍容大度之风。

我目前能想到的,有以下几种办法:

1. 扬一扬手中的钱,回答说:"给你买票没问题!(马上改变表情)不过我不敢这么做。让你父母知道了,会说我纵容学生没大没小,不懂尊师,那我就害你了。抱歉!"

2. 做欣喜状,马上回答:"好哇!我正想让你给我买票呢!快过来!"这是一种装傻的办法。

3. 如果教师当时反应不过来，糊里糊涂给学生买了票了，那也没关系。可以过两天当着同学的面对他说："你看，我连车票都给你买了，咱们够朋友吧？"估计他会回答："够朋友！"再问："那你怎么回报我呀？"他如果不表示反对，就说："你请我们大家吃饭，好不好？"估计此事周围同学会热烈响应。让他也尝尝不得不请客的滋味，下次他就不敢对老师造次了。

以上几招，玫瑰老师参考。

玫瑰老师拿出具体情境来讨论师生关系，我觉得这比空谈什么"师爱"呀，"沟通"呀强多了。

师生关系是很复杂的，社会上人际关系的一切表现，几乎都可以在师生关系中找到其影子。把师生关系简单化、模式化、田园诗化，都是书生气，会碰钉子越来越多的。

【案例86】我和"忠义帮"周旋

他们是初二一群调皮捣蛋的学生，成立了所谓的"忠义帮"。政教处对他们恩威并施，可学生依然我行我素，家长到校苦口婆心地劝，收效也甚微。

无计可施之际，我跟他们签了一份协议，只要他们能在一个月内认识2000个不重复的字，他们在校的一切行为悉听尊便，我不插手管理，如果我赢了，那他们以后都得听从我的指挥。

这一群学生中，有一人绰号老鼠，据说是他们的头，比较聪明。协议签好没几天工夫，他就过来炫耀似地挥舞着练习本："老师我会了，什么时候开始测试啊？你不能反悔哦！"今天早上一试，他真的能认出2000多字了。我心里非常矛盾与焦急。该如何收场呢？

我知道学生对我有疑心，就让学生中午来找我，请他的语文老师作证人，看他是否真的"认识"了这么多字。当然，我与他的语文老师事先已沟通好，对该生要耍阴谋，让学生读准前后鼻音，平翘音等。测试开始没几分钟，学生就知道了我们的计策，梗着脖子说："你们耍赖，我就算输好了！"我知道他嘴上认输，心里是万分的不服气。于是我说："不要这么早就认输。这么快赢你，我也没有成就感。你很聪明，几天时间记住了2000字，已非常了不起，你还有时间，我等你。"他的语文老师也在一旁劝解他，他才重燃一决高低的斗志。事实上我很担心一个月后的再次测验，以他的智商，赢的几率是很高的，可我又想赢得漂亮，让他心悦诚服。

他们是一个帮，除了跟老鼠签了协议，我还跟其他几位同学签了协议。据我了解，其他学生识字根本不多，赢取他们的可能性非常大。只要赢了他们，就算输于老鼠，那老鼠单枪匹马，兴风作浪的机会也会大大地减少。

王老师，我这样的做法是否太稚嫩，有无不妥之处？

——教育在线·班主任论坛 "骗子"

答"骗子"老师（1）

您这出戏不大好唱了。

您"签协议"之前太欠考虑了。

签协议，打赌，这些办法都可以用，问题是您的承诺必须有法理依据。请看您的承诺:"只要他们能在一个月内认识2000个不重复的字,他们在学校的一切行为悉听尊便","一切行为"是不是太宽了?您越权了。您承诺了您无权承诺的东西,而孩子是给个棒槌就当针的,他们较起真来,您会很被动的。

事已至此,怎么补救呢?

推翻承诺不认账恐怕是不行的,说话不算数,您就没威信了,他们又是一帮,大闹起来,弄不好您得下台了。

想花招让对方输掉,这种空间也不大了。搞得太露骨,孩子就不信服您了,会增加以后工作的难度。

我想,剩下的办法只有在承诺词语的解释上做文章了。

让他赢吧。老师大大方方宣布自己输了,兑现承诺。但是跟他解释一句:"我所说的'一切行为'指的是我班主任管辖范围之内的行为。如果你违反了学校的纪律,校长和政教处找你,那我可无法给你兜着,因为那不归我管。"如果孩子不服,您可以带他一起去找校长(事先和校长通好气),让校长当他的面宣布:"学校没有参与你们的协议,所以你们的协议只在你们师生二人之间有效,超出这个范围,学校该怎么办就怎么办。"

此后,教师在班里对这个孩子的表现,就一定要表现出最大的忍耐和宽容,甚至某种程度的迁就。谁让您已经承诺了呢!实在不像话的地方,只好私下劝说。

先过了这一关,看看情况再说。孩子毕竟是孩子,我估计他们不会过分猖狂,无非是冒点小坏水。说不定因为班主任"够仗义",他们反而会有进步呢!"骗子"老师如果想知道下一步如何教育这种团伙（非正式小群体），我以后很愿意和您讨论。其实完全不必搞这种"协议"的，"骗子"老师有点病急乱投医了。

"骗子"：

谢谢王老师。我忘了告诉您，我在政教处帮忙。我们的协定是学生跟政教处的协议。我也觉得我已处于很被动的状态。

今早我还仿佛听到有学生在骂我，我很头疼。

我很钦佩上届政教主任。他往那儿一站，学生大气都不敢喘。他调走后，学生说，"这学校完了"。

我可能是急功近利，想及早确立在学生中的威信。处理很多事情上，方法过于单调。像处理"忠义帮"这件事，抓到政教处后我就暴打一顿，或疾风骤雨似的训斥一番。我是在无计可施之下的仓促决定，没跟政教主任、校长讨论过，正如你说的，病急乱投医了。

请您教教我。

答"骗子"老师（2）

对不起，我以为您是班主任呢。

作为政教处老师，您可真够胆大的。您几乎把棋走成死棋了！

我们来试试，看还有没有法子可想……

我不知道离一个月的期限还有多长时间，我劝您先不提此事。此间让班主任找点茬表扬表扬他，等他找您再谈协议的时候，您可以这样说："我要和你签协议，本意是希望以此督促你进步。听班主任说你最近很有进步，那就不必再签这个协议了吧？我更愿意给你家长发表扬信。"

找个台阶，赶紧下来。

如果这孩子不依不饶，非要考这 2000 个字不可，那您就得请校长（最有权威的）和您一起演一场戏了。

请校长把您和这个孩子叫到校长办公室，当着孩子的面，故作严肃地指责您说："您作为政教处的老师，和学生签这样的协议，这不是放纵学生，袒护学生的错误吗？别说没签，签了也无效！学校不承认！"然后对学生说："你要改正自己的错误，做个好学生，不要总想钻老师的空子！回去吧！"

让校长给您造个台阶，使您能下来，还不得罪学生。

这两招，您看行吗？

【案例 87】 怎样回答一名早恋学生的指责？

这是一名初三早恋学生在给老师的一封信中的独白：

你们大人为什么要将我们生生拆开，要知道当我们俩在一起时，心情是多么舒畅！精力是多么旺盛！为什么不试一试让我们在一起？也许学习效率会更高呢！

看了这段独白后，你有何感想？

如何给学生答复，如何处理新时代下学生的早恋问题，愿倾听各位高见。

——k12 教育教学论坛　czhwlgy

提高我们的说服能力

如果我是这个学生的班主任,我会对他说:"你这个问题问得非常好。我也正在纳闷这个问题。为什么这些大人们都这样不理解孩子的心,这样固执,这样不可理喻呢?他们完全可以不管嘛。他们难道不可以让学生试一试以恋爱为动力推动学习吗?他们是不是有病?就比如你的父母吧。我估计他们要是知道你在早恋,会发疯的。为什么这样?他们不是都爱你吗?既然他们这样爱你,为什么偏偏不让你如愿以偿?他们是不是糊涂了?"

然后我就不说话了,让孩子自己去想。

我的经验,当你这样顺着他的思路提出问题的时候,才有助于启动他的思维,有助于他的清醒。如果你上来就说他的想法如何如何不对,如何如何危险,则不管你的话说得多么正确,都没有用,因为这些话根本就进不了他的耳朵。

想让孩子接受我们的影响,光有观点正确这个条件是绝对不够的,你必须先想办法让孩子能听进你说的话。因此,你的话就不能一味地"逆耳",有时也要"顺耳",先顺进去再说,顺进去才有希望。这一点,很多家长和老师都不注意,于是他们所有的好心,收到的都是逆反的效果,这令他们极为寒心。我很同情他们,但是希望他们听我一劝:孩子逆反或许是我们自找的,谁让您偏往孩子枪口上撞?难道除了正面进攻,就没有别的战术了吗?还可以侧面进攻、迂回进攻嘛!还可以"智取威虎山"嘛!

咱们接着和这位早恋的孩子对话。

据我的经验,当你站在他的角度,质疑家长和老师的做法时,他反而会沉静下来。他也在想:真的,家长和老师为什么一致反对我们呢?他们是不是也有一些道理?

这正是我所需要的思考。

学生沉默,我会就势说这样的话:"请你设想一下,你现在是一位父亲(czhwlgy 老师没有说明这位早恋学生的性别,我假定他是个男生),你的儿子上初三,非要和某女孩恋爱,你会怎么做?"

如果他说:"我也会反对。"那我就会问他:"你为什么反对?"他下面的回答就该替老师家长说话了。还用老师给他讲吗?让他自己说服自己岂不更好?

如果他说:"我会支持孩子。"我就说:"很好,您这位家长很开明。不过,家长先生,您会不会有些担心呢?您会不会觉得这样有些冒险呢?"

我估计他或者沉默,或者得承认,他有些担心。

于是我就说:"现在中学生早恋的不少。请就你自己看到的早恋,认真想想,早恋促进学习成绩提高的占多大比例?当一个人被情感搞得神魂颠倒的时候,他能静下心来学习吗?我是家长,我的孩子早恋,即使他跟我说他的早恋会促进学习,我敢冒这个险吗?我想你现在应该明白了,大人反对孩子早恋,恐怕不但不是糊涂,反而可能是因为他们更清醒。他们是过来人,他们的经验请你注意。当然,以后究竟怎么做,我不想强迫你。但是你要注意,第一,我们这是学校,学校是有纪律的。你做得过分,我可就要执行纪律了。第二,你自己的选择,自己要担当,无论出现什么后果,都不要埋怨别人。"

剩下的事情就交给他自己了。

我给学生做报告，常常问他们一个问题："你们的老师和家长都拼命逼你们学习呀学习，他们是不是神经有毛病？我教过很多差生，上学的时候根本不好好学习，可是长大结婚有了孩子，都拼命逼孩子学习。他们是不是也有毛病？"我发现这样的问题往往可以使学生进入真正严肃的人生思考——孩子就是这样逐渐长大的。而如果你总是站在大人的角度教训他们，他们反而会拒绝严肃的思考，因为在大人面前，孩子是可以撒娇的。

我儿子上初中的时候有一次对我的某个做法表示不满（我忘记是什么事了）。我就问他："你将来做了父亲，准备如何教育孩子？"他脱口而出说："顺其自然！"我一声不响。没想到他沉默了两秒钟竟然接着说："……不行。"我乐了。他从浪漫主义到现实主义过渡得如此迅速。我心中暗喜："我未来的孙子也有希望了。"

马克思有一句名言："理论只要彻底，就能说服人。"我们现在许多老师，每当说服教育不管事的时候，总是埋怨学生不知好歹，我想，恐怕还可以从另一个角度想想，或许我们的话说服力还不够强吧？或许我们的谈话技巧还有待提高吧？

提高专业水平

这个标题是全书的尾声了。鉴于本书的案例式写法,我们当然无法在这里全面论述提高教师专业素质问题。下面几篇,做个参考吧,主要是提供点思路。

写一本书,在结尾的地方最好出现鼓舞人心的口号,以振奋士气。我不反对这么做,但也不想凑这种热闹。所以这里的最后一个案例竟然是谈"克服学科傲慢"的。我更希望读完这本书的您掩卷陷入沉思,而不是热血沸腾。

再见!

【案例88】新教师,怎样迅速提高专业能力

一路拜读王老师的文章下来,收益良多!在此先表示感谢!
对王老师强调的教师的专业性,非常认同。
作为新教师,怎样迅速提高专业能力呢?
希望王老师能指点!

——k12 教育教学论坛　李明821

答李明老师

1. 建议您不要太在意领导的评价，不要太在意什么检查评比、分数线（当然，总要闹个中等以上水平，以避免麻烦）。因为经验告诉我们，太在意这些东西的老师，就容易每日跟着校长的指挥棒团团打转，没有时间提高自己了。

2. 凡是能让学生干的事情，教师都要逐渐放手。抓大放小。

3. 凡是能早做准备的事情，就不要事到临头再应付。各种事情，最好都有"预案"，这样应对起来比较从容。

4. 凡是能制订游戏规则的事情，一定要制订具体规则，到时候学生有所遵循，可以少费很多话。

5. 课堂教学、与学生个别谈话，都要极其吝啬语言，绝不多说一句。估计说了不起作用，宁可沉默。

上述几条，都是为了节约精力，给自己留出点时间。

6. 留出时间用来读书和思考。有些确有实效的培训班，也可以参加，但一定要打听清楚，以免浪费时间。建议多读翻译的心理学、哲学、教育学著作。

7. 上网讨论教育问题。

8. 平日工作中，凡是习惯性的言行，都要问一下："为什么总是这样？不这样行吗？"

9. 有新的想法，一定要写出来；没有新的想法，那就别写。要多想少写。没有新意的写作只能给人以虚假的满足，容易降低智商。

【案例89】教师不读书——教育的致命伤痛

以我身边的情况来推想,除了教材教参之类,一年半载读不了一两本书的老师,估计不在个别,真正喜欢读书的就更少。仅凭这一点,就可以看出教师的学养、素质之差和当今治学风气衰微到了何种程度。

教书的先生都不读书了,想起来就让人吃惊和惶恐不安。牛半月不吃草,人一月不吃饭,会是什么结果?这牛还能耕地吗?这样的老师还能教书吗?

以其不读书的形象去影响学生,以其空空如也的头脑去思考问题,以其匮乏的信息去与人交流,以其贫乏的知识去教育学生,教育还能有什么好结果?

因为不读书,教学没有什么好方法,没有什么新内容,头脑里没有什么新问题,就容易自以为是。见不到新东西,目光自会短浅,言谈举止自然庸俗。于是,办公室里闲聊的经常性话题就是吃喝玩乐,校园里就会时常有无聊闲逛的身影,下班后干什么就更不敢想。

教师不读书,对教育是致命的伤痛。不知道学校的管理者整天在忙什么。忙着制定、落实那些永远没完没了的规章制度考核指标?忙着天天给师生和班级打分,从而评出个子丑寅卯?忙着享受那些俗不可耐的阿谀奉承?忙着批评那些迟到早退的鸡毛蒜皮?这有什么用呢?教师都不读书了,学校的管理还有真正的效用吗?

又想:如果老师们都好好读书进而好好教书了,忙于教学研究了,那么,学校领导又该干什么呢?

——k12 教育教学论坛 河西周岩

被迫读书的人越多，自愿读书的人越少

上个月，我到一所大学去给学生讲课，谈心理健康和人际关系问题。从大学生的提问中，发现他们知识面很狭窄，不少问题的提法都像中学生。课后，我和该学校图书馆馆长聊天（这位馆长上中学时是我的学生），她告诉我，他们图书馆硬件设施相当不错，头痛的是无人问津，学生都不来读书。无奈之下，她只好采取物质激励措施，规定：到图书馆借书，累计一定的数目即可以得到奖励。我听她这么说，不禁想起自己上大学时争抢图书馆座位的情景，那时候图书馆设备不好，但是人气很旺，想不到如今的大学图书馆如此受冷落，真有沧桑之感。

大学情况我不熟悉，这所大学图书馆的问题也许不一定典型，但是就我网上见到的材料，大学教授们对学生不读书现象普遍有反映，看来不是个别现象。

这些大学生，我相信他们在中学都曾经拼命读过书（课本），否则他们考不上大学，我也相信他们工作以后，为了生存，或许还会读点书，就像教师为了评职称不得不读几本书写几篇论文一样。但是我可以比较有把握地说，他们这辈子也不会成为真正爱读书的人了，而且连他们的下一代都危险，因为经验告诉我们，越是不爱读书的人，越会逼孩子读课本。

人们为什么会这样？

一个是因为他们向来都是被迫读书的，自觉读书的习惯无从养成，即使曾经有过自觉读书的愿望，也被强迫读书扫了兴，厌了，倦

了，腻了，看见书本就头痛了。

再一个是因为，他们从来的读书都是短期行为、任务行为，读书的目的都是眼前的功利，他们从来就没有找到过"读书心里亮堂，读书增长智慧"的感觉。读书对他们来说，只是劳作，不是乐趣。读书相当于上班。读书既然不是自己的精神需要，那当然越少越好了。

我到各处去给教师讲课，所见到的局长校长们说话几乎都是同一个调子，他们都希望我说的话"拿来就能用"，能解决眼前的问题。每当这种时候，我就会想起"文革"中号召学习毛主席著作的名言："带着问题学，活学活用，学用结合，急用先学，立竿见影，在'用'字上狠下工夫。"我感觉功利主义的读书方式已经变成我们民族的集体无意识了，甭管好人坏人，甭管革命反革命，甭管今人古人（科举），在功利性读书这一点上，大家都一致。

说到这里，不能不提到孔夫子。孔子确实伟大，他所提倡的读书，不强调功利，而侧重个人修养，那才是高级的读书。可惜孔子过分关心道德了，当年孔子若同时像苏格拉底那样强调"智慧型的读书"（也就是像王小波说的那样"有一股不管三七二十一，总要把自己往聪明里弄的劲头儿"），中华民族在近代就不可能落后。

教师的工作能力决定于他的整体素质，而不是具体的工作方法。比如教师读哲学书，上面当然不会有怎样当班主任的论述，但是哲学书可以启迪思维。有哲学素养的人思路开阔、活跃、逻辑性强，他在工作中就会显得更聪明，点子多。而那些读书少的人，思路总是非常拘谨、狭窄，无非是在一个小圈子里打转，他的努力往往也只是提高转速而已。这种事情我见得太多了。教育太缺乏智慧了。

我希望校长们关心一下教师读书的事情，但是千万不要逼教师读书。您应该有本领吸引教师自愿读书，读出兴趣，读出乐趣，读出自我超越的感觉。若校长没有这种本领（多数校长显然没有，他们自己就没找到过真正读书的感觉），最好您就减少点教师的重复性无效劳动，给他们留点空间和时间，相信其中有些人会读书的。这对我们民族的未来大有好处。要知道，不爱读书的老师会用逼学生读书的办法把对智慧的厌恶传染给学生的。

【案例90】我是这样尽力避免学科骄傲和职业霸气的

教师大都学过某一个专业，毕业后就做了这个专业的学科教师，有的还兼班主任工作，我走的就是这条路子。刚走上讲台，有过几天两腿发颤、头脑发蒙的经历，适应了一段时间，尤其是看到学生的"无知"后，腿也不颤了，头也高高仰起了，学科骄傲和职业霸气渐渐抬头了，有时俨然就是唯我独尊的气派了。学生自然就是我埋怨、出气的对象了，即使学生提出一个解题的好办法或者偶尔提出一个好建议，也认为不过如此，甚至还跟学生说，我的办法还是不错的嘛。时间一长，提意见的学生少了，我的地盘（呵呵）充斥的是骄傲和霸气！

一次被"赶鸭子上架"经历，真正改变了我。事情是这样的：我从教的第二年，因为当时教师短缺，校长安排我除了教初三的物理之外还兼教初二的历史。物理是我的专业，历史基本上是外行，正因为我是外行，不仅引领学生取得了很好的成绩，也让我走近了学生，因为我如果不依靠学生，简直就无路可走了。外行无形中拉近了我和学生的距离。不是我教得好，是我不可能居高临下地对待学生了。

这一年的教学，在当时看或许叫成功，现在看，那不过是比较灵活的应试教育而已。真正让我受益的是改变了我的行走方式，让我明白了学科骄傲和职业霸气的危害，也让我明白了有多少学生就有多少个装满金子的小脑瓜，"劈开"之后，不发光才怪呢！这段特殊的经历也为我以后主动选择教数学增强了信心。

有了这段经历，我开始学着反省自己，并落实到行动，现在叫反思，当时我还不知道这个词。为了避免我的学科骄傲和职业霸气，我坚持：

1. 和学生一同参加考试。只要不是我命题的试卷，就和学生一起考，把自己完成的试卷混入学生试卷一起密封，统一阅卷。呵呵，考试成绩出来就知道自己能吃几碗干饭了。考第一的时候极少，五名以外的时候都有，即便是考了和学生一样的高分，解题方法也有不及学生的时候。甚至一直提醒学生注意的问题，自己掉进去的时候也不少！我这样参加考试，不仅拉近了和学生的距离，也为自己的学科教学提供了借鉴，迫使我不断地改进教学思路，更新教育观念，不再唠叨"你们考试的时候要细心"，而代之以具体的方法指导。尽管成绩不是评价教师和学生的唯一方式，但和学生一同参加考试，有效地避免了我的学科骄傲。

2. 遇到学生问题，多回忆自己学生时代的成长经历。我上初一的时候，是语文学科的标准差等生，就连听写生字我都很害怕，甚至有了语文课逃学的念头。老师上课听写 10 个生字，我写对 5 个以上的时候很少。值得庆幸的是，我的老师并没有批评我，在了解了我的心态以后，老师跟我说，以后你写对 5 个我就给你满分，发听写作业以前，你到我这儿把那几个不会写的补上。从此，我对听写生字的恐惧心理一扫而空，终于有一次我堂堂正正地考了满分，老师在班上表扬了我，我学习语文的信心大增。尽管我没能把语文学得多么出色，毕竟有了小小的进步。这段温馨的回忆，让我在我的教学历程中学会的不仅仅是善待学生，而且我知道了倾听与交流，诊断与治疗是何等的重要。向学生学习，既可以增长我的教育智慧，又可以避免我的职业霸气。

3. 遇到学生问题或班级问题，多请学生出主意。我认为，一个老师不论经验有多丰富，也总有棘手的问题。社会在变化，学生在成长，新问题当然会层出不穷，多请学生出主意，让学生学会自我管理、自我教育，在这个过程中，促使了我进一步反思、调整自己的教育、教学方式。

4. 多学习、多思考。既向外行学习，也向家长学习；既向书本学习，也在网络学习；既向本学科的老师学习，也向其他学科的老师学习；既向优等的学生学习，更向学困的学生学习；善于倾听，也得善于思考；读书的时候，眼睛瞪大一点，实践增多一点；撕开自己多一点,指责别人少一点。因为我面对的是一个个鲜活的生命,能为孩子们和我自己增添一点色彩是我要做的。

——k12 教育教学论坛　wubsen（吴宝森）

感谢吴宝森老师

wubsen（吴宝森）老师的经验告诉我们:人常常是到了不熟悉的领域,才能估出自己的真价值;而在自己熟悉的领域,往往会夸大自己的本事。学科傲慢可以说是一种封闭的傲慢,克服这种傲慢的办法是开放,是去体验一下别人的生活。

学科傲慢还是一种权力的傲慢,就是在自己控制的一亩三分地上称王称霸,颐指气使。克服这种傲慢的主要途径应该是提高教师素质,培养民主精神和尊重学生的意识。然而事实上很多教师都不会自觉提高自身素质的,他们克服傲慢的主要途径是在教育教学中碰钉子。老路走不通,学生不买账,只好调整自己的观念。这是一种被动的学习,但总比不学好。

学科傲慢,从思维方式角度讲,还是一种"确定性的傲慢"。我昨天刚刚在网上读到法国当代思想家埃德加·莫兰的《教育的七个黑洞》。其中有这样的话:"人们教授确定性,然而需要教授的恰恰是不确定性。"这话非常深刻。经验告诉我们,当一个人自以为真理在手,一切都明白如昼,一切都确定无疑的时候,他肯定会很傲慢的。所以我们的教育不能迷信标准答案。我们要让孩子从小就明白,很多事都并不那么确定,任何一个人知道的东西永远小于不知道的东西。这不是谦虚,而是实事求是。

人们因无知而傲慢,因傲慢而更加无知。

在孩子(人类的最弱势群体)面前傲慢,是最没出息的傲慢。

感谢 wubsen 老师,大夏天给我们送来了清凉剂。